KB273401

서클의 힘

THE CIRCLE WAY
Copyright © 2010 by Christina Baldwin and Ann Linnea
All rights reserved

Korean translation copyright © 20.. GREENRAIN
Korean translation rights arranged with Berrett-Koehler Publishers
through EYA (Eric Yang Agency)

이 책의 한국어판 저작권은 EYA (Eric Yang Agency)를 통한
Berrett-Koehler Publishers 사와의 독점계약으로
'초록비공방'(이)가 소유합니다.
저작권법에 의하여 한국 내에서 보호를 받는 저작물이므로
무단전재 및 복제를 금합니다.

서클의 힘

창조적 변화를 이루어내는 협력적 대화법

THE CIRCLE PROCESS

둥글게 앉아 듣고 말하고 행동하라!

크리스티나 볼드윈, 앤 리니아 **지음** | **봉현철** 옮김

내가 이 책을 번역하기로 결심한 이유는 지난 20년간의 갈증을 해결해 준 책이었기 때문이다.

독일에서 박사학위를 마치고 30대 초반에 귀국한 뒤부터 지금까지 약 20여 년 동안 나는 실천적 경영학자로서 많은 기업과 공공기관의 문제를 해결하고 핵심 인재를 양성하는 일에 전념해 왔다. 그 과정에서 다양한 방법론을 활용했고 때로는 독자적인 방법론을 개발하기도 했다. 그리고 수많은 경험 속에서 문제 해결과 학습의 핵심은 팀 또는 조직 구성원 간의 생산적인 대화, 즉 다이얼로그^{dialogue}임을 깨달았다.

흔히 태스크포스 팀이라 불리는 문제 해결과 학습의 기본 단위에 속한 구성원들이 각자의 견해와 주장을 잠시 내려놓고 다른 사람의 이야기에 진심으로 귀기울일 때, 서로의 관점을 수용하고 각자가 가졌던 아이디어들을 잘 조합해서 처음에는 아무도 생각지 못했던 새로운 아이디어가 도출되었을 때, 우리는 짜릿한 대화의 기쁨을 경험했고 그동안 많은 사람들이 불가능하다고 여겼던 문제를 해결했다. 그리고 그 프로젝트를 마쳤을 때 사람들은 훌쩍 성장해 있었다.

나는 이런 나의 경험과 이를 가능케 했던 (손에 잘 잡히지 않는) 비결들을 가능하면 많은 사람에게 전달하고 싶었다.

그런데 문제는 이 대화, 즉 다이얼로그라는 프로세스가 그야말로 그

때 그때 달라서 다른 사람들에게 정형화해서 설명하기가 참 어려운 주제였다는 것이다. 그 어려운 프로젝트를 어떻게 성공시켰냐는 후배들의 질문에 대한 내 대답은 언제나 '2% 부족'했다.

여러 선학先學의 지혜로부터 답을 구하기 위해 한국어와 영어, 그리고 독일어로 쓰여진 이런저런 책들을 탐독하던 어느 날, 바로 이 책 《Circle Way: A Leader in every chair》를 만났다. 신께서 도와주신 것이다.

'의자에 앉아 있는 모든 사람이 리더A leader in Every Chair'라는 부제에 끌려 최대한의 속도로 책을 읽어 내려갔다. 그동안의 수많은 프로젝트에서 '단 한 사람의 예외도 없이 모든 구성원이 자발적이고 열성적으로 자신들이 가지고 있는 최선의 능력을 발휘해야만 프로젝트가 성공할 수 있다'는 것을 너무나 잘 알고 있던 내게 이 말이 깊이 박혔던 것은 물론이다.

책을 읽고 난 후, 나는 책에서 저자들이 설명해 놓은 그들이 십여 년간의 경험을 통해 확립한 매우 구체적이고 실질적인 대화의 절차와 방법들을 다수의 프로젝트와 학교 수업, 중소상공인들과의 좌담회, 퍼실리테이터 트레이닝, 임원 교육, 모 대기업 임원들과의 정기적인 경영전략회의, 그리고 한국액션러닝학회와 한국액션러닝협회가 공동 주최하는 2016년과 2017년의 액션러닝 컨퍼런스에 적용했다. 그리고 그때마다 정말이지 거의(!) 모든 참여자들이 그들이 받은 짜릿한 감동을 내게 말해 주었다. 이 책의 저자들이 제안한 모든 방법을 적용한 것도 아니고 그때그때 필요하다고 판단한 몇 가지 방법과 도구만을 차용했을 뿐인데도….

꼼꼼하게 번역을 마친 지금, 나는 이 책이 다음의 독자군에게 실질적인 해결책을 안겨 주리라 확신한다.

첫째, 대기업과 중소기업, 그리고 공기업의 임직원과 중앙 및 각급 지방자치 행정기관 공직자들에게 이 책은 필독서가 될 것이다. 특히 여러분들이 1년에 한두 번씩 정기적으로 진행하는 (워크숍라는 이름의) 부서나 팀 단위 단합행사를 서클 방식으로 진행해 보시라. 도시를 떠나 공기 좋은 곳에서 팀원들끼리 식사하며 술 마시고 술기운을 빌어 직장에서 하고 싶었던 이야기를 터놓아 보려 하지만 쉽지만은 않았던 경험. 이 천편일률적인 단합행사에 서클이 가슴 탁 트이는 짜릿한 감동을 선사할 것이다. 워크숍에서 경험을 쌓았다면 여러분들이 직장에서 진행하는 각종 회의에 서클을 적용해 보자. 주간 업무회의와 같은 비교적 가벼운 (사실은 결코 가볍지 않지만) 회의에서부터 최고 경영진들이 참가하는 경영전략 회의에 이르기까지 서클은 여러분들의 회의에 경이로운 변화를 가져다줄 것이다. 그리고 거기서도 성공했다면 최근 우리나라 거의 모든 조직이 시급히 해결해야 하는 두 가지 난제, 즉 신구 세대 간의 화합과 조직문화 개선이라는 문제를 해결하는 데 서클의 힘을 빌려 보기를 강력히 추천한다.

둘째, 학생들을 수업에 보다 적극적으로 참여시키고 싶은 대학 교수들을 비롯하여 각급 학교의 선생님들에게 이 책이 제공하는 구체적인 절차와 방법, 그리고 간단하지만 강력한 도구들은 큰 힘이 되어 줄 것이다. 나는 최근 2년여 동안의 대학 수업에서 이 지극히 간단한 (모든 구성원을 존중하는 인간존중의 철학 위에 만들어진) 실천적 방법론을 적용하여 학생들의 태도가 바뀌고 지적 능력과 문제 해결 능력이 향상되는 것을 체험했다. 매학기, 매수업마다, 한국 학생뿐만 아니라 중국 학생과 몽골 학생들, 그리고 석박사 과정의 대학원생들까지도 모두 같은 반응이었다.

셋째, 최근 들어 급성장하고 있는 각종 평생학습 프로그램에 서클 방식을 적용할 것을 제안한다. 특히 성인을 대상으로 하는 많은 프로그램에서 퍼실리테이터나 강사분들이 고민하는 '그들을 적극적으로 참여케 하는' 문제를 서클이 시원하게 해결해 줄 것이다. 나와 함께 일하는 한국액션러닝협회 소속의 많은 퍼실리테이터들이 전해 주는 수많은 성공 스토리 속에는 어김없이 '의자에 앉아 있는 모든 참여자들을 리더'로 대우하는 인간존중의 철학과 그 철학을 현실에 구현하는 서클의 방법론이 숨겨져 있다.

넷째, 이 책이 전하는 방법론을 군대에 적용하기를 희망한다. 내가 이 자리에서 굳이 반복하지 않더라도 민주적 참여를 촉진하는 기술과 경험이 부족한 각급 지휘관들이 겪는 어려움은 우리 사회가 시급히 해결해야 할 과제임에 틀림없다. 문제는 언제나 총론이 아니라 각론이 아니던가? 나는 그동안의 개인적 경험과 한국액션러닝협회 소속의 몇몇 선구적인 퍼실리테이터들이 경험한 군대 조직에서의 실험적 적용 성과를 토대로 서클이야말로 이 문제를 해결할 수 있는 강력한 대안이 될 수 있다고 믿는다.

물론 내가 그랬던 것처럼 이 책의 내용을 토대로 자신의 경험과 노하우, 그리고 문제 해결에의 열정과 인간에 대한 존중과 사랑을 담아 순간순간 지혜롭게 상황에 맞는 자신만의 서클을 만들어 간다면 말이다.

위에 제안한 네 가지 영역에서 인류의 조상이 사용했고 미국의 두 여성 리더가 체계화한 서클의 힘에 의해 문제가 해결되는 모습을 상상하면 가슴이 뛴다.

끝으로 부족하고 게으른 나를 독려하여 이 번역서가 세상의 빛을 보게 해 준 초록비책공방의 윤주용 대표에게 감사하고, 수많은 프로젝트와 강의 때문에 소홀히 한 가정을 굳건하게 지켜 준 아내 편소영 님에게 이 책을 바친다.

봉현철

2부 — 협력적 대화를 위한 서클 프로세스 진행하기

(3장) 서클을 하기 위한 준비

(4장) 모든 구성원이 경험하는 서클의 리더십

(5장) 자발적 참여를 유도하는 법

9장 회피되고 있는 문제, 그림자 돌보기

10장 조직과 그룹에 내재된 그림자 치유하기

4부 — 어떤 조직이든 서클은 제대로 돌아간다

(11장) 변화의 순간 함께 이루어지는 인식의 전환

(12장) 일상에서 서클 활용하기

대화에 참여하고 협조하려는 욕구는 인간의 기본 천성이다. 이 책은 의미 있는 대화가 이루어지도록 지원하는 서클 프로세스의 활용법을 소개하고 있다.

이 책에서 소개하는 서클 프로세스는 미국의 중산층 여성 두 명이 만나면서 시작되었다. 1991년 7월 미네소타 대학에서 열린 5일간의 여름 글쓰기 협회 세미나에서 크리스티나 볼드윈^{Christina Baldwin}이 강의를 했는데, 그 세미나에 앤 리니아^{Ann Linnea}가 수강생으로 참석했던 것이다.

식물학과 교육학을 전공한 앤은 산림청의 식물학자로 활동하면서 학생들을 가르쳤다. 교수인 남편과 아이 둘을 입양한 후에는 자녀들을 양육하면서 부모와 교사, 학생들을 대상으로 환경 교육을 했다. 앤은 미네소타 서부 산림 지대로 하이킹을 다녔으며, 아이들과 홈스쿨링을 하면서 한 달 동안 사막으로 여행을 다녀오기도 했다. 몇몇 동료 교사들과 함께 쓴《아이에게 지구를 사랑하는 법을 가르쳐요》는 자연의 경이로움을 공유하기 위한 그녀의 평생 노력이 담긴 첫 책이다.

영문학과 교육심리학을 전공하고 자유기고가로 활동하는 크리스티나는 일기 쓰기와 여성 리더십 분야를 개척해 왔다. 1977년 크리스티나가 출간한 《하루에 한 번: 일기 쓰기를 통한 자기 이해》는 국회 도서관에 '일기 쓰기와 치료로서 일기 쓰기의 활용'이라는 분류 항목을 새로 만들 만큼 큰 반향을 일으켰다. 《삶의 동반자: 영적 탐구를 위한 일기 쓰기》가 1991년 1월에 출판되었을 때도 크리스티나는 일기나 회고록, 자서전과 같은 개인 글쓰기 문화가 크게 성장하는 데 주도적인 역할을 했다.

그해 가을, 우리 두 사람은 공동으로 개최한 첫 번째 세미나에 각자의 지인들을 초대했다. 세미나에 참가한 사람들은 둥글게 둘러앉았는데, 사실 우리에게 이런 자리 배치는 그리 이례적인 일이 아니었다. 크리스티나는 일기 쓰기 수업을 시작하면서 한 참여자가 이야기하는 동안 다른 참여자들이 서로 바라보도록 자리 배치를 바꿔야 한다고 생각했으며, 앤은 16세부터 야외 모험 활동에서 안내자 역할을 하며 모닥불 주위에 사람들과 둘러앉아 얘기를 나누었기에 이런 자리 배치가 별로 어색하지 않았던 것이다. 하지만 이 세미나 전까지 우리는 둥글게 둘러앉는 자리 배치만으로도 참여자들이 새로운 경험을 한다는 사실을 명확하게 인식하지는 못한 상태였다.

우리가 둥글게 둘러앉는 방식만으로도 학습의 깊이에 큰 영향을 끼칠 수 있다는 사실을 깨닫게 된 것은 1992년 성인을 대상으로 한 교육 세미나부터였다. 둥글게 둘러앉는 방식, 즉 서클을 활용하면 그저 참여자에 불과했던 사람들이 학습자과 리더로 바뀔 수 있고, 이 자리 배치가 더 깊이 있는 말하기와 듣기를 유도한다는 사실을 알게 된 것이다.

둥글게 둘러앉는 것만으로도 사람들은 놀랄 만큼 세미나에 적극적으로 참여했고, 지혜롭게 말했으며, 좋은 생각이나 주제를 나누어 서로에게 도움을 주었다. 자리를 둥글게 배치하자 사람들은 공동체로 연결되었다는 느낌과 안심하고 말할 수 있겠다는 신뢰감을 얻었다.

우리는 모임에서 이런 서클 프로세스를 따라할 수 있도록 그동안 해 왔던 활동들을 체계적으로 정리해 달라는 요구를 받았고, 이에 서클 프로세스를 하기 위한 필수 요소들을 정리해 나가기 시작했다.

크리스티나는《서클 프로세스 소집하기: 최초의 미래 문화》를 집필하고 앤과 함께 강의하기도 했다. 앤과 크리스티나는 서클의 잠재적 힘에 대해 계속해서 탐구했고, 그와 관련된 자료는 무엇이든 조사하려 했다. 인터넷도 없고 구글도 없던 시절이었던 터라 이 작업은 꽤나 어려웠다. 크리스티나는 1993년 초에 밴텀북스에서 책을 낼 생각으로 열심히 글을 썼고 마침내 원고도 완성했다. 하지만 원고를 보낸 출판사에서는 몇 달 동안 아무런 연락이 없었다. 밴텀북스의 편집자는 '서클 프로세스'라는 개념을 어떻게 다루어야 할지, 어떤 독자가 읽으면 좋을지에 대한 감을 전혀 잡지 못했다. 서클은 새로운 주제였기 때문이다. 원고를 돌려받은 우리는 출판사도 찾지 못한 채 서클 프로세스에 대한 탐구를 계속했다.

그해 봄, 할리학 요양센터Hollyhock Retreat Centre에서 강의하던 중 마침내 원고에 관심을 갖는 사람이 나타났다. 오리건 주에서 스완, 레이븐앤컴퍼니Swan, Raven&Company라는 아주 작은 출판사를 운영하는 데이비드 카일이었다. 우리는 그에게 원고를 건넸고, 그는 2~3일 후 책을 출간하자고 제안했다.

우리는 서클을 개발하려는 것이 아니라 서클이 발산하는 영향력을 현대 조직에 접목할 방법을 알아내기 위해 노력해 왔다. 그리고 서클이 '근본적으로 평등한 관계의 모임'이라는 것을 알아냈다.

뚜렷한 목적이나 의도를 갖고 원 대형으로 배치된 의자에 둘러앉게 하면, 사람들은 각자 깊이 생각하여 말하고, 이해하고, 행동한다. 우리가 경험해 본 서클은 '집단의 지혜와 활동에 영감을 주는 이야기의 무한한 원천을 이끌어 낼 수 있는 작은 사회적 공간場'이었다. 서클은 상호작용에 참여하려는 사람들의 마음을 유혹하는 외형적 구조이다. 이렇게 해서 '영혼spirit을 들여다본다peer'는 의미를 지닌 '피어스피릿 서클 프로세스'가 탄생하게 된 것이다.

우리는 서클이 주류 문화에 필요하다고 생각해 ㈜피어스피릿Peer-Spirit, Inc.이라는 작은 교육 회사를 만들었다. 그리고 이 책에는 서클 프로세스를 활용하여 동료들을 훈련시키고 서클을 통해 통찰력이 깊어지는 과정과 여러 가지 형태로 서클을 시행하면서 우리가 얻은 교훈을 담았다.

1998년《서클 프로세스 소집하기》의 개정판이 밴텀북스에서 출간되었다. 그러나 서클은 여전히 생소한 개념이었고, 책은 종교/심리 분야로 분류되어 서점 구석에 진열되었다. 비록《서클 프로세스 소집하기》가 서점 내에서 주류가 되지는 못했지만 우리는 일을 계속했다. 서클을 활용할 수 있는 범위를 넓히고, 많은 분야에서 퍼실리테이터, 컨설턴트, 상담자, 리더를 훈련시켰으며, 강연이나 세미나, 발표와 같은 기존의 집단적 활동 등에서 주로 사용되었던 방식을 대체할 수 있을 만한 과정으로 활용할 수 있도록 서클을 표준화시키는 데 노력했다.

아마존과 인터넷이 활성화되면서 사람들은 서점 구석으로 밀려나 있던 크리스티나의 책을 쉽게 찾을 수 있었고, 그 덕분에 《서클 프로세스 소집하기》 또한 제2의 전성기를 맞았다.

곧이어 서클의 탐구 과정을 기반으로 한 책들이 쏟아져 나오기 시작했고, 우리는 관련 분야의 사람들을 많이 만났다. 그러면서 우리는 오래전부터 내려오던 서클을 현대에 복원시키기 위해 노력하는 사람들과 '부족'으로 엮여 있다는 느낌을 받았다. 우리는 지속적으로 서클을 주류 문화로 만드는 데 주력했다. 눈에 잘 띄지 않는 곳, 즉 비주류에서 시도되고 있는 서클 활동을 회사 사무실, 즉 주류로 옮겨 오고 싶었다.

그 무렵 우리가 상담사로 활동하고 있는 곳에서 활용한 서클은 예술과 서비스, 교육 이론을 바탕으로 한 활동이었다. 하지만 우리는 서클이 미국 중산층의 정형화되어 있는 사고 구조, 즉 수직적 구조와 일방향적 형태만이 집단 활동의 유일한 방법이라고 생각하는 마음에 자리해야 한다고 생각했다. 그곳이야말로 서클이 가장 필요한 곳이고, 미국 중산층이 변해야 사회적 변화도 일어날 수 있다고 생각했기 때문이다.

2000년 서클 프로세스는 마가렛 휘틀리와 함께 해외로 그 영역을 확장하기 시작했다. 처음에는 From the Four Directions(이하 F4D)라는 회사의 네트워크를 통해 진행했지만 나중에는 베르카나 학습센터 Berkana Learning Centers와 아트오브호스팅 Art of Hosting의 네트워크를 통해 진행했다. 그러자 '대화하는 문화'가 광범위하게 생겨나기 시작했다. 이는 2001년 9·11 테러로 존재의 의미를 되돌아보려는 사람들을 중심으로 이루어졌다. 정치 및 사회, 환경 관련 문제가 늘어날수록 사람들은 대화하고 서로에게 귀를 기울이려 했고, 이는 지속 가능한 미래로 향하는 중요한 첫 걸음이 되는 듯했다. 《서로 의지하기 Turning to One Another》, 《중재를 이끌어 내는 서클: 범죄에서 범 공동체로 Peacemaking Circles: From Crime to Community》, 《열린 공간의 기술: 사용자 지침서 Open Space Technology: A User's Guide》, 《변화를 위한 안내서 The Change Handbook》 등의 책에서는 체계적 변화를 위한 대화와 피드백에 서클 프로세스 일부를 이용했다.

우리에게는 또 다른 '부족'이 있었다. 바로 옛 동료와 새로운 동조자들, 상담 협회 등이었다. 이들에게 연락을 받고 간절한 마음으로 서클 프로세스에 뛰어들었고 그 결과 이 책도 나오게 되었다. 서클 프로세스의 기본 원리는 시간과 적용 범위에서 이미 검증되었다. 서클의 실행 방법은 더욱 더 체계화되었고, 일상생활과 업무에서 서클을 받아들이려는 사람들은 점점 더 많아지고 있다.

지금은 비즈니스 전문 출판사에서도 이 책을 비즈니스 그룹 프로세스 목록에 추가할 정도로 서클 프로세스가 주류로 인정받고 있다. 서클 프로세스가 주류로 받아들여지기까지의 여정을 곰곰이 생각해 보면 우리 사회와 기술이 깜짝 놀랄 만큼 빨리 변화되었다는 것을 알 수 있다. 그 변화가 우리의 성과와 대화에도 많은 영향을 끼쳤다.

이제 서클 안으로 독자 여러분을 초대하려 한다. 우리에게 필요한 지혜가 이 공간 속에 있다. 이 방식을 택하면 그룹을 이끌어가는 사람들과 함께 둘러앉아 정보를 잘 활용할 수 있다. 서클은 여러분 모두를 반갑게 환영한다.

서클이란 무엇인가

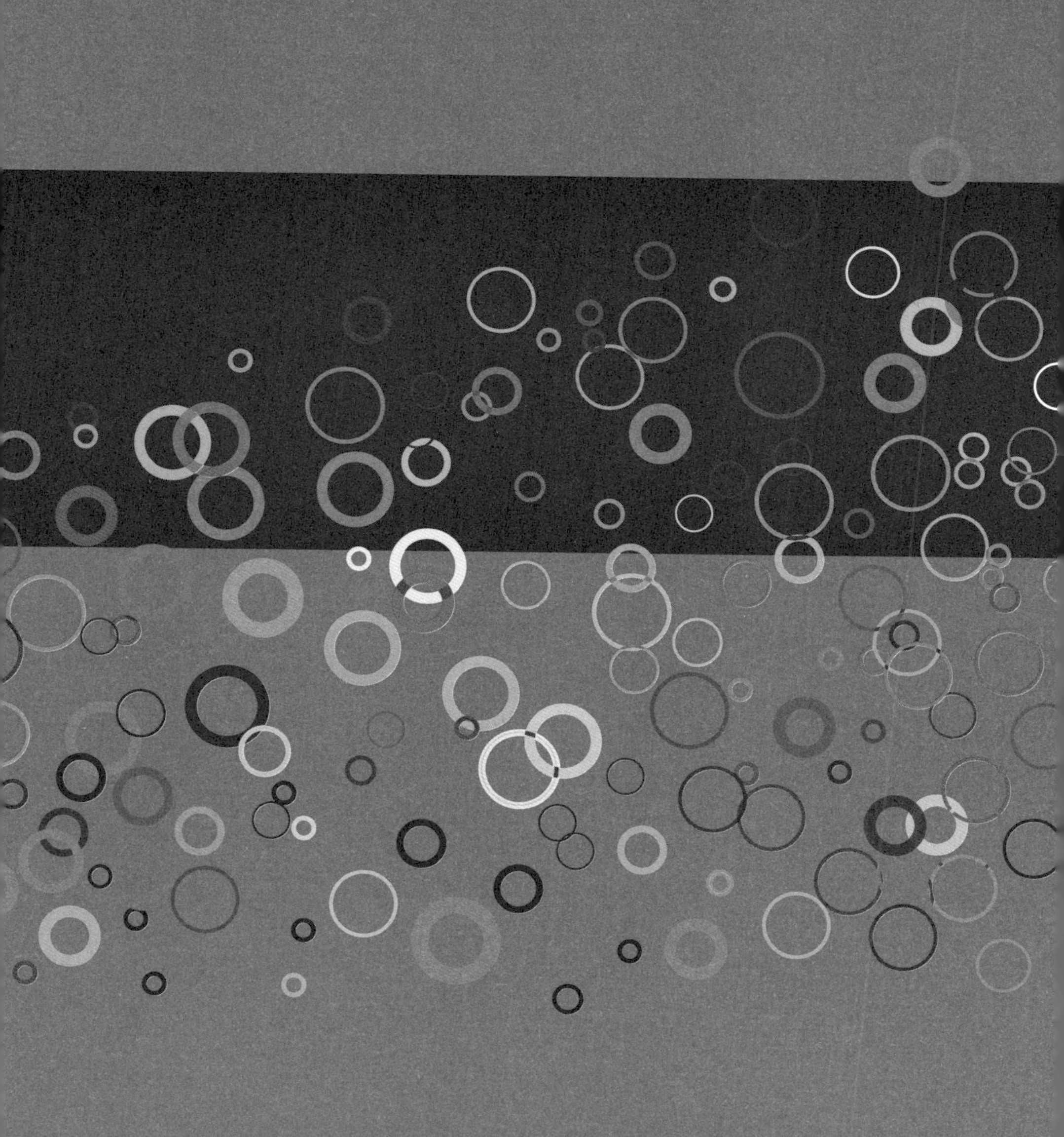

1장

서클의 기원과 영향력

회의실 안에는 긴장감이 가득하다. 감정은 고조되어 있고, 결론은 이미 정해져 있으며, 대립은 아주 극명하다. 비즈니스 정장을 갖춰 입은 12명의 사람들은 서로 교전할 태세이다. 다음 두 시간 동안 그들은 조직의 미래를 위한 의사결정을 해야 한다. 의제^{agenda}는 이미 차고 넘치지만, 결과를 고민하거나 토론할 시간은 충분하지 않다. 아마도 이는 별로 중요하지 않을 것이다. 이런 의사결정은 이미 회의 전에 보내진 이메일이나 문자 메시지, 늦은 밤이나 새벽에 걸려 오는 전화 한 통, 사무실 밖 좁은 비밀 통로에서 나눈 그들만의 대화를 통해 이루어졌을 가능성이 높기 때문이다. 회의 구성원을 어떻게 정했는지도 종잡을 수 없다. 대표이사와 재무담당 이사, 관련 없는 부서장들까지 다 모였다. 대표의 비서는 커피와 플립차트, 관련 보고서들을 준비해 놓고 메모할 준비를 갖추고 있다. 이런 회의 모습은 어디에서나 흔히 볼 수 있다.

"메일이 하루에 200~300개씩 와서 24시간 내내 스마트폰을 들고 다녀야 해요."

"매일 새벽 2시에 일어나서 오전 회의 시간이 바뀌지는 않았는지 확인합니다. 어떨 때는 오전 6시까지 회사에 와야 할 때도 있어요. 출근하려면 한 시간씩 걸리거든요. 그런 날이면 저는 남편을 깨워서 제가 새벽 5시에 집에서 나가야 하니 아이들은 어떻게 해야 할지 의논합니다. 그러고는 그 시간에 출근하는 사람이 얼마나 많은지 놀라곤 하지요."

"때로 제 자신이 억대 연봉을 좇아 절벽으로 돌진하는 나그네쥐처럼 여겨집니다. 회사를 그만두려고 보니 대출 등을 갚고 나면 제 퇴직금은 없는 것이나 다름없더군요. 지금은 그저 정리 해고에서 벗어났다는 데 감사할 뿐입니다."

이러한 체념 이면에는 엄청난 좌절감이 깔려 있다. 세상 돌아가는 이치에 대한 좌절이라고도 할 수 있겠다. 그리고 이 근원적인 불만족은 대부분 회의 진행 과정에서 나타난다. 서로를 받아들이고 대우하는 방법에 서툴 뿐만 아니라 대인 관계를 이용해 권력을 행사하는 방법으로 나타나는 것이다. 서로 간의 차이를 드러내려는 욕망으로 그 영향력을 행사하려는 이러한 모습은 서클을 통해 얼마든지 재설계할 수 있다.

서클의 기원

불의 사용을 제어할 수 있게 되면서 인간은 새로운 경험을 하게 되었다. 바로 사회 조직의 필요성이다. 아래의 상상 속 장면을 통해 원시 시대와 현대와의 연계성을 생각해 보자.

남자는 온몸이 흠뻑 젖은 채 가볍게 떨고 있다. 땅거미가 내린 길을 따라 발길을 재촉하는 그의 어깨에는 토끼 한 마리가 늘어져 있다. 날이 저물자 그 옆에서 빠르게 걷던 여자가 나뭇잎 몇 개를 모으고 땅 위로 올라온 나무뿌리를 파내 가죽 주머니에 담는다. 그들은 따뜻하게 맞이해 줄 사람들을 기대하며 길을 나선다. 눈에 보이진 않지만 냄새로 연기가 나는 곳을 알 수 있다. 곧이어 소리도 들린다. 굽은 길을 돌자 동굴 벽을 밝게 비추는 불이 보인다. 그곳에는 이미 다른 여행자들이 모여 있다. 사냥감이나 적으로 오인당하지 않기 위해 남자는 "사람 친구"를 외치며 크게 으르렁거린다. 불 가까이에 있는 사람들은 그제야 서로를 조용히 시키고 주의 깊게 들으며 그를 경계한다. 잠시 대화가 오고간 뒤, 그들 중 한 명이 "사람 친구, 사람 친구."라고 화답한다. 한 여자가 목청을 높여 여성을 환영한다는 의미의 소리를 내지른다. 불 주변의 여자들도 맞장구를 친다. 그들은 두 가지를 제공한다. 바로 음식과 이야기다.

불 덕분에 인류의 조상들은 서로에게 더 나은 안전과 따뜻함, 음식을 제공할 수 있었다. 이런 요소들은 그들을 더 큰 집단으로 모여들게 했고, 집단이 점점 더 커지자 그 수용 능력도 그에 맞게 증가할 필요가 있었다. 불을 통제하여 사용했다는 증거는 호모 에렉투스Homo erectus가 처음으로 아프리카 대륙 밖을 탐험한 약 40~20만 년 전인 전기 구석기 시대로 거슬러 올라간다(호모 에렉투스는 처음에는 아프리카 대륙 내에서 살았으나 이후 아프리카 대륙을 벗어나 아시아, 시베리아, 인도네시아 등지로 건너가 생존했다. ― 옮긴이). 불을 기술적으로 사용한 것은 약 16만 5000년 전 나타난 호모 사피엔스 사피엔스 Homo sapiens sapiens에 이르러서이다. 호모 사피엔스 사피엔스는 지금의 우리와 같은 종족이다. 둥근 모양의 난로로 보이는 고고학적 증거가 남아프리카 공화국에서 발굴되었는데, 약 12만 5000년 전의 것으로 추정된다.

이 책은 협력적 대화에 관해 기술한 것으로, 이런 내용이 흥미로운 이유는 사회적 도구로서의 언어가 불의 사용과 도구의 정교함과 함께 발달했다는 추측 때문이다. 고고학자와 인류학자가 도구의 진보적 발전을 확인할 수 있었듯이 스티븐 핑커 Stephen Pinker와 같은 신경언어학자들은 화석이 된 호모 사피엔스의 전두엽에서 발달된 언어 센터의 두뇌 패턴을 확인할 수 있었다. 이를 바탕으로 핑커는 《언어의 본능》라는 책에서 "모든 호모 사피엔스는 대화하고 주변 세계를 해석하고 걸러내는 방식으로 언어를 사용했다."라고 서술했다.

'불'은 집단을 확장하는 능력을 제공했고, '도구'는 사냥과 수렵에서 농업과 건축으로의 발전을 지원했으며, '언어'는 경험을 축적하여 지식을 전달하고 인간의 생각과 감정을 정리했다. 그리고 이 세 가지는 탁월한 조합이라는 것이 입증되었다.

옛날에는 불이 우리 조상들을 서클로 이끌었다. 가운데 놓인 불 주변으로 집단 구성원들이 모여들었고, 테두리가 만들어지면서 생명 유지의 원천이 되는 물리적 공간, 즉 서클이 형성된 것이다. 우리 조상들은 생존, 즉 음식과 따뜻함, 방어를 위해 서클이 필요했다. 그리고 서클 내에서 사회 질서를 설계할 수 있다는 점을 알게 되었다.

오늘날 우리 또한 사람들과 대화하고 교류할 때 자연스럽게 서클을 만든다. 서로를 보고 들을 수 있을 뿐만 아니라 몸짓이나 얼굴 표정을 통해 자신의 의도를 전달하기 위해서이다. 대화를 하다 보면 감정이 고조되어 불편해질 수도 있고, 감정이 이완되어 편안해지기도 한다. 이런 상황에서 사람들은 서로가 무슨 말을 하는지 바라볼 수 있도록 서클 형태로 자리한다.

이런 사회적 패턴이 시작된 지점을 사회심리적 측면에서 명확하게 설명한 이가 있다. 바로 스위스의 정신과 의사이자 철학자이며 분석심리학의 창시자인 칼 구스타프 융^{Carl Gustav Jung}이다. 융은 모든 인간은 정신 깊은 곳에서부터 나온 상상력으로 수많은 이미지를 만들고 공유한다는 가설을 세웠다. 융은 이 원천을 '집단적 무의식^{Collective unconscious}'이라고 불렀으며, 이 무의식은 보편적으로 반복되는 신화적 상징으로 가득 차 있다고 지적했다. 그는 이 상징을 '원형^{Archetype, 原型}'이라고 명명했다. 원형은 문화적으로 표현되지만 이보다는 심오한 개념이다. 예를 들면 '지혜로운 노인'이라는 단어에서 떠오르는 원형 이미지는 인종과 종교, 문화적 기원에서 영향을 받는다. 사람에 따라 마법사 멀린이나 달라이 라마, 제임스 얼 존스 혹은 블랙 엘크를 상상할 수도 있다. 여기서 핵심은 이미지를 불러오는 행위는 보편적이라는 점이다. '지혜로운 노인'과 같은 원형적 문구를 어떤 그룹에 제시하면 구성원들은 무언가를 상상할 것이다. 융은 인류학적 증거를 조사하고 인간의 심리를 분석하여 서클의 영향력을 연구했다. 한편 우리 두 사람(앤과 크리스티나)은 사람들이 서클 형태로 둘러앉았을 때 발생하는 것들을 찾아내면서 서클의 힘을 발견했다.

자리를 둥글게 둘러앉은 형태로 배치하는 순간부터 원형이 활성화되기 시작한다는 사실을 이해한다면, 협력적 대화 모델로서 서클의 영향력과 집단 프로세스에서 발생할 수 있는 통찰력의 범위를 이해하게 된다. 원형적 에너지(원형이 지닌 고유의 에너지'를 의미한다. ― 옮긴이)는 우리의 경험을 더 크게, 더 밝게 혹은 더 어두워 보이게 할 수 있고, 말에 의미를 부여하며, 대화와 그에 따른 활동을 중요하게 만든다. 이는 서클 프로세스가 지닌 매력의 일부이다. 원형이 지닌 고유의 에너지는 집단 내부에서 발생하는 (또는 집단 내부에 존재하는) 문제를 확대할 수도 있고 변환시킬 수도 있다.

서클을 경험해 본 사람들은 종종 이 원형적 에너지를 '원의 마법'이라고 한다. 이 마법으로 인해 최상의 (혹은 최악의) 결과가 나오기도 하고, 깜짝 놀랄 만한 창의성과 혁신, 문제 해결 방안이 발견되기도 한다. 어떤 사람들은 서클을 '시너지의 경험'이라고 말한다. 서클 회의를 시작할 때는 예상할 수 없었던 무언가가 결과물로 도출되기 때문이다.

몇 년 전 우리는 5개국에서 온 16명의 상담사들을 대상으로 4일 동안 교육을 진행한 적이 있다. 2차시 교육 시간이었을 것이다. 서로 간의 대화가 집단을 자극하고 학습에 통찰력이 생기는 일이 발생했다. 정확하게 기억나지는 않지만 참여자 중 한 명이 갑자기 몸을 앞으로 내밀며 "잠깐만 멈춰 보세요. 이게 무슨 일이죠? 이 에너지는 무언가요?"라고 말한 것은 분명히 기억한다. 그는 앤과 서클의 반대편에 있던 크리스티나를 번갈아 쳐다보며 이렇게 말했다.

"당신들 두 사람은 지금 무엇을 하고 있는 겁니까? 어떻게 이럴 수가 있죠?"

그 질문에 우리는 "저희 둘이 한 것이 아니에요. 이건 우리 모두와 서클이 한 일입니다."라고 대답했다. 시너지는 개별 부분의 합보다 훨씬 더 큰 효과를 내는 상호작용의 경험이다. 이 참여자의 의문을 시작으로 시너지가 발생하는 열렬한 토론이 이어졌다. 잠시 후, 참여자들은 자신들의 탐구에 만족하고 다음 주제로 넘어갔다. 그날 저녁, 질문을 했던 참여자가 장난기 가득한 얼굴로 이렇게 말했다.

"좋았어요. 이제 그 시너지가 어디에서 오는지 이야기하고 싶군요."

서클이 만들어 내는 변화

'도구'로서의 바퀴는 5500년 전까지도 발명되지 않았지만, '상징'으로서의 서클은 3만 5000년 전인 구석기 시대 동굴 벽화나 조각에서 찾아볼 수 있다. 융은 연구를 통해 서로 다른 문화에서 서클이 똑같이 여덟 조각으로 나눈 태양광선^{sun wheel} 모양으로 사용되었다는 점을 발견했다. 이러한 서클 모양은 전 세계 어디에서나 찾아볼 수 있다. 영혼 치유의 바퀴, 법륜^{法輪}, 시간의 바퀴, 회전 폭죽, 차크라, 카발라의 원, 생명나무, 만다라, 별자리 12궁도, 꼬리를 문 뱀, 삼원형십자, 켈트십자가…. 이 외에도 무수히 많은 변형된 서클이 존재한다. 대열을 맞추어 배치한 책상과 의자를 서로 마주볼 수 있는 원 모양으로 바꿔 놓으면 우리도 태양광선 모양으로 변환한 것이다. 우리는 상징 그 자체의 모양과 시너지가 우리와 함께 한다고 믿는다.

우리 둘은 고대부터 존재한 서클의 원형이 현대에도 의미가 있다는 사실을 수도 없이 경험했다. 미국과 유럽, 남아프리카 공화국까지 서클 프로세스를 진행하면서 서클의 능력을 눈으로 확인했기 때문이다. 우리는 회의가 끝났을 때 시작 시점에서는 아무도 상상하지 못했던 현명한 결정에 이르는 자신들의 능력을 보고 깜짝 놀라는 사람들을 너무나 많이 만났다.

그들은 "우리가 어떻게 그렇게 할 수 있었던 것인가요? 힘겨루기가 일어나지도 않았고, 그 누구도 가능하다고 믿지 않았던 과정이 이루어졌어요."라고 말했다.

의사결정자가 회의실에 '내 생각은 이미 정해졌다'라는 표정으로 들어왔는데, 20분이 지나자 "선택사항 중 하나였을 뿐이에요."라고 언급하기도 했다. 사람들은 궁금해하기 시작했다.

"서클 자체에 새로움을 이끌어내는 무언가가 있는 건가요?"

"서클 프로세스대로 하면 정말 꽉 막힌 사람들과도 제대로 일을 할 수 있나요?"

"속도를 늦추고 함께 이야기하는 것이 정말 더 생산적일 수 있나요?"

"서클은 우리의 일을 더욱 지속 가능하게 하나요?"

회의에 참가한 모든 사람이 서클의 시너지나 원형, 사회적 진화에 관심을 가질 필요는 없다. 몇몇 사려 깊은 참여자들이 인류의 조상들을 서클로 불러들인 '불'을 다루고 있다고 이해한다면 충분하다. 불을 다루는 그 사람들이 나머지 집단 구성원들을 서클이 이끌어 내는 경험 속으로 인도하면 된다. 서클은 티핑 포인트^{Tipping point}, 즉 변화의 정점이 될 하나의 작은 변화에서 시작한다.

우리는 대개의 경우 '체크인^{Check-in} 라운드'를 함으로써 사람들을 서클 프로세스로 안내한다. 회의의 첫 10~15분가량을 할애해 참여자들에게 짧은 이야기를 해 달라고 요청하는 것이다. 이야기는 회의의 목적과 연관된 것으로 하며, 주로 각자가 이 회의에 어떻게 오게 되었는지에 관해 이야기를 나눈다. 때로 사람들은 이 과정이 의제를 논의할 시간을 빼앗을까 봐 걱정하지만, 그래도 이 간단한 절차가 참여자들의 관심을 회의의 목적에 맞추게 한다. 그리고 때로 원형이 간직한 영향력과 지혜가 나타나기도 한다.

간호사리더십센터는 '전문가를 향한 여행^{Journey Toward Mastery}'이라는 경력자를 위한 새로운 교육 프로그램을 개발하면서 서클 프로세스를 도입하기로 하고, 그 과정을 제대로 이해하고 활용할 수 있도록 크리스티나와 앤에게 도움을 요청했다. 여기에서 우리는 "어떻게 간호사가 되었는지 이야기를 해 주세요."라는 체크인 질문이 어떻게 회의에 시너지를 일으키는지를 지켜볼 수 있었다. 처음에는 참여자들이 간단명료하게 체크인을 할 거라고 예상했다. 이 직업을 선택한 동기를 파악하고 교육을 설계할 때 사례로 제시할 짧은 일화 정도는 건질 수 있을 거라고 기대했다. 그러나 예상 밖으로 우리는 참가자들의 진심 어린 내면의 이야기를 들을 수 있었다.

참가자 중 한 명은 자신이 가족 중 처음으로 대학에 간 여자라며 집안의 다른 여자들에 비하면 행운아라고 했다. 어린 시절 남들에게는 말할 수 없는 치유 능력을 가진 줄 알았다는 참가자도 있었고, 어렸을 때부터 인류에 봉사하라는 부름을 받았다고 생각한 참가자도 있었다. 어떤 참가자는 14세 때 아버지가 돌아가셨으며 아버지를 간병했던 것을 계기로 아픈 이를 돌보는 사람이 되겠다는 결심을 했다고 말해 주었다. 한 사람씩 돌아가며 이야기를 하는 동안 참가자들은 완전히 집중해서 경청했다.

그날의 경험은 서클 프로세스의 방법론을 설명하는 것보다 훨씬 더 강력한 수업이 되었다. 서클 프로세스가 동료 혹은 간호사 리더들을 위한 학습에 어떤 영향을 미치는지 그에 관한 판단의 기준점이 된 것이다. 이는 우리를 끊임없이 깨우쳐 주는 서클의 또 다른 양상이었다. 바로 이 프로세스가 회의를 심도 있게 만들고, 오랫동안 지속된 갈등을 해결하며, 치유를 위한 공간을 제공한다. 또한 효율적이고 서로 끌어주는 의제 기반의 회의로 형태를 변화시킨다. 이 모두가 간호사리더십센터에서 서클 프로세스를 몇 시간 진행하는 동안 일어났다.

간호사리더십센터에서 진행한 서클 프로세스에서 우리는 세 가지 원형이 활성화된 것을 알 수 있었다. 참가자들의 삶의 여정을 형상화하는 '치유자Healer'와 지금까지 경험했던 것과는 다른 학습의 토대를 제공하는 '서클', 그리고 충분한 경험을 가지고 그들을 인도하는 '리더'이다.

몇 년이 지난 지금도 우리는 당시 그 회의에 참가했던 사람들과 여전히 교류한다. 그들은 최고경영자나 수간호사, 의료기관의 부사장, 교육 이사, 간호학교 교수, 간호 컨설턴트 등으로 활동하고 있다. 애리조나대학교 간호대학 교수인 캐시 마이클스는 당시를 이렇게 기억했다.

"이야기 속으로 초대받은 것 같은 심오한 변화였어요. 그 질문은 우리가 삶을 어떻게 살아왔는지 되돌아보게 했습니다. … 우리는 진심으로 이야기를 듣고 싶어 하는 하나의 공동체가 되었습니다. 뜻밖이었던 본질적인 질문이 모든 것은 제쳐 두고 마음에서 우러나온 이야기를 하게 한 거예요."

캐시를 비롯한 간호사 리더들은 그날부터 의자를 서클 형태로 만들고 질문을 통해 직원과 팀원들을 회의에 참여하도록 했다고 전해 주었다. 그들은 서클을 활용하는 방법을 충분히 이해하고 있었다. 서로의 이야기를 공유해서 심적으로 동일선상에 위치할 수 있게 하는 방법과 사고의 출발점이 모두에게 공유한 동일선상에 있도록 하는 방법을 이해한 것이다.

서클과 항상 공존하는 삼각형

"의자를 바꾸면 세상이 바뀐다."라는 말에는 심오한 진리가 담겨 있다. 사람들이 깨달았든 아니든 소셜 디자인social design은 사람들에게 여전히 영향을 미친다. 일상 속에서 어떤 사물의 배치는 시간이 지날수록 규범이 된다. 우리는 사물의 배치가 상호작용 방식을 정한다고 보며, 배치를 바꾸면 상호작용이 변할 수 있다고도 생각한다. 다시 말해 서클 형태로 놓여 있던 의자들을 연단을 향해 나란히 줄을 맞춰서 재배치하면 사람들은 현대의 규범이 된 원형을 반갑게 맞이하게 된다고 믿는다. 바로 계층 구조로 활성화한 삼각형이다.

삼각형은 서클만큼이나 오래된 보편적 상징이다. 유사한 모양이 후기 구석기 시대부터 나타난다. 동굴 벽에 그려진 삼각형은 자연의 대모신을 표현한 것이며, 이는 시간이 지나면서 거대한 피라미드와 다윗의 별, 삼위일체 등의 의미로 사용되었다. 사람은 '3'이라는 숫자와 삼각형으로 대표되는 세 점으로 구성된 모양과 정서적으로 연관되어 있다. 삼각형은 가족(아버지/어머니/자녀)의 기본 단위이며, 자기 자신(몸/마음/영혼)을 나눈다. 사회를 바라보는 관점(종교적/국가적/개인적)도 형성한다. 심리적 렌즈를 통해 삼각형을 보면 가장 하단에 생존이 있고 가장 상단에 자아실현이 존재하는 에이브라함 매슬로우^{Abraham Maslow}의 '욕구의 5단계'가 이해될 것이다. 사회화 체계로 삼각형을 보면 상단에 있는 강력한 리더와 하단에 있는 추종자와 고용인, 일반 시민, 그리고 사회적 지위 기반 아래 관리되는 권한의 단계적 변화를 파악할 수 있게 된다.

삼각형과 서클은 아마도 인간의 행위에 드러난 강력한 원형으로, 사회 조직에 항상 공존해 왔다. 계층적 힘을 대표하는 삼각형이 동반자 관계인 원을 능가한다는 생각은 세상을 바라보는 한 가지 방법이다. 수직 구조는 공동의 노력이 필요할 때 체계를 서열화하고 특정 작업을 반복할 때 효율적이다. 정보 전달, 지시, 지휘 계통 수립, 군대에서의 훈련, 자료 분류, 컴퓨터 소프트웨어 개발, 제품의 대량 생산 등에 유용하다. 하지만 네트워크 시스템과 생물학적 상호의존성과 연계성 등에 대한 이해는 부족하다.

수직 구조에서 사람들은 자신의 위치를 찾으려 한다. 그들은 자신의 자리가 변하지 않을 거라 생각하고, 안정성과 특권을 향해 올라가려고 애를 쓴다. 정상에 가까워질수록 사람들은 수직 구조를 더 잘 받아들이고 방어적인 경향을 보인다. 아래쪽에 가까운 사람일수록 이런 구조에 저항한다. 1장 첫 페이지에서 소개한 회의 모습에서 볼 수 있듯이 인간은 삼각형의 원형을 활성화하고 암묵적인 권력의 체계에서 자신의 자리를 찾기 위해 투쟁한다.

지난 5000년 동안 서클을 넘어서는 삼각형, 즉 협력 관계를 넘어서는 수직 구조는 많은 변화를 거치며 진화해 왔다. 그 결과 힘의 불균형을 나타내는 '무언가'가 인간의 타고난 본성으로 받아들여졌다. 그 무언가는 바로 '배치 방식'이다. 배치 방식은 인간의 마음 가장 깊은 곳에서 우러나오는 협력의 개념으로 시작되었지만, 이제 사회 조직에서의 협력은 아이들의 놀이로 폄하되고, 과거의 것으로 격하되었으며, 이상주의나 순진함 또는 '뉴에이지(20세기 이후 나타난 새로운 가치를 추구하는 영적인 운동 및 사회활동 — 옮긴이)'로 치부되고 있다.

이 세상은 인간의 욕구에 맞춰 형성되고 변화한다. 누가 주도할지, 어떻게 주도할지, 그리고 조직 내 모든 사람에게 어떤 일이 발생할지는 얼마든지 재배치할 수 있다. 원형적 변화를 이해할 때 우리는 비로소 의자 배치를 바꿀 수 있고 그 재배치가 우리가 사는 세상을 재배치할 것이다.

수직 관계에서 동반 관계로

서클의 방식은 사회적 동반 관계를 재정립하고, 협력적 관계가 오늘날 사회 전반에 만연한 수직 구조로 작용하는 리더십에 정보와 통찰력을 제공하는 세상을 창조한다. 마을의 촌장에게는 마을 사람들의 목소리를 들을 수 있는 위원회가 필요하다. 대통령에게는 내각이 필요하고 코치에게는 팀이 필요하다. 교사에게는 학생이 필요하며 어른에게는 아이가 필요하다. 그리고 회의에는 변화가 필요하다.

고대에서부터 전해진 서클의 방식은 우리가 협력적 관계를 제대로 경험하고 그 방식을 활성화하기를 고대하고 있다. 1장 도입에서 소개한 회의 모습을 살펴보자. 이것이 회의를 하러 오는 사람들의 일반적인 모습이라면 우리는 서클 프로세스로 회의실의 모습을 바꿀 수 있다. 회의실은 창조적인 긴장감과 긍정적인 분위기가 가득하고, 다양한 의견이 나올 수 있어야 한다. 이전 며칠간의 이메일과 전화 통화, 문자 메시지, 사무실 한 편이나 복도에서 나눈 가벼운 대화 모두가 회의의 주요 안건을 논의하는 데 도움이 된다. 각 의제마다 적절한 논의 시간이 배분되고, 모든 관련 정보는 회의가 시작되기 전에 참석자 전원에게 공유된다. 이런 방식으로 열리는 회의라면 서로 참여하려고 할 것이다. 조직의 미래를 구체화할 의사결정을 해야 하더라도 충분히 대화하고 결과를 고려하여 일정을 계획할 수 있을 것이다. 몇 가지 문제는 투표에 부치고 다른 몇 가지 문제에 관해서는 정보를 수집하고 지혜를 짜낼 열의가 충만할 것이다.

리더들이 들어와 둥근 테이블에 각자 자리를 잡는다. 최고경영자가 특정 안건에 관해 발표 준비를 해왔고, 재무 담당이사가 또 다른 안건을 가져왔다. 부서장 중 한 명이 회의가 원활하게 진행되도록 '호스트' 역할을 한다. 또 다른 한 명은 시간 배분이 적절한지 관리하고 호스트가 회의 속도를 계획대로 할 수 있게 '가디언' 역할을 맡아 돕는다. 비서는 커피와 플립차트, 관련 보고서들을 갖춰 놓고 '기록자'가 될 준비를 한다. 중요한 의견들과 의사결정 사항들, 실행 안건들을 메모하는 역할이다.

여기에서 리더십의 삼각형은 협력적인 서클 깊숙이 자리하고 있다. 호스트는 대장이 아니며 가디언은 집행자가 아니다. 기록자도 회의 내용을 그대로 받아 적는 사람이 아니다. 이 역할들은 특정인에게 고정되어 있지 않으며 자발적으로 번갈아 맡게 된다. 이는 서클을 기반으로 한 회의가 참가자들의 의도를 충족시킬 수 있다는 가정하에 내놓은 역할들이다. 호스트, 가디언, 기록자로 구성되는 리더십의 삼각형은 그룹 프로세스를 안정화시켜서 갑자기 떠오른 아이디어나 이야기, 지혜, 시너지 등이 대화하는 내내 이어지고 보존될 수 있게 한다. 삼각형을 이해하고 고대로부터 전해져 내려오는 서클을 재확립함으로써 우리는 의자를 바꾸어 세상을 바꿀 수 있다.

서클을 사용하는 그룹은 리더십과 책임을 분배하는 새로운 방식을 배울 수 있다. 참여자들은 이야기를 시작하기 전에 상호작용이 존중되도록 합의사항을 정할 수 있으며, 어떤 내용을 비밀로 하고 어떤 내용을 공유할지 정할 수 있다. 일상적인 대화나 멀티태스킹을 위한 시간, 서로에게 집중하는 시간을 구분해 둘 수도 있다. 협력적 대화의 역동성과 투표를 혼합할 수도 있고, 만장일치를 의사결정 방법으로 정할 수도 있다. 서클에서의 역할에 따른 권위를 인정할 수도 있다.

새로운 대화 문화의 창조

자신에게 필요한 변화를 일으키기 위해 스스로 말하고 들을 수 있다는 인식은 여러 환경의 사람들에게서 동시에 일어나고 있다. 오늘날의 회의 방식에 맞게 설계한 피어스피릿 서클 프로세스의 기본 원리는 서클을 실행하는 집단과 과거의 유산(서클 프로세스)를 다시 불러내는 다양한 방식에 영향을 주었다. 협의체적 방식The Way of Council과 이하마 교육The Ehama teachings, 중재를 위한 서클Peacemaking Circles, 백만 번째 서클the Millionth Circle, 이밖에 다른 계통의 해석들이 서클 프로세스와 그 가능성을 계속 규명하고 있다. 우리는 다양한 서클 프로세스뿐만 아니라 서클을 기반으로 하는 대화 양식과도 연결되었다. 예를 들면 열린 공간의 기술Open Space technology이나 월드 카페World Cafe, 대화형 카페Conversation Cafes, 아트오브 호스팅Art of Hosting, 강점탐구이론Appreciative Inquiry, 회복적 사법제도용 서클, 보헤미안식 대화법 등이다. 협력적 집단 프로세스는 지속적으로 다양한 형태로 설계되고, 사회적 탐구에 기여할 수 있도록 제공되고 있다.

이 세상은 심각한 문제에 처해 있고 도움이 필요하다. 과거에 해결되지 않은 많은 문제들이 산적해 있고, 또 다른 문제들이 계속해서 생겨나고 있다. 문제들이 많을수록 해결책 또한 많이 필요하다. 이럴 때 협력적 대화법은 서로의 마음과 머릿속을 연결하고 그 결과로 무언가를 만들어 내는 능력을 재발견하는 힘으로 작용한다. 이 힘은 보편적이고 민주적이며 스스로 확대 재생산된다. 이 새로운 대화법은 정책 토론이나 전략 수립과는 본질적으로 다르다. 이 대화에서는 원형의 공간 안에서 서로에게 말하고 듣는 동안 발생하는 에너지를 기반으로 참가자들이 문제 해결에 대한 자율의지(자발성)가 우연하다고 볼만큼 자연스럽게 생성되기 때문이다.

새로운 대화법은 사회적 패러다임을 변화시킨다. 그리고 이는 마음과 머릿속을 통합하는 지성을 통해 움직인다. 모두가 기여하는 의미 있는 방식을 찾으려는 시도인 이 대화법이 지금 다시 주목받게 된 것은 과학의 발전 덕분으로 인간의 기원과 역사를 완벽한 이야기로 구성할 수 있게 되었기 때문이다. 과학의 발전으로 우리는 모두가 하나의 종족이고, 문맹률이 그 어느 때보다 낮으며, 기술적으로나 생물학적으로나 상호 연결된 세상에 살고 있다는 점을 이해하게 되었다.

상징적인 표현에서 원과 삼각형은 종종 함께 발견된다. 원 안에 있는 삼각형은 미국 달러 지폐의 뒷면에서도 보이고, 국제 평화의 상징으로 인식되기도 한다. 원형들 간의 동반 관계는 두 가지 사회 구조의 최고 특성을 결합하고, 각각의 장점을 불러내며, 균형을 이루고자 하는 의지이다. 사람들을 서클로 자연스럽게 불러들이고(초대하고), 누구나 쉽게 참여할 수 있는 접근성(준비나 진행 과정에 큰 제약이나 어려움이 없다는 의미)과 경계(여기서는 둘러앉는 테두리를 의미)를 제공하고, 누구나 발언할 수 있는 기회와 경청하는 참여의 과정을 제공하고, 사회적 기대치(각 서클에서 얻을 수 있다고 참여자들이 생각하는 목표나 결론, 결말 등)를 설정하고, 다양한 관점, 심지어 반대의 관점까지도 중심부의 상징적인 ‘모닥불'의 연금술을 통해 흡수해 버리는 것까지 모두가 서클의 본질이다.

그렇기 때문에 서클은 사회적으로 안전함을 느끼고 문제 해결 프로세스에 참가자들이 진정성을 가지고 사려깊게 기여할 수 있는 시간이 충분히 주어지는 환경에서 최상의 효과를 낸다. 가령 서클은 경영 관련 문제를 해결한 경비원이나 자신의 의견으로 교사와 직원이 처한 상황을 변화시킨 아이처럼 답을 줄 것이라고 예상하지 못했거나 전혀 무관하다고 생각했던 사람(사물, 의견)이 문제의 해결책이나 통찰력을 얻는 데 기여할 수 있도록 유도한다. 다시 말해 서클은 모든 목소리가 울려 퍼지고 들릴 수 있는 사회적 공간을 제공한다.

이와 대조적으로 수직 구조는 과업을 명확하게 배분하고 논쟁의 여지 없이 신속하게 수행할 필요가 있는 환경에서 최상의 효과를 낸다. 부상자의 우선순위를 정하는 위생병이나 비바람이 휘몰아치는 바다에서 선원들에게 지시를 내리는 선장, 군대의 정찰 임무를 수행하는 소대장처럼 권위의 범위가 명확하고, 서로 다른 책임을 가진 사람들에게 명확한 판단으로 지시를 내릴 수 있을 만큼 시간과 공간, 교육이 리더에게 주어질 수 있는 상황에서 삼각형은 그 효과를 발휘한다. 삼각형이 상징하는 수직 구조는 그 수직 구조 내에 속한 각자가 자신의 역할을 다해야 안전을 보장받을 수 있는 사회적 공간을 제공한다.

크리스티나가 집으로 돌아오는 비행기 안에서《서클 프로세스 소집하기》원고를 수정하고 있을 때 마침 옆자리에 앉은 이는 비행기 조종사였다. 그는 한참을 그녀의 어깨너머로 글을 읽은 뒤 우호적이지만 분명한 어조로 말했다. "그 페이지에 따르면 당신과 나는 세상을 보는 방식이 완전히 반대네요."

그는 '한 명의 조종사, 하나의 결정'이라는 개념의 필요성과 비행기를 조종할 때 느끼는 책임감에 관해 설명한 뒤 비행기 충돌과 같은 재난에 대한 연구가 조종석과 승무원 간의 통신 교육을 의무화하는 계기가 되었고, 그 덕분에 위기의 순간이 되면 각자의 능력과 역할을 더 잘 수행할 수 있게 되었다고 이야기해 주었다.

크리스티나는 "오, 그러니까 공중에서도 얼마든지 서클을 소집할 수 있다는 이야기 같은데요."라며 미소를 지었다. 결국 그는 수직 관계로 시작해서 서클을 받아들이고, 그녀는 서클로 시작해서 수직 관계를 받아들였다는 데 동의했다. 그것은 5마일 높이에서 이루어진 균형과 협력에 관한 대화였다.

우리 두 사람이 이 일을 시작한 이유는 바로 이 때문이었다. 우리는 상상하기 매우 어려운 새로운 지형, 도전과 재난의 바다에 직면해 있었다. 이전에는 아무도 이런 방식(서클 프로세스)으로 가지 않았다. 그렇지만 우리 둘은 인간의 과거 유산과 만나는 멀고도 험한 경로의 맨 앞에 서 있다.

서클을 적용하고 경험함으로써 서클이 참여자들을 어디로 데려갈 것인지를 이해하고, 격렬한 말다툼의 현장에서도 얼마든지 촛불이나 사진, 좌우명을 내어놓을 만큼의 자신감을 보이고(회의가 어떻게 흘러가더라도 서클 프로세스에 적극적으로 참여할 자신감을 의미한다. 촛불이나 사진, 좌우명 등을 가운데 중심부에 내어놓는 것은 서클 프로세스의 하나로 뒤에서 설명된다. ― 옮긴이), 경청하는 자세로 되돌아가자고 제안할 줄 아는 사람의 수가 많아질수록 모두가 갈망하고 우리의 생존을 보존할 세상의 모습을 창조할 수 있을 것이다.

서클의 구조와 구성 요소

모든 대화는 참여를 통해 이루어진다. 서클 프로세스에서의 대화 구조는 '그림 2.1 서클의 구조와 구성 요소'를 참조하면 된다.

2장에서는 서클 프로세스를 실행하는 운영자가 알아야 할 것들을 정리했다. 서클 방식으로 대화를 하려면 다른 사람에 대한 관심, 좋은 질문, 신뢰와 끈기, 시간 등이 필요하며, 서클 형태로 놓인 의자와 서클의 중심부, 벨, 말하기 도구와 같은 도구가 있으면 된다. 이러한 기술과 도구가 있다면 가족과 친구, 동료들을 놀라운 경험에 초대할 수 있다. 서클을 시작하는 첫 단계는 모든 형태의 대화가 사회활동의 기본 원리를 기반으로 하고 있다는 사실을 이해하는 것이다.

사회활동의 기본 원리는 '인간의 특정 행위는 상대에게 신뢰감을 주고 상호작용을 원활하게 하려는 교환활동'이라는 것이다. 예를 들어 "안녕, 잘 지내?"라는 말은 사회활동의 기본 원리라 할 수 있다. 이 말을 들었을 때 자동으로 대답하는 "응, 잘 지내."라는 말 역시 마찬가지이다(이는 영어 표현의 기본적인 인사인 "Hi, How are you?"와 "Fine."을 직역한 것이다. ― 옮긴이). 이는 바로 다음 대화를 불러내는 역할을 한다. 사회활동의 기본 원리는 강연 중에도 존재하고(발표자가 아닐 때는 조용히 경청한다), 토론 중에도 존재하며(타이밍이 가장 중요하다/자신의 논지를 밝혀라/대담하게 바라보아라/가능한 한 말을 끊어라), 서클 내에도 존재한다.

서클 내에서 사람들은 일상적인 대화를 할 때보다 조금은 더 공적으로 상대방을 대한다. 대화 내용은 서클이 아닌 모임에서와 동일할 수 있지만 서클의 구조, 즉 누가 이야기하고, 언제 어떤 방식으로 경청하며, 어떻게 반응하고, 서클에서의 대화가 끝난 뒤에는 무엇을 기대하는지 등에 따라 참여하는 형태는 크게 영향을 받는다.

서클의 전체 구조

모든 사물에는 구조가 있다. 구조는 사물의 본질이 무엇인지 정의하는 모양이나 형태를 의미한다. 예를 들면 인간의 키와 겉모습, 나이, 피부색, 모발 등은 지구상에 존재하는 인구만큼 다양하지만 인간은 골격에 의해 정의된다. 그래서 아무리 멀리 떨어진 곳에 있어도 그 사람이 누구인지 알아볼 수 있는 것이다. 심지어 두 살짜리 아기도 온갖 인종의 아기들이 모여 있는 어린이집에 들어섰을 때 "아기, 아기, 아기…." 하며 좋아한다. 아시아인, 중남미인, 흑인, 백인 등 아기들의 겉모습은 달라도 골격은 비슷하기 때문이다.

서클 또한 '골격'을 통해 이해될 수 있다. 이는 구조만 같다면 표현 방식이 달라도 서클로 정의할 수 있다는 의미이다. 우리는 서클의 구조적 요소들을 골격, 즉 다양하게 구체화할 수 있으면서도 통합적으로 유지할 수 있는 기본 원리라고 생각했다. 골격이 제자리에 있는 한 사람들은 서클을 기본적인 구조로 인식할 것이다.

빅토리안 재활센터 헤이즐우드 하우스에서 F4D^{From the Four Direction} 운동의 교육팀을 만나 서클 프로세스를 교육할 때였다. F4D는 마가렛 J. 위틀리가 다문화 지역 사회를 이끌어 갈 리더십을 지원하기 위해 설립한 비영리기관이다. 회의실에는 짐바브웨부터 크로아티아까지 다양한 국가에서 온 30명의 지역 사회 조직가가 서클 형태로 놓인 의자에 앉아 있었다. 이 행사를 준비하면서 우리가 고려했던 질문은 두 가지였다.

"어떻게 하면 서클의 보편성을 쉽게 표현할 수 있을까?"
"어떻게 하면 모든 참석자에게 서클 프로세스가 자신의 문화에 이미 존재하는 거라고 인지하게 할 수 있을까? 이를 기반으로 어떻게 하면 대화 구조의 보이지 않는 요소에 관해 이야기할 수 있을까?"

당시 영국에는 100일 동안 겨울비가 내리는 중이었다. 건물에는 외풍이 들었고 영국보다 따뜻한 나라에서 온 대부분의 참가자들은 추운 날씨에 적합한 옷을 입고 있지 않았다. 그래서 일단은 몸을 따뜻하게 하기 위해 일어나서 춤을 추자고 했다. 처음에 그들은 음악에 맞춰 제각각 춤을 추었다. 그러다 어느 순간 같은 동작으로 리듬을 타게 되었다. 양손을 허리에 대고 무릎을 굽혔다 폈다 하는 동작이었다. 우

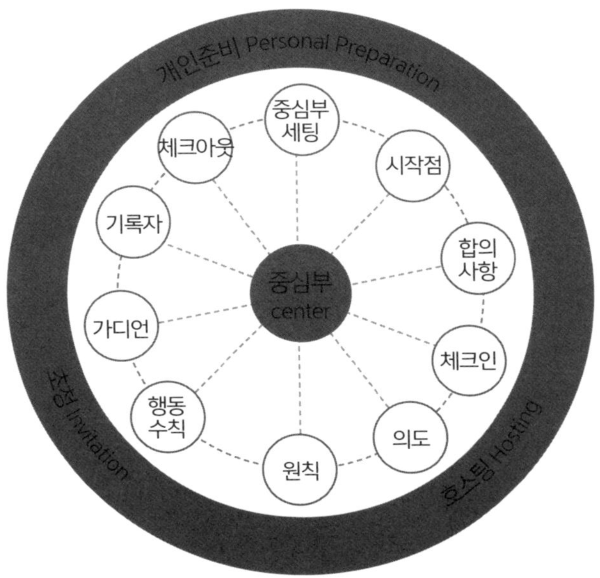

리는 이 춤사위를 통해 사회적 상호작용을 확인할 수 있었다. 참가자
가 이해하고 있는 참여의 규칙이 회의의 형태를 형성하고, 특정 방식
으로 움직이도록 하며, 다른 방식으로 이동하는 것을 억제하는 상호
작용을 본 것이다.

그 후 우리는 서클의 구성 요소가 담긴 자료(그림 2.1)를 나눠 주고,
이를 '서클 프로세스의 골격'이라고 지칭했다. 그 비유는 제대로 해석
되었고 우리는 이후 같은 방법으로 서클 프로세스를 소개했다.

피어스피릿 서클 모델에서 서클의 구성 요소 역시 골격의 형태와
유사하다. 서로 연결되어 있고, 각자 움직이며, 모두가 활성화되었을
때 가장 잘 돌아간다. 2장은 서클 프로세스의 모형을 전체적으로 고려

하여 다른 사람과 이야기할 수 있도록 전체 골격을 살펴보고자 한다.

서클 프로세스를 소개할 때는 프로세스 전체 구조를 설명할 수도 있고, 프로세스 일부분만 소개할 수도 있다. 한꺼번에 모든 구성 요소를 활성화하지 않고도 진행할 수 있다. 마치 몸 전체를 사용하지 않고 악수하듯이 말이다. 악수는 몸 전체에 구조적 강도를 전달한다(프로세스의 적당함을 의미한다. 악수를 예로 들면 악수만으로 서로의 관심 표시가 적당한가, 부족한가, 부족하다면 어떤 제스처를 취해야 할까 등을 알 수 있다는 말이다. ― 옮긴이). 필요한 경우 서로에게 더 깊게 관여할 수도 있을 것이다. 악수가 포옹으로 이어지거나 의례적인 인사치레가 진심을 나누는 인사로 변하듯이 말이다. 서클의 상호 작용이 부드럽게 진행될 때 우리는 편하게 앉아 있을 수 있다. 상호 작용이 격렬해질 때는 전체 서클 프로세스 구조의 강도에 동참하기 위해 자신의 몸을 앞으로 기울인다. 예를 들어 누군가 서클 회의를 소집하려 한다면, 그 사람이 새로 구성될 그룹이나 기존에 진행되던 그룹의 미팅이나 대화의 시간에 서클 프로세스를 도입하고 실행할 준비가 되어 있다고 볼 수 있다는 의미이다.

서클을 하기 위한 준비 작업 3가지

서클 내에서 일어나는 일들을 이해하고 자신의 환경과 목적에 서클 프로세스를 적용할 수 있도록 구성 요소에 대해 알아보자. 서클은 세 가지 구성 요소인 개인준비Personal preparation, 초청Invitation, 호스팅Hosting으로 시작한다. 다시 말해 서클을 하기 위한 준비 작업은 '개인준비'로 시작해서 다른 사람을 그 과정에 참여하라고 '초청'하고, 마지막으로 서클의 첫 '호스트'로서 최초의 리더 역할을 수행하는 것이다.

모든 과정(프로세스)에는 그 과정에서만 통하는 고유한 용어가 있다. 서클 프로세스 또한 서클 안에서 일어나는 일들을 이해하도록 하기 위해 범용적인 단어를 제공한다. 이를 통해 사람들이 자신의 환경과 목적에 서클 프로세스를 적용하고, 거기에 맞게 그 용어들에 구체적인 의미를 부여할 수 있을 것이다.

개인준비 Personal preparation

서클은 더욱 강화된 형태의 '보여주기'를 필요로 한다. 이 강화되고 의도를 지닌 참여 형태는 대화에 가치를 부여하지만, 이는 일상적인 일이 아니다. 이는 모든 사람이 참여하느냐 혹은 그렇지 않느냐에 달려 있다. 서클에는 말 그대로 무언가를 숨기거나 멀티태스킹을 하거나 문자 메시지를 교환하거나 관련 없는 내용을 보거나 낮잠을 자는 등의 여유가 없다. 서클 프로세스에서는 모든 참가자가 프로세스를 주도하고, 관찰자의 역할을 하고, 회의실 안의 다른 모든 사람에게서 참여와 리더십의 역량을 끌어내는 위험을 기꺼이 감수한다. 회의 목적에 대한 책임은 모두에게 주어진다.

서클이 벌어지고 있는 공간은 사람들이 전화통화를 마무리하기 위해 복도를 따라 달려오거나 "조, 화요일 점심에 운영진 문제에 관해 논의하자."라는 식으로 지나가면서 한 마디 던지는 그런 식의 대화를 펼치는 공간이 아니다. 서클의 선물 중 하나는 우리의 진행 속도를 천천히 늦추고, 잠시 멈춰 들을 수 있게 해 주며, 숨을 돌리면서 서로에 게 하고 싶은 말을 어떻게 채워 넣는가를 고민하게 해 준다는 점이다. 본질적으로 개인준비는 '잠시 거쳐가기'에서 '참여하기'로 이동하는 것이다. 전화나 호출기와 같이 멀티태스킹을 하도록 유도하는 물건들 의 전원을 모두 껐을 때 잠시 숨을 돌리고 주위를 둘러볼 수 있는 좋 은 여건과 편안함이 제공된다. 실제로 회의실에 있는 사람들에게 집 중해달라고 요청하면 그제야 비로소 모임을 시작할 수 있는 수준에 이르는 것이다.

호스트, 즉 회의 진행자가 되면 추가적으로 해야 할 준비가 있다. 호 스트는 모임 장소의 분위기를 조성하고 사전 작업을 해야 한다. 누가 그 모임에 참가하고 누구에게 참석을 요청해야 하는지 고민해야 한다. 또한 모임의 의도에 맞는 체크인 질문을 준비하며 사람들이 참석하려 면 무엇이 필요한지를 확실히 해 주어야 한다.

한 여성이 독서 모임을 서클 프로세스로 진행하기로 결정했다. 참여 자들에게 모임 시간과 장소를 알려 주고, 가벼운 다과를 준비했으며, 분위기를 가볍게 조성할 수 있도록 몇 가지 질문을 준비했다. 그녀는 이 질문을 준비하기 위해 일찌감치 책을 다 읽었다. 모임이 있는 날, 그녀는 모임을 할 공간이 준비되었는지 확인하기 위해 도서관 회의실 에 10분 일찍 도착했다. 그녀는 모임을 할 준비가 충분히 갖춰졌다고 생각했고 편안하게 행사에 임했다.

초청 Invitation

사람들은 명확한 것을 좋아한다. 구두 혹은 서면으로 전하는 초청의 글에는 다음과 같은 사항들이 포함되어야 한다.

- 어떤 이유로 우리가 함께하는 것일까?
- 누가 참석하나? 참석해야 하는 사람은 누군가?
- 참석자들이 어떻게 기여해 주기를 기대하고 있는가?

서클 프로세스를 처음 도입하는 것이라면 '우리는 왜 이런 접근 방식을 사용하며, 이 방식은 무엇과 비슷한가?'와 같은 질문도 초청의 글에 포함될 것이다. 초청은 업무적인 모임이나 비공식 모임 모두에게 필요하다.

앤의 부모가 75세가 되었을 때, 여름휴가를 함께 보내기 위해 온 가족이 모이기로 했다. 토요일 저녁 시간, 앤은 가족들에게 부모와 조부모를 기념하는 '말하기'를 준비해 오라고 초청의 글을 보냈다. 이 글은 가족 구성원들에게 일상적인 바비큐 파티와는 다른 방식으로 참여하도록 유도하는 역할을 했다.

업무적인 모임을 예로 들어 보자. 신임 이사회 의장은 서클 프로세스를 회의에 활용할 것을 이사회에 제의하기로 했다. 서클 프로세스가 의사소통과 의사결정에 어떤 영향을 미치는지 알아보기 위해서였다. 그는 이사회 임원들에게 메일로 다음과 같은 초청의 글을 발송했다.

다음 회의에서 우리는 회사의 목표와 비전 선언문을 개정할 예정입니다. 회의에 '서클 프로세스'를 시도하고자 합니다. 회의는 메일에 첨부된 '서클 프로세스의 기본 지침'을 따르려 합니다. 회의 전에 이 문서를 읽고 열린 마음으로 참석하기 바랍니다. 우리 조직에 내가 어떻게 기여했는지 설명할 수 있는 아이템도 준비해 오시기 바랍니다. 그런 것들이 우리가 회의에 집중하는 데 도움이 될 것입니다.

가족 모임과 이사회 모두 호스트에 의한 진행^{hosting}이 이루어지고 있다. 누군가가 "참석하세요.", "이런 방식으로 해 봅시다.", "이에 관해 논의합시다."와 같은 말을 할 리더의 역할을 맡은 것이다.

호스팅 Hosting

호스팅, 즉 주인 역할을 수행하는 행위는 우리 모두가 너무나 잘 알고 있는 '사회 질서'의 한 부분이다. 호스트는 대화가 벌어질 공간을 준비하고 모임을 개최한다. 그리고 대화가 시작되면 거기에 참여한다. 저녁 식사 파티라면 메뉴를 준비하고 테이블을 세팅하고 분위기를 만들어 사람들이 편안하게 느낄 수 있도록 한다. 그리고 파티가 시작되면 '함께 참여한다.'

서클 방식의 회의에서는 누군가가 "이에 관해서는 다시 이야기하죠. 다음번에는 내가 호스트를 맡을 게요."라는 식으로 말할 수 있어야 한다. 이렇게 서로 다른 사람이 번갈아가며 진행을 맡아서 하게 되면 시간이 지나면서 리더십이 순환하고 모두가 리더십을 연습할 기회를 갖게 된다.

호스트는 초청의 내용과 서클의 구성 요소를 소개해야 한다. 특히 구성원들이 서클 프로세스를 배우는 과정에서는 더욱 그렇다. 호스트의 역할은 퍼실리테이터의 역할보다는 더 통합적이다. 퍼실리테이터는 보통 프로세스 밖에 머물며 전체적 관점에서 살핀다. 과정과 의제, 때로는 결과물이 무엇인지 설명하며, 해당 그룹이 목표에 도달할 방법을 강구하기도 한다. 반면 호스트는 회의 과정 속에 들어가 있는 사람이다. 서클에 있는 다른 이들과 마찬가지로 호스트는 어떤 주제가 제시되는지에 주목하고, 참여를 요청하며, 해당 그룹을 소집해서 어떻게 하면 목표에 다다를지에 관한 책임을 공유한다.

서클의 내부 구성 요소 10가지

서클 프로세스로 회의를 소집할 때 해야 할 첫 번째는 말 그대로 '서클의 형태를 구성'하는 것이다. 이때 서클은 완전한 원의 형태가 아니어도 된다. 서클의 형태는 거실의 가구나 이동식 파티션, 회의실 책상이나 식당 테이블을 이용해서 그때그때의 형편에 맞게 만들면 된다.

최근 한 모임은 커다란 책상이 있는 길쭉한 회의실에서 진행되었는데 직원 전체가 둘러앉을 수 없었다. 우리는 책상 앞에 앉은 사람에게는 의자를 최대한 뒤로 빼 달라고 하고, 구석에 있는 사람들에게는 의자를 앞으로 당겨 달라고 해서 겨우 책상을 가운데 두고 서클의 형태를 구성할 수 있었다. 큰 달걀 모양으로 자리를 배치해 회의실 안의 모든 사람을 한 그룹으로 만든 것이다. 그런 다음 우리는 한 바퀴를 돌며 의미 있는 대화를 나눴다. 서클의 형태로 둘러앉은 목적은 여기 모인 모든 사람들이 참여자라는 것을 인식하게 하고, 누가 말하는지 볼 수 있게 하며, 이야기를 더 잘 듣고, 다른 참여자들과 긴밀하게 상호작용하기 위해서이다.

서클 형태로 배치된 자리가 처음에는 불편할 수 있다. 서클은 대화에 참여해야 한다는 부담감을 주며, 신체적 노출도 더 드러나기 때문이다. 따라서 초청의 글을 좀 더 신중히 만들고 사전에 참가자들에게 공유할 필요가 있다. 그래야 사람들은 서클 모임이 자신에게 유익하고 자신이 참여할 가치가 있다는 확신을 가지게 될 것이다.

테이블 주변으로 모이거나 가운데 커피 테이블만 있는 채로 자리를 둥글게 만드는 등 자리 배치는 얼마든지 창의적으로 해도 좋다. 테이블이 없어도 된다. 우리는 여러 가지 방식으로 호스트들이 이 문제를 해결하도록 도와 왔다. 한 위원회에서는 회의의 목적을 상징하는 물건을 커피 테이블에 놓고 그 테이블 주위로 의자를 둥글게 배치해 회의를 시작했다. 의제 중심의 서클 프로세스를 진행할 때 문서를 작성하거나 나누어 주려는 목적으로 테이블을 사용하긴 했지만 회의를 마무리할 때는 다시 서클로 되돌아왔다.

참가자가 40~50명 정도로 많다면 모두가 공간을 잘 채울 수 있을 만큼 크게 서클 형태로 의자를 배치한다. 그곳에서 전체 대화를 진행하다가 필요하면 근처 회의실로 옮겨 작은 서클 단위로 회의를 진행하면 된다.

서클 프로세스에 익숙해지면, 참가자들은 테이블 주변에 모여 앉는 것이 회의 참여와 사람들 간의 상호작용에 방해가 된다고 생각한다. 왜냐하면 테이블이 공간을 막고 있기 때문이다. 참가자들은 오히려 서클의 중심부를 향해 몸 전체가 드러나 보이게 앉는 형태를 선호하게 된다.

중심부 설정하기 Setting Center

의식적으로 서클 형태로 자리를 배치하고 중심부를 활용하는 것은 대화 방법에 있어 서클 프로세스의 가장 근본이 된다. 서클을 몸이라고 한다면 그 중심은 심장이라 할 수 있다. 서클을 바퀴라고 한다면 그 중심은 바퀴축이라 할 수 있다. 서클을 캠프파이어라고 한다면 그 중심은 불 자체라 할 수 있다.

원래 서클 프로세스가 불 주변에서 열렸기 때문에 그 중심부는 항상 따뜻함과 빛을 발산한다. 불은 관리가 필요하다. 불길을 만들려면 장작을 더 넣어 줘야 하고, 음식을 조리하려면 냄비를 숯 위에 올려야 한다. 밤을 보내기 위해서는 불씨를 보존해야 한다. 서클의 중심부 역시 관리가 필요하다. 우리는 서클의 중심부에 그룹의 의도나 목적, 목표를 상징하는 물건을 놓는다. 그것은 사람들이 서클로 모인 이유를 시각화해 준다.

비즈니스 회의에서는 기업의 가치나 프로젝트의 목표를 적어둔 게시물이 서클의 중심부가 될 수 있다. 교육 현장에서는 학생의 사진과 학교의 상징이, 비공식 모임에서는 촛불이나 꽃과 같은 자연물이 서클의 중심부가 될 수 있다. 간소한 물건 하나가 강력한 서클의 중심부를 만들 수 있는 것이다.

실재하는 중심부는 사람들 사이에서 무형의 세 번째 점을 창조한다. 일종의 공동 구역이다. 통상적인 대화에서는 A가 말하면 B가 듣고 반응을 한다. B가 A에게 듣고 있다는 신호를 보내고 마치 탁구 경기처럼 단어들이 왔다 갔다 하는 것이다. 서클 내에서는 A가 말하면 그 말은 서클의 중심부에 놓인다. 그런 다음 반응하는 B의 말 역시 중심부에 놓인다. 서클의 중심부에 놓이는 말이나 의견은 표정이나 동작, 어조 또는 문구로 표현하면 된다. "저는 이번 이야기를 서클의 중심부를 향해 발언하겠습니다."처럼 말이다. 서클의 중심부는 모든 참가자가 내어놓은 그들의 다양한 생각, 즉 슬픔이나 분노, 진심이 담긴 다양한 이야기들을 모아 둘 수 있고 함께 생각해 볼 수 있는 중립적 공간을 제공한다.

사람들이 경청을 중단하는 가장 큰 이유는 다른 사람의 강력함, 즉 '목소리가 큰' 사람에 의해 공격받고 있다고 느끼기 때문이다. 하지만 서클 내에서 사람들은 찬성 혹은 반대할 수 있고, 각자의 강한 주장들이 특정한 사람이 아니라 서클의 중심부로 발산되므로 계속 경청할 수 있다. 서클의 중심부를 활용하는 것은 함께 퍼즐 조각을 맞추는 일과 같다. 서클에 참여한 사람 모두가 지식과 지혜, 열정을 쏟아내어 앞으로의 계획을 만들어가고 그 과정을 어떻게 진행하고 대응해 나갈지에 관해 공통된 생각을 만들어가는 것이다. 대화하는 동안 각자의 생각은 연결되고, 시너지는 구축된다.

시작점 Start-Point

서클 방식의 회의에는 시작과 중간, 끝이 있다. 우리는 사회적 공간에서 서클의 공간으로 이동해 과정을 수행하고 다시 사회적 공간으로 되돌아온다. 호스트 혹은 다른 자발적 참여자가 이런 변화를 알리는 간단한 절차를 제공한다. 침묵을 부르는 차임 벨을 울리거나 촛불을 밝히거나 서클의 중심부에 물건을 갖다 놓거나 영감을 주는 짧은 글귀를 읽는 것이 그것이다. 이런 활동은 사람들의 관심을 끌어낸다. '상대에게 신뢰감을 주고 상호작용을 원활하게 하는' 서클의 기본 원리를 활용하는 것이다.

한 대학의 총장은 임직원 및 교수 회의를 할 때 항상 시 구절을 읽으면서 시작했다. 그녀는 "모임에서 시를 낭독하는 것은 사람들에게 듣기를 요구하는 유용한 방법이라는 사실을 알았어요. 시의 운율은 사람의 마음을 진정시키고, 상호작용을 하도록 준비시키며, 그날 회의에 대한 영감을 주기도 하지요."라고 말했다.

서클에서는 대화를 시작하고 싶을 때마다 시작점을 활용한다. 알코올 중독자 모임이라면 행동 강령 12단계를 암송함으로써 시작할 수 있을 것이다. 학교에서라면 국민의례를 하거나 교가를 제창함으로써 시작할 수 있을 것이다. 조직이라면 조직의 의도가 담긴 선언서나 합의문을 읽음으로써 시작할 수 있을 것이다.

합의사항 Agreements

모든 프로세스가 그렇듯이 서클의 성공 또한 참여자들이 합의사항을 잘 이해하고 이를 준수하는 것에 달려 있다. 합의사항은 대화에 참여하는 사람들 사이에 일종의 안전망 역할을 한다. 서클 내에서의 합의사항은 리더, 즉 호스트가 바뀌거나 회의 내용이나 의도가 진화하는 동안에도 일정하게 유지되어야 한다. 합의사항은 서클의 자치自治이며 구성원 모두에게 상호작용에 따른 책임을 지게 하는 방식이다.

서클 프로세스가 시작되면 우리는 참여자에게 모임의 의도에 맞게 구체적으로 합의사항을 만들라고 요청한다. 호스트가 "우리의 의도를 충족시키려면 어떤 합의사항이 필요할까?"라고 물어보는 것으로 물꼬를 틀 수 있다. 새로운 서클 프로세스를 진행하거나 간단한 회의 혹은 일회성 모임일 때는 다음과 같은 일반적인 합의사항을 제시할 수도 있다.

- **서클에서 공유한 개인의 정보는 비밀을 보장한다.** 비밀 보장을 적용할 범위를 정하는 데는 많은 시간을 들일 만한 가치가 충분히 있다. 모든 참여자에게 비밀 보장이 무슨 의미를 갖는지, 그리고 어떤 효과를 거둘 수 있는지를 명확하게 공유할 필요가 있기 때문이다.

- **서로의 이야기에 호기심과 동정심을 가지고 경청하며 판단은 유보한다.** 호기심^{curiosity}은 전적인 합의가 이루어지지 않은 (또는 반드시 전적인 합의가 이루어질 필요가 없는) 사안에 관해서도 말하게 하고 듣게 하는 원동력이 된다. 호기심은 판단력보다는 분별력을 불러일으키는 감정이기 때문이다(우리 말에서 호기심이라는 단어는 약간은 부정적인 뉘앙스를 갖고 있는 것이 사실이다. 반면 영어 문장에서 curiosity란 긍정적 뉘앙스를 갖고 있으며 편견이나 선입관을 버리고 상대가 어떤 배경에서 저런 말을 하는가에 대해 미지의 세계를 탐구하는 마음, 즉 호기심을 갖고 듣는다는 표현으로 이해해야 한다. — 옮긴이).

- **필요한 것은 요구하고 요구받은 것 중에서 가능한 것은 제공한다.** 이 합의사항은 서클의 방향성을 스스로 조정할 수 있게 한다. 누군가의 요구사항이 그룹의 지향점과 일치한다면, 서클 내의 또 다른 누군가는 그 요구가 이루어질 수 있도록 자발적으로 돕는다. 만약 그렇

지 않다면 아무도 자발적으로 나서려 하지 않을 것이다.

- **생각이나 집중력이 흐트러졌을 때 이를 다시 모으기 위해 잠시 회의를 중단한다.** 이러한 시간을 가지려면 서클의 누군가가 자발적으로 가디언 역할을 수행해야 한다. 가디언이 회의를 침묵의 순간으로 인도할 때는 벨이나 다른 신호를 이용한다.

합의사항을 정하는 과정이 항상 편안하지는 않을 것이다. 빠르고 쉽게 정해질 때도 있고 난항이 거듭될 때도 있을 것이다. 합의사항을 정하는 과정은 신뢰와 자신감 또는 긴장과 우려의 수준을 나타내는 강력한 지표이다. 어떤 그룹은 이 과정에서 자신들에 관해 많은 것을 깨닫기도 한다. 합의사항은 배의 침몰에 대비해 구명 보트를 만드는 것과 다름 없다. 폭풍우 치는 바다를 헤쳐 나갈 수 있게 해 주는 안전장치이다.

체크인 Check-In

서클 프로세스에서 맨 처음 모두에게 말할 기회를 주는 것을 '체크인'이라고 부른다. 참여자가 자신을 소개하고 모임에 참석하게 된 계기 등을 공유한다. 체크인은 호스트가 제시하는 질문이나 방향에 따라 일정한 형식으로 구성된다.

"모임에 참여하게 된 이유를 간략히 말해 주시기 바랍니다."
"이 모임에서 당신의 흥미를 끄는 것과 우려되는 것은 무엇입니까?"
"지난 며칠 동안 우리 회사에서 일어났던 일들 중에 당신이 회사에

애정을 느끼게 만든 일은 무엇이었나요?"

'말하기 도구*talking piece*'를 활용하면 체크인을 할 때 도움이 된다. 말하기 도구는 발언권을 가진 사람을 알려 주는 물건으로 참여자의 손에서 손으로 전달된다. 말하기 도구를 들고 있는 사람은 발언을 하고 나머지 사람은 듣는다. 말하기 도구를 사용하면 쓸데 없는 농담이나 첨언으로 발언자를 방해하거나, 화제를 전환하기 위한 질문을 던지려는 충동을 제어할 수 있다. 이 방식으로 서로의 말을 듣는 것은 강력한 경험이 된다.

말하기 도구는 고대부터 같은 목적으로 이용되었다. 어떤 모임에서 든 발언을 기피하고 듣기만 하려는 사람이 있기 마련이다. 서클에서는 이런 선택을 존중한다. 체크인 발언이 한 바퀴 다 돌고 나면 호스트는 발언 기회를 넘겼던 사람에게 말할 준비가 되었는지 물어보고 기회를 제공한다. 이때도 반드시 발언해야 할 필요는 없다.

말하기 도구는 나이, 인종, 성별 혹은 신분이 다른 사람들 사이에서 훌륭한 평형추 역할을 한다. 이 도구는 서클로 둘러앉은 모두가 말할 수 있게 한다. 말하기 도구가 한 바퀴 도는 데 걸리는 시간을 제한할 수도 있다. "우리는 지금 ○명의 사람이 있고, 한 사람당 2분씩 말한다면…"과 같이 시간 계산을 해 보자. 새롭게 만들어진 서클이라면 첫 체크인 시간은 길게 잡는 것이 좋다. 체크인 시간을 통해 참여자들은 의미 있는 말을 간결하게 하는 데 숙련될 것이다.

소규모 서클이나 오랜 기간 지속된 그룹에서는 말하기 도구를 서클의 중심부에 놓아두고, 말할 준비가 된 사람이 직접 가져가기도 한다. 서클 프로세스를 진행하는 동안 말하기 도구를 지속해서 사용할 필요는 없다. 하지만 체크인이나 체크아웃 시간에는 되도록 사용하기를 권한다. 이는 진행 속도를 늦추고 모든 참여자의 말을 들어보는 데 도움이 된다.

의도 Intention

의도는 사람들이 서클 내에 존재하는 이유와 서클 내에서 이루고자 하는 것들에 관한, 또는 무엇을 함께 하거나 함께 경험하고자 하는 것지에 관한 합의사항이다. 초청의 글에는 호스트의 의도를 분명하게 명시해야 한다. 때때로 의도는 구체적이고 명확하다. 올해 예산을 마무리하는 투표를 하기 위해 모인 모임처럼. 때때로 의도는 명확성과 예정된 계획이 결합된다. 환경 변화에 따라 공동체에 필요한 사항을 준비하기 위한 내년도 예산을 결정하는 투표를 하기 위해 모인 모임처럼. 때때로 의도는 관념적이기도 하다. 공동체의 관계 개선을 위한 방법을 위해 모인 모임처럼.

의도를 정의하는 것은 개인에게나 그룹 전체에게나 자기 성찰의 과정이다. 의도는 서로 다른 사람들을 회의실에 모이게 하고, 보통은 누군가 나서서 대화가 진행되기 위한 첫 발언을 시작한다는 점에 감사하게 하며, 무슨 역할로든 활동을 시작하게 한다. 모두가 한 차례 기여하고 나면 의도는 더욱 진화한다. 예를 들어 모임의 의도가 고객 서비스를 개선하기 위한 아이디어를 내는 것이라면 사람들은 각자 다른 개인적 의도를 가지고 참석할 것이다. 고객 서비스 담당자의 의도는 '모든 것을 다 아는' 것처럼 행동해야 한다는 사실에 영향을 받을 수 있다. 다른 누군가는 '모든 관심을 끌려는' 고객 서비스 팀에 싫증을 느껴 해당 회의를 빨리 끝내고 자신의 업무로 돌아가려는 의도를 가질 수도 있다.

따라서 의도는 개인의 필요와 그룹의 필요 사이에서 의식적인 균형을 취해야 한다. 사람들에게는 각자 바라는 것이 있다. 마찬가지로 그룹을 통해 이루어지기를 바라는 것 또한 있다. 이 두 가지 에너지가 출현하고 공존할 때 서클을 실제로 느낄 수 있다.

의도를 조율하는 데 시간을 쓰는 것은 합의사항을 만드는 데 할애하는 시간만큼이나 중요하다. 기간을 정해 놓으면 의도는 더욱 명확해질 수 있다. 예를 들어 나무를 보호하고 공원을 조성하기 위해 '6개월' 동안 모임을 가지며 목표를 향해 노력한 다음 다시 모여 진행 사항을 확인하자고 합의할 수 있다. 또 친밀한 이웃 관계에 대해 이야기하고 이웃 간의 대화가 개인에게 활력이 되는지 확인할 수 있도록 매월 아침 식사 모임을 갖자고도 할 수 있다. 모임의 의도가 명확해질수록 서클의 동적인 힘은 더욱 집중된다. 그러므로 의도를 재설정하는 작업은 방향을 잃어버린 서클을 구원하거나 정상 궤도로 되돌리는 방법이 될 수 있다.

원칙 Principles

서클 프로세스는 세 가지 원칙, 즉 리더 역할 돌아가며 하기, 책임을 공동으로 지기, 총체성에 대한 신뢰를 바탕으로 진행된다.

리더 역할 돌아가며 하기는 '모든 참가자의 리더십은 향상될 수 있다'는 전제하에(서클 프로세스에서는 리더십의 범위가 모든 참가자에게로 확장되고 모든 참가자가 리더일 수 있다고 본다. — 옮긴이) 모든 참가자가 서클의 기능을 돕는다는 의미이다. 서클의 의도를 달성하기 위한 자원이 그룹 내부에 존재한다고 믿고 호스트와 가디언, 그리고 필요하다면 기록자의 역할까지 돌아가며 하도록 한다. 서클에서는 모든 사람이 스스로 결정하고 자발적으로 참여하며 공동의 요구를 달성하기 위해 노력한다. 그러므로 일반적으로는 "내가 그 일을 할 수 있으니 맡겨 주세요."라고 말하는 사람이 생기기 마련이다. 만약 아무도 리더 역할 돌아가며 하기에 관심을 보이지 않는다면 이 현상을 다른 사람의 탓으로 돌리거나 선입견을 갖고 판단해 버리기보다 다음 모임의 주제로 상정하는 것이 바람직하다.

책임을 공동으로 지기는 참가자 각자가 능동적으로 자신의 책임과 기여하는 바가 무엇인지 회의의 진행을 주시하면서 결정하고 기여한다는 의미이다. 책임을 공동으로 지기는 누군가는 모임을 지배하고 다른 누군가는 수동적인 태도를 보이던 흐름을 무너뜨린다. 참가자들에게 경험의 질적 수준을 보호하고, 시간 배분을 공동으로 관리하며, 그룹의 결정이 시너지를 불러일으키도록 한다. "가디언 님, 벨 좀 울려 주시겠어요? 우리가 방금 주제를 변경했는데, 저는 우리가 전의 주제로 되돌아 갈 것인지 아니면 주제를 변경할 것인지 명확한 의사결정을 내리는 것이 좋다고 생각합니다."와 같이 말이다.

총체성에 대한 신뢰란 참가자 각각의 개별 행동을 모두 모으면 서클 전체가 시너지 효과를 얻은 커다란 자기장처럼 큰 힘을 발산할 수 있다는 의미이다. 총체성에 대한 신뢰는 서클이 서클 자체의 형태와 서클에 참석한 모든 사람으로 구성된다는 점을 사람들에게 상기시킨다. 총체성은 방법론을 뛰어 넘는 서클 프로세스의 활력이다. 과거로부터 이어진 서클의 전통에 내재되어 있는 원형의 에너지를 일깨운다는 의미이기 때문이다.

이 책에 등장하는 많은 이야기가 총체성에 대한 신뢰의 원칙을 잘 설명하고 있다. 이는 참가자들이 심사숙고하고 감명 받아 되돌아보는 전환점이 되는 순간이다. 서클 프로세스에 어떤 기술과 재능을 도입하든, 그리고 해결할 수 없을까 봐 두려워하는 문제에 어떤 망설임이나 의심이 동반되든, 이 원칙은 우리에게 계속 (서클의) 테두리에 참석해서 상호작용을 경청하고 에너지를 중심부에 쏟으라고 요청한다. 그래서 자전거 바퀴에 달린 바퀴살처럼 총체성에서 오는 상승 작용이 우리를 붙들어 매고 같이 회전할 수 있게 한다.

행동수칙 Practices

서클 방식으로 하는 회의의 행동수칙은 참여자가 서클의 기본 원리 내에서 '듣고, 말하고, 행동하라'는 것이다.

주의 깊게 듣기는 다른 사람이 말하는 내용에 집중하는 것이다. 서클 내에서 듣기는 우리가 서로에게 기여할 수 있는 행동수칙이다. 자신의 생각과 이야기를 꺼내 놓기 위해 순서를 기다리는 것은 자주 있는 일이지만 진정한 듣기는 매우 드물다. 서클의 중심부를 통한 경청은 참여자들의 생각과 감정, 이야기를 받아들이고, 이야기에 대해 호기심을 유지하고, 본질을 찾고, 표면적 불일치가 있을 때도 연결할 지점을 찾게 한다. 주의 깊게 듣기는 즉시 반응하지 않고 깊이 탐구하는 태도를 갖게 하는 일종의 영적 수행이다.

의도를 담아 말하기란 참가자들이 어떤 발언을 할 때 논의가 진행되고 있는 상황에 적합한 의미나 중요성이 있는, 그리고 진심으로부터 우러나오는 이야기나 정보를 말함으로써 서클에 기여해야 함을 의미한다. 의도가 담긴 말하기는 '합의사항'과 같은 의미가 아니다. 의도가 담긴 말하기는 우리가 진실을 말할 수 있고, 그 진실의 일부가 서클의 모든 구성원에게 받아들여질 수 있다는 사실을 알며, 중립적인 언어를 사용함으로써 비난과 판단을 회피하는 것을 의미한다. 또한 이는 주의 깊게 듣기가 원활히 이루어진다는 사실과, 각 구성원이 그룹의 안녕을 추구하는 동시에 서클에 기여할 수 있다는 사실을 의미한다.

그룹의 안녕에 동참하기는 말하기 전과 후, 말하는 도중에 그 말과 행동이 미칠 영향을 고려하라는 것이다. 말하기 전에 그룹에 기여하고자 하는 바를 자신에게 물어보는 시간을 갖는 것이 중요하다. 이때 자신에게 던질 수 있는 전형적인 질문은 다음과 같다.

- 이를 공유하는 나의 동기나 희망은 무엇인가?
- 내 몸에서 느껴지는 긴장감이나 흥분감은 무슨 의미인가?
- 우리가 하는 일에 도움이 될 수 있게 하려면 내가 어떻게 말하는

것이 좋을까?

- 말하기 전에 말할 내용을 고민할 필요가 있을까? 그리고 나는 여전히 내 '진심'을 말하는가?

이러한 행동수칙들은 서클 프로세스가 주는 엄청난 선물이다. 해야 할 말을 충분히 말할 수 있고, 다른 사람들이 하는 말을 충분히 들을 수 있으며, 이 모든 것을 서로의 관계를 유지하며 할 수 있기 때문이다.

가디언 Guardian

모든 참여자가 서클의 기본 구조를 유지하는 동안 주의 깊게 관찰하는 역할은 그룹의 수호자인 가디언의 몫이다.

우리는 틱 낫한Thich Nhat Han 스님의 강연에 참석한 후 가디언 역할을 도입했다. 명상용 방석 위에 앉아 부드럽게 말하는 데도 강연을 들으러 온 천여 명의 청중들이 그의 말을 주의 깊게 경청했다. 그와 함께 온 수행자는 연설 중간에 작고 공명한 종소리를 여러 번 울렸다. 그 소리가 울리면 틱 낫한은 강연을 멈추고 깊은 생각에 잠긴 듯 침묵을 시작했다. 청중 또한 그렇게 했다. 잠시 후 틱 낫한은 "종소리가 저를 저 자신에게 돌아오라고 불렀습니다."라고 조용히 말했다. 그리고 강연을 다시 시작했고 우리도 주의 깊게 듣기를 재개했다.

가디언은 실질적인 필요와 영적인 필요 두 가지 모두를 관찰하고 그룹 프로세스가 어떻게 돌아가고 있는지를 알려고 노력해야 한다. 또한 놋쇠 종이나 차임 벨을 사용해(모임 구성에 따라 방울이나 막대기, 작은 북도 적절할 수 있다.) 서클 프로세스를 소집한 목적을 서클의 중심부로 되돌리고, 대화의 속도가 빨라지면 늦춰 주며, 그룹의 의도나 과업에 초점을 맞추고, 합의사항에 서술된 행동수칙을 참여자들이 지키도록 하는 권한을 갖는다. 또한 가디언은 모임이나 의제에 시간을 배분하고 휴식을 요청하는 것과 같은 일을 호스트와 협업한다.

가디언이 차임 벨을 울리면 모든 참여자는 대화를 중단하고 잠깐 숨을 돌리며 가디언이 두 번째 벨 소리로 행동을 재개하라는 신호를 보낼 때까지 기다린다. 즉 '벨 소리―잠시 중지―벨 소리―다시 시작'의 순서이다.

모임에 긴장감이 발생되면 가디언은 서클 프로세스의 중심이 된다. 누구나 언제든 가디언에게 벨을 울려 달라고 요청할 수 있다. 예를 들면 "우리 대화 속도가 너무 빨라졌고 발표자가 말하는 것을 누구도 듣지 않는다고 생각합니다."라거나 "잠시 쉬었다 할 필요가 있습니다."라는 식이다.《서클 프로세스 소집하기》가 처음 출판된 이래 우리 둘은 반복적으로 '가디언이 서클 프로세스의 중심 인물이 된다'는 생각을 했다. 특히 서클 프로세스에서 긴장감의 고조를 피할 수 없는 상황이 되었을 때는 더욱 그런 생각이 들었다.

'누구나 언제든지 관리자에게 종을 울려 달라고 요청할 수 있다'는 점은 서클 내에 리더십이 순환하는 여러 방식 중 하나이다. 한 사람이 가디언의 책임을 맡고 다른 사람은 가디언을 돕는다. 그리고 벨은 그 과정을 존중하라는 서클의 목소리가 된다.

기록자 Scribe

서클 프로세스에서는 과정을 기록하는 일이 반드시 필요하지는 않다. 하지만 필요한 경우 기록자의 역할을 활성화해서 서클이 만든 통찰의 결과를 거두어들일 수 있다. 기록을 남기는 방법은 여러 가지다. 참가자들이 모두 함께 컴퓨터로 문서를 만들 수도 있고, 책상이나 바닥에 회의록을 펼쳐 놓고 기록할 수도 있으며, 서클의 테두리 부근에 플립차트 거치대를 놓고 기록할 수도 있다. 심지어 벽에다 종이를 붙이고 써도 된다.

가디언와 마찬가지로 기록자도 조금 더 관찰자적인 태도로 참가자들의 핵심적인 진술과 새로운 단서, 수면 위로 떠오르는 의사결정 사항을 듣는다. 한창 고조된 분위기 속에 있다 보면 뭔가 대단한 이야기가 나왔다고 생각될 때가 있다. 이런 순간에 "와, 그거 적었어? 누가 필기하고 있지?"라고 자연스럽게 말한다. 우리는 이런 통찰의 결과를 기록하는 것에 '작성한다report'보다는 '수확한다harvest'라는 단어를 사용한다. 서클 프로세스에서 결론에 해당하는 시간이 되면 그룹의 수확은 체크아웃의 일부가 될 수도 있다. 예를 들면 "오늘 들었던 것 중에서 가장 배울 만한 것은 무엇입니까?"와 같은 질문이 수확하는 질문이다. 이전까지 기록자가 없었다면 호스트는 누군가에게 이 역할을 맡아 달라고 부탁할 수도 있다.

서기의 역할은 '계시원minute-taker'(국회 속기록처럼 참가자들의 모든 발언을 기록하는 사람을 말한다. — 옮긴이)의 역할과는 같지 않다. 조직의 특성상 회의 시간이나 일정이 정해져 있다면, 서클 구성원들은 이를 어떻게 다루어야 할지, 즉 시간 배분을 어떻게 하고 시간 관리는 누가 할지 논의할 필요가 있다. 시간을 측정하는 업무는 세세함과 정확성이 필요하므로 그 일을 맡은 사람은 모임에 완전히 참여할 수 없기 때문에 기록자에게 그 역할까지 맡기는 것은 적합하지 않다.

체크아웃 Check-Out

모든 참여자에게 말할 기회를 주며 서클을 시작했듯이 마무리할 때도 마찬가지이다. 서클 내에서 주의 깊게 듣는다는 것은 많은 에너지가 필요한 일이다. 그러므로 체크아웃 시간은 서클을 끝내기 전에 긴장을 풀어 주는 시간이 되어야 한다. 일반적으로 서클을 마무리할 때는 참여자 모두에게 서클에서 무엇을 새로 익히고 들었는지, 무엇이 마음에 들었는지, 무엇을 해야겠다고 마음먹었는지에 관해 말할 수 있는 기회를 준다. 다음 모임의 호스트를 정하고, 특정 임무를 다음 사람에게 넘겨 주며, 합의사항을 재검토할 수도 있다. 특히 비밀 보장 사항을 명확히 할 필요가 있을 때는 체크아웃 과정이 반드시 필요하다. 그런 다음 인용구나 시 혹은 벨 소리에 이은 짧은 침묵으로 마무리를 한다.

앤의 부모님을 위한 75번째 생일 서클 이야기로 돌아가 보자. 한시간 동안의 말하기 도구 회의와 수십 가지의 사려 깊고 재미난, 때로는 가슴 아픈 이야기들을 나눈 후에 앤은 '생일 축하 노래'를 연주하는 것으로 서클을 마무리했다. 노래가 끝나자마자 방 안에서는 각양각색의 목소리가 터져 나왔다. 침착한 목소리로 이야기를 공유하는 시간은 그렇게 끝났다. 주의 깊게 듣기 시간에서 벗어나 수다와 가벼운 다과를 나누는 시간이 된 것이다.

누군가의 생일이 아닌 회의실에서도 잘 진행된 서클 프로세스 뒤에는 이런 축하의 느낌을 가질 수 있다. 회의 참여자들은 달걀 모양으로 앉아 시종일관 진지한 자세로 참여해야 했고, 몇 가지 어려운 결정을 내려야만 했겠지만, 모두가 그들의 이야기를 경청했다는 사실과 회의에 기여했다는 점에 즐거움을 느끼면서 기분 좋은 상태로 회의실을 나서게 되는 것이다.

서클 회의 형태 3가지

서클 프로세스에는 세 가지 형태의 회의가 있다. 말하기 도구 회의, 대화 회의, 그리고 침묵이다. 원칙과 행동수칙, 합의사항, 가디언와 서클의 중심부는 각 형태에서 모두 필수적이다.

말하기 도구 회의는 말하기와 듣기에 있어 다소 형식적인 회의 형태이다. 말하기 도구를 도입했을 때 발언권은 한 번에 한 사람에게 주어진다. 한 사람이 말하고 그룹 전체가 듣는다. 말하기 도구 회의의 목적은 서로의 목소리를 듣고, 통찰력을 모으며, 모임에 참여한 각 구성원에게 경의를 표하고, 그룹의 지혜를 찾아 만장일치를 만들어 내기 위해서이다. 이는 고대로부터 내려오는 서클 프로세스의 행동수칙이다. 서클의 테두리를 따라 말하기 도구가 건네지는 동안 대화의 수준은 종종 소용돌이치듯이 높아진다. 한 명씩 거치면서 중지中智가 모이고 명확성이 증가한다. 말하기 도구 회의는 모든 사람이 대화에 참여할 수 있고 일상적인 수다 떠는 시간을 끝내고 서클 방식으로 전환한

다는 것을 사람들에게 알릴 수 있기 때문에 체크인 시간에도 이용된
다. 말하기 도구 회의에서 사람들은 서클의 구성원 각자가 서클에 공
유하고 싶어하는 이야기를 경청할 기회를 얻는다. 그런 경청의 과정
을 거치면서 특정 주제에 관한 질문이 서클 구성원들에게 주어졌을
때 그에 적절한 자신의 답이나 의견을 마음속에서 꺼내놓는 상황에
익숙해지면 그때부터 사람들은 다른 사람이 하는 이이야기에 게의치
않고 말할 수 있게 된다.

열린 대화 회의는 다소 비구조적인, 즉 자유로운 대화를 바라거나
참여자들의 기여와 반응 속도를 빠르게 하기 위해 적용된다. 열린 대
화 회의에서는 일반 대화처럼 다른 사람이 말하고 있는 중간에 끼어들
수 있다. 참여자들은 대화에 반응하고, 상호작용하며, 의견을 모으고,
반대하고 설득하며, 새로운 아이디어와 생각 그리고 의견을 추가한다.
열린 대화는 아이디어를 자유롭게 흘러가도록 자극한다. 서클 프로세
스에서는 대화가 필수적일 때도 있고, 속도를 살짝 늦춰서 더 많은 사
색을 해야 할 때도 있다. 말하기 도구 회의와 열린 대화 회의는 필요에
따라 번갈아 이용하기도 하고 복합적으로 활용하기도 한다.

침묵은 명상 모임을 제외하고는 일반적으로 모임의 형태로 간주되
지 않는다. 하지만 서클 내에서의 침묵은 생각을 깊이 하도록 지원하
는 중요한 역할을 한다. 침묵은 구성원들에게 함께 문서를 작성하거
나 적절한 질문에 글로 답할 시간을 제공한다. 예를 들어 호스트가
"더 고민해 보기 위해 잠시 침묵의 시간을 갖겠습니다. 가디언님, 시

간에 맞춰 시작과 끝에 벨을 울려 주시겠습니까?"라고 말할 수 있다.
1~2분의 침묵은 말하기 도구 회의의 전후 마음을 정리하는 데 매우
효과적이다.

대부분의 사회적 모임에서, 특히 비즈니스 상황에서 참가자들은 침
묵을 서로 다른 여러 가지 의미로 해석할 수 있다. 그렇기 때문에 침묵
의 이유가 정확하게 전달되지 않거나 공유되지 않으면 사람들은 불안
해한다. 따라서 어떤 일이 발생하고 나서 일시적으로 침묵이 흐를 때
는 이에 대해 명확히 규정해 주는 편이 좋다. 가령 호스트가 "우리가
다음에 어떻게 행동해야 할지 모르는 것 같습니다. 그럼 잠시 앞으로
나아가야 할 방향이 명확해질 때까지 이 평화를 유지해 봅시다."라고
말할 수도 있을 것이다.

만장일치와 투표하기

사람들은 종종 "서클 프로세스로 의사결정을 할 수 있는가?", "서클
프로세스에서 의사결정은 어떻게 하는가?"라는 질문을 한다. 만장일
치는 의사결정이 진행되거나 행동을 하기 전에 모든 참여자가 합의사
항에 이르는 과정이다. 만장일치는 그룹의 행동에 대한 집단적 책임이
필요할 때 적용된다. 이때 서클이 하려는 것을 모두가 지원한다는 생
각이 필요할 뿐, 각자의 행동이나 의견이 모두 동일해야 하는 것은 아
니다. 다만 각 구성원이 그룹의 행동을 승인하거나 그룹이 하려는 행

동을 지지하고 지원해 줄 필요는 있다.

의사결정은 안정적이고 통일성 있는 기반 위에서 진행되어야 한다. 그리고 일단 만장일치에 도달하면 서클은 그 행동의 주체를 '우리'라고 말할 수 있게 된다.

만장일치의 신호를 보내는 방법 중에 엄지손가락 신호가 있다. 엄지를 올리면 "나는 찬성이다.", 엄지를 수평으로 들면 "나는 여전히 의문이 있다.", 엄지를 아래로 내리면 "나는 이것이 올바른 방향이라 생각하지 않는다."를 의미한다.

그룹에서 엄지를 수평으로 들었거나 아래로 내린 사람이 있으면 그 이유를 명확히 알기 위한 대화가 필요하다. 아래로 내린 엄지 표시가 '불허'를 나타낸다 해도 이것이 꼭 행동을 차단하는 것은 아닐 수 있다. 실제로는 이렇게 말하고 싶은지도 모른다. "나는 이 행동을 지지하지 않습니다. 하지만 우리 그룹은 지지합니다." 엄지손가락 투표를 하는 동안에도 대화는 계속 진행할 수 있다.

만장일치는 서클의 필요에 따라 변형될 수도 있다. 일부 그룹은 '만장일치 빼기 1^{consensus minus one}'의 철학을 운용하기도 한다. 그룹 구성원들은 반대의 목소리를 주의 깊게 경청한다. 그 후에도 여전히 서클 프로세스의 의사결정 과정을 신뢰한다면 그 원칙을 존중해서 어떤 개인도 그 결정을 막을 수 없도록 한다.

서클의 핵심은 '실행'

서클 프로세스를 시작하기 위해 필요한 지식은 다 갖추었다. 이제 서클 프로세스를 시도해 보자. 어떤 환경 속에서도 체크인과 체크아웃을 시행할 수 있으며, 그것을 통해 참여자 서로가 연결되는 수준은 높아질 것이다. 우리는 직장과 집, 경쟁 관계나 협력 관계에 있는 모든 조직이 서클에 참여하도록 유도할 수 있고, 서클에 필요한 합의사항과 원칙, 행동수칙 등을 제대로 실행할 수 있다. 기존의 방식과 다르게 회의나 모임을 진행하면 사람들은 호기심을 갖게 된다. 호기심은 서클 프로세스를 소개할 때 효과적인 수단이 된다.

몇 년 전, 서클 프로세스를 자신의 부서에 적용할 수 있을지에 대해 확신하지 못하는 관리자 그룹이 있었다. 그들은 저항을 두려워했고 자신들이 서클 프로세스를 유지할 수 있을지 확신하지 못했다. 그들은 자신감을 얻기 위해 자신들이 먼저 월간 회의를 서클 프로세스로 진행하기로 하고, 그 기간 동안 해당 프로세스에 관해 제대로 학습해 보자는 합의사항을 채택했다.

관리자들은 교육장에 모였다. 그들은 회의의 의제를 정하고 서로를 파악하는 데 필요한 질문과 적당한 시간을 실험했다. 때로는 회의의 의제가 날선 지적에 묻히기도 했고, 어떤 때는 요란한 웃음소리가 들리기도 했다. 심지어 어떤 관리자는 안내데스크의 휴지통에 아주 많은 양의 휴지가 버려져 있다고 투덜대기도 했지만 그곳에 있던 모든 이들이 더 행복하고 집중하는 것처럼 보였다. 이를 본 사람들이 "거기서 뭐하시는 겁니까?"라고 묻기 시작했고, 이에 그들은 "우리는 서클 프로세스를 하고 있어요. 우리와 함께하고 싶으십니까?"라고 말할 준비가 되었다.

서클의 핵심은 '실행'이다. 서클이 되고 안 되고의 환경은 중요하지 않다. 서클은 지속적으로 움직이고 불완전하며 자체적으로 교정하는 학습의 과정이다. "내가 망치면 어떻게 하지?"와 같은 걱정은 잠시 내려 놓고 그룹에서 다음과 같은 호기심을 탐구해 보자.

- 서클에서 제대로 되지 않는 것은 무엇입니까?
- 왜 제대로 되지 않습니까?
- 그에 관해 우리는 무엇을 할 수 있습니까?
- 우리가 생각해 낸 지혜는 무엇입니까?

호스트는 성공하거나 실패하는 것이 아니다. 서클 프로세스 전체는 학습하는 것이다. 이는 변화한다. 사고가 나면 호스트가 책임지는 것이 아니라 그룹 전체가 책임을 진다. 서클에서는 모두가 바퀴살처럼 연결되어 있기 때문이다. 대부분의 사람들은 서클 프로세스가 잘 돌아가기를 원하고, 호스트와 가디언이 필요한 순간에 안내를 해 주길 바란다. 또한 서클에 참여한 그 시간이 의미 있기를 바란다.

서클 프로세스에서는 모든 사람이 호스트와 가디언, 기록자 역할을 돌아가면서 맡게 된다. 모두가 주요 의제의 리더와 질문의 소유자, 시너지의 실마리 역할을 하는 것이다. 이때 그룹의 포용성은 리더로 활약하는 사람을 지지하는 힘이 된다. 그리고 모두가 자신의 차례가 돌아올 때 비슷한 지원을 받게 된다.

2부
협력적 대화를 위한
서클 프로세스 진행하기

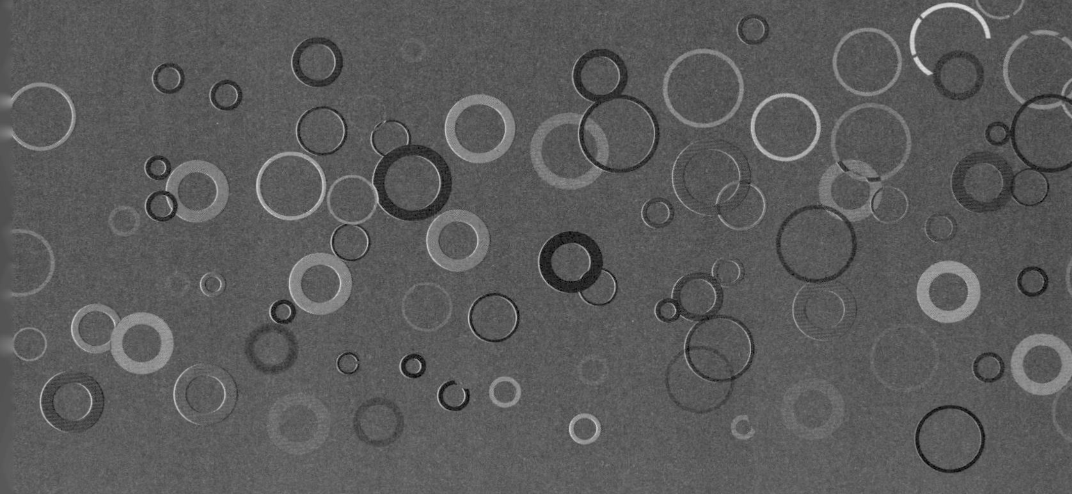

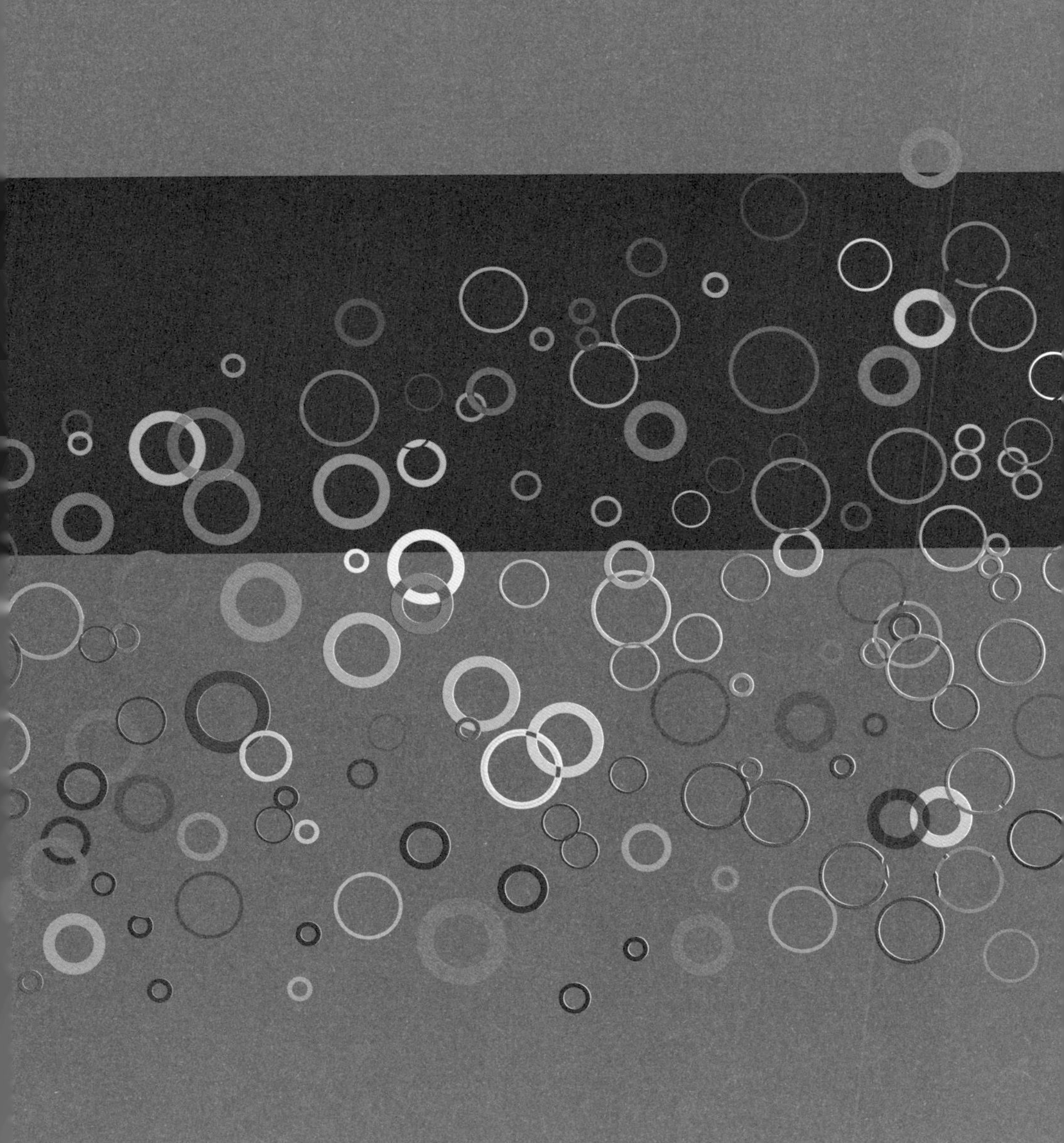

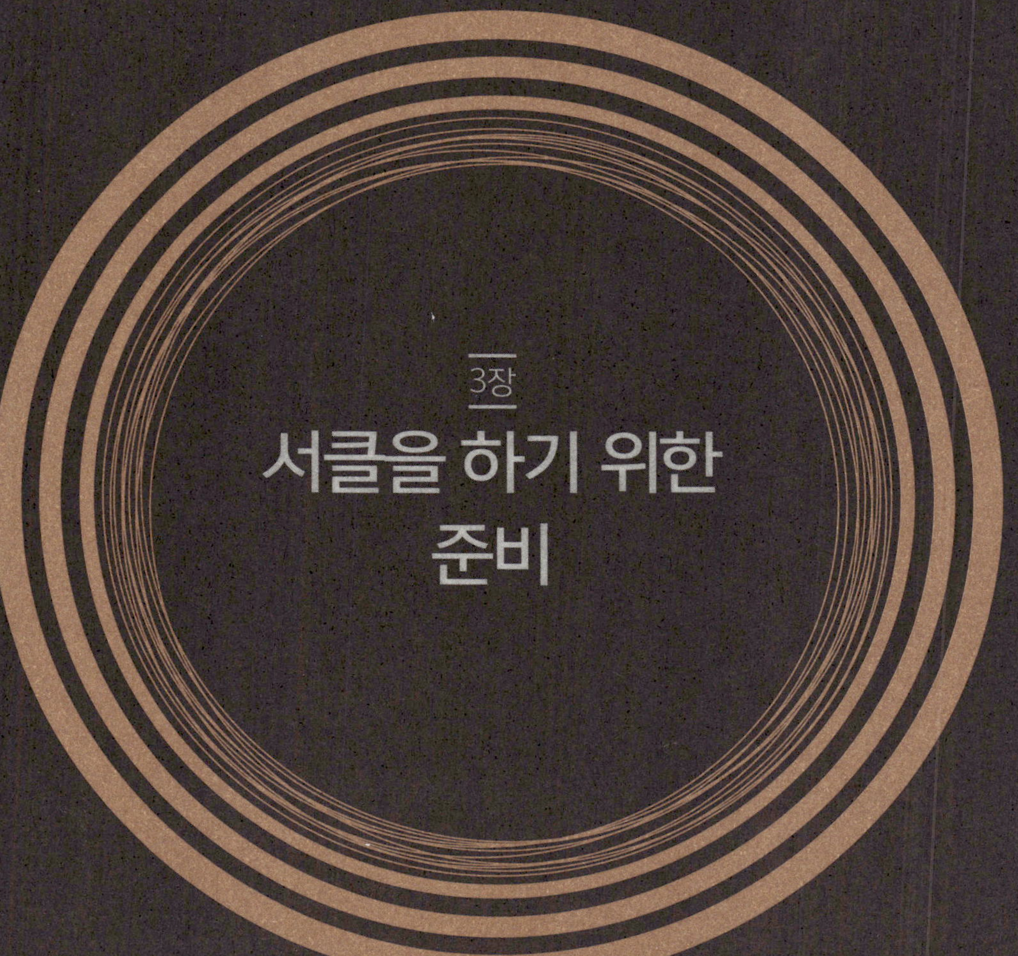
3장
서클을 하기 위한
준비

모든 종류의 회의는 적합한 사람들이 회의실에 있고, 그들이 모인 이유와 기여할 수 있는 방법을 알고 있을 때 잘 진행된다. 이것이 바로 초청과 의도의 위력이다. 회의의 의제를 서클의 중심부에 시각적으로 표현해 두면 회의 참여자들은 회의에 훨씬 더 집중할 수 있게 된다.

한 회사의 인사 팀장인 피제이는 한 여성 모임에서 서클 프로세스를 활용하고 있었고, 이를 통해 사람들이 서로의 대화를 주의 깊게 듣고, 모임 구성원들을 하나로 뭉치게 하는 것을 경험했다. 그래서 그녀는 서클 프로세스를 직장에서도 활용하고 싶었다.

"여성 모임을 할 때 체크인 라운드에서 어떤 일이 벌어지는지 경험하고 나서 회사에도 적용할 수 있을 거라고 생각했어요. 물론 그렇게 하는 방법을 내가 알아낼 수 있기만 한다면 말이죠. 친구네 거실에서 일어났던 일들, 여섯 개의 양초가 테이블 위에 켜져 있고, 엔야Enya의 노래가 배경 음악으로 흐르고, 손에서 손으로 조개껍질을 건네며 우리의 감정을 이야기했던, 그리고 내가 궁지에 몰려 알아들을 수 없는 말을 주절거렸던 것까지도 정확히 묘사할 수 있다면 말이에요."라고 그녀는 말했다.

피제이는 먼저 서클 프로세스의 용어들을 비즈니스 상황에 맞게 바꾸었다. 이는 무언가를 변형할 때 필요한 일이다. (반대로 비즈니스 상황에서 서클 프로세스를 배운 사람들은 집이나 개인적인 모임에서 이를 도입할 수 있다.)

초청의 글과 의도가 있는 서클을 소집하려면 준비가 필요하다. 발생할지도 모를 문젯거리까지 대비할 필요는 없지만, 대화라는 강력한 상호작용에서 방출되는 힘(위력, 역동성, 혹은 에너지)에 대비하자는 말이다. 친밀한 관계를 형성할 공간이 준비되지 않으면 불가능한 대화가 있다. 예를 들면 커피를 마시며 "그래서 우리는 왜 간호사가 된 걸까?"라고 물으면 그저 가벼운 답변들만 나올 것이다.

"그냥 피가 좋아서요!"라고 말하며 웃음을 터트리거나 "저요? 당시 저는 스무 살이었는데 밤에 어찌나 잠이 쏟아지던지 야간근무는 정말 하고 싶지 않았다니까요. 그런데 50세가 되니까 밤에 잠이 안 와요. 이게 이해가 돼요?"와 같은 등등. 이런 저런 시덥잖은 이야기들만 나누다가 환자들의 호출 신호등이 켜지면 아마도 모두가 다음 일을 하기 위해 뿔뿔이 흩어질 것이다.

하지만 1장에서 나온 간호사리더십센터 이야기에서 보았듯이 같은 질문이라도 서클의 테두리에서 하게 되면 자기 삶의 목적에 다가가기도 하고, 다른 사람의 가슴 아픈 과거를 경청하게도 된다. 그래서 피제이는 자신의 이야기와 사람들과의 대화를 시작할 공간부터 준비하기로 했다.

조직에서 서클 프로세스를 준비하려면, 먼저 호스트로 선정된 사람이 서클 프로세스에 관한 내용을 미리 읽거나 경험해 보는 것이 도움이 된다. 서클 프로세스를 적용할 만한 곳은 인간관계나 업무처리 프로세스가 보다 협력적이 되어야 할 필요가 있는 조직, 더 많은 창의성이 발휘되어야 하는 모임이다. 이때의 호스트는 피제이처럼 지금과는 다른 무언가에 대한 욕구를 분명히 표현하고 그 변화에 따른 결과물을 상상할 수 있어야 한다. 호스트는 세 가지 측면에서 서클 프로세스를 준비한다. 자신의 동기 부여를 명확히 하고, 초청의 글을 작성하며, 모임을 개최할 시간과 공간을 찾는 것이다.

- **내게 충분한 것** 직업에 관한 남편의 도움, 적절한 유머를 주는 친구들, 적당한 보상, 건강 등
- **내게 너무 많은 것** 계획성 없는 많은 회의, 내가 계획해야 하는 더욱 더 많은 회의, 매일 받는 수많은 메일과 전화
- **내가 더 원하는 것** 주말, 정신적으로 업무에서 벗어나 있는 시간, 운동할 시간, 포장 음식 말고 요리를 즐길 시간, 내 영혼을 회복할 짧은 휴가, 가족, 친구들과 즐겁게 보낼 시간

피제이는 위와 같은 목록을 만들어 자기 탐색을 시작했다. 그런 다음 '이것이 서클 프로세스와 어떤 관련이 있을까?'를 생각했다. 그녀는 컴퓨터에 다음 주 그녀가 처리해야 할 많은 질문과 생각, 아이디어

등을 자유롭게 작성했다. 이러한 내부적인 준비에 전념하면서 피제이는 그녀의 직장에 의자와 원형 테이블, 모임 공간 등 서클을 진행하기 위해 필요한 것들이 있는지 찾아보았다.

"사람들은 줄지어 나란히 앉아 있는 데 익숙해요. 이렇게 앉으면 겉으로 보기에는 진행자의 말을 듣고 있는 것처럼 보이지만 사실 멍한 상태가 더 많지요. 우리 팀은 늘 프로젝트 리더와 함께 직사각형 테이블에 앉아 회의를 했어요. 편안한 의자는 로비에서나 찾을 수 있었고 원형 테이블이 있는 곳은 휴게실뿐이었지요."

자유로운 공간을 찾는 한편, 피제이는 서클에 관한 개인적인 비전을 글로 썼다. 그것은 그녀가 바라는 서클에 대한 이미지였고 "나는 팀원들과 함께 편안한 의자에 서클로 앉아 있다. 우리는…"으로 시작했다.

서클 프로세스에 대한 준비는 각자의 개성에 맞추어 조정해도 상관없다. 이런 준비 과정은 리더십을 기르는 데 도움이 된다. 서클의 테두리에서 모임을 이끌고, 동등한 참여자로 진행하고, 그 안에 있는 모든 사람에게 자발적으로 참여할 의지를 불러일으키는 것은 쉬운 일이 아니다. 서클을 소집할 준비를 하는 동안 "내가 더 원하는 것은"에 관해 더 깊이 생각해 볼 필요가 있다. 자신의 동맹군, 즉 사람들과의 관계 개선과 더불어 여가를 즐길 여유가 필요하다고 생각하는 사람들을 찾는 것은 중요한 일이기 때문이다. 또한 그룹이 서클 프로세스를 경험하고 학습하면서 호스트에게 의지하는 동안 그는 참여자들이 서클에서 무엇을 기대하는지 생각할 필요가 있다.

피제이는 매일 아침 출근길에 드라이브스루 커피점에 들른다. 그러고는 커피를 마시며 음악을 듣는다.

"이 과정은 회사에 들어설 때 무슨 일이 벌어지더라도 대비할 수 있게 해 줘요. 일종의 의식이라고 할 수 있죠. 이렇게 하지 않으면 하루를 잘 보내지 못해요."

피제이처럼 누구나 자신만의 직관에 다가서는 방법이 있다. 여기서 직관이란 말과 행동을 지혜롭게 하도록 하는 깨달음이다. 서클 프로세스를 준비할 때 이러한 내면의 깨달음과 마주하는 시간은 매우 중요하다.

서클 프로세스가 순서대로 진행되는 동안 가장 필요한 것은 '준비된 내면의 상태'이다. 서클에서 호스트가 질문과 말하기 도구를 내놓을 때 우리는 그 다음에 일어날 일을 준비하지 않는다. 우리는 그저 서클 프로세스가 자연스럽게 진행되도록 시간을 조정하고, 가디언을 준비시키며, 때로 핵심을 기록할 기록자를 선정한다. 그 뒤부터는 서로와 프로세스를 믿을 뿐이다.

서클 프로세스를 준비하는 핵심은 어떤 상황이 벌어졌을 때 습관적인 반응을 보이는 것이 아니라 서클의 분위기에 따라 시의적절하게 대응할 수 있는 지혜를 얻는 것이다.

인사 팀의 업무회의든, 남성 또는 여성 모임이든, 지역공동체 모임이든, 서클을 소집하는 데 이러한 준비 시간을 가진다면 참가자들은 서클에 대해 호기심을 가지고 참여할 수 있다. 서클에서는 호스트든 가디언이든 테두리에 앉아 있으므로 서클의 테두리에서 회의를 주도하려면 계속해서 서클과 그 구성원들이 핵심 목표로 되돌아오도록 서로를 불러들이고(옆길로 새지 않도록 꾸준히 환기시켜 주라는 의미이다. — 옮긴이), 함께하는 대화가 더욱 활기를 띠도록 대화의 중간에 잡담이나 혼란, 흥밋거리, 놀라운 사실 등을 어느 정도는 허용할 필요가 있다. 그런 과정 전체가 이 책에서 설명하고 있는 서클 프로세스의 학습 곡선이다.

회의의 효율성을 위한 초청의 글과 의도

서클 프로세스로 회의를 할 때 가장 중요한 것은 초청의 글을 명확하게 제시하는 것이다. 이는 모임 전 참가자에게 해당 모임의 목적을 알려 주고 그 모임에서 참가자들이 어떤 기여를 해야 할지를 분명하게 해 준다. 다음은 초청의 글을 작성할 때 고려해야 할 사항들이다.

- 모임에서 다루어질 주제는 무엇인가? 또는 참여한 사람들이 무엇을 경험하게 되는가?
- 서클의 중심 테마와 참가자들에게 기대하는 바는 무엇이고 참가자들은 어떤 활동을 하게 되는가?
- 누가 참석해야 하며 그 이유는 무엇인가? (이 질문은 초대받은 사람이 참석하지 못한다면 적절한 대체자를 보낼 것인지 결정하도록 돕는다.)
- 해당 모임과 잠재적인 후속 모임에 참여하는 데 얼마만큼의 시간이 필요한가?
- 초청의 내용을 고려할 때 각 개인이 서클 프로세스에 관해 알아두어야 할 사항은 무엇인가?

여러분, 새해 복 많이 받으세요!

내일 회의실에 들어오면 서클 모양으로 배치된 의자에 앉아 주세요. 가져오신 필기도구는 책상 위에 올려 두고 모이시면 됩니다. 우리는 다음과 같은 사안에 대해 짤막하게 답할 기회를 제공하며 시작할 것입니다.

"지난 한 주 동안 겪었던 일 중에서 이번에 새로 시작한 경영전략이 실행에 옮겨지고 있음을 입증할 만한 에피소드를 한 가지씩 공유해 주세요."

이러한 체크인 시간은 15분 정도 소요될 것으로 예상됩니다. 체크인 후 나머지 시간은 책상에서 진행될 것입니다. 의제는 아래에 인쇄되어 있습니다. 궁금한 점이 있으면 저에게 연락 주세요.

초청의 내용을 명확하게 제시하려면 호스트가 명확한 의도를 갖고 있어야 한다. 초청의 내용이 서클의 의도에 적합한 사람을 회의실로 데려오기 때문이다. 첫 모임을 위한 피제이의 초대장은 위에 제시된 바와 같다.

피제이는 초청장에 자신의 의도를 명확히 밝히고 참여자들에게 평소와는 다른 무언가를 준비해 오도록 요청했다. 그녀의 계획은 체크인과 체크아웃은 서클 방식으로 하고 나머지 미팅은 (적어도 한동안은) 일반적인 방식으로 하는 것이다. 모임의 마지막에 그녀는 "우리 회의에 체크인과 체크아웃 시간을 더 많이 추가하고 싶은가요?"라고 물어볼 생각이다.

그녀는 서클 프로세스가 직원들의 상호작용을 더 활발하게 해 줄 거라고 확신했다. 하지만 갑자기 서클 프로세스를 도입하기보다는 시간이 지나면서 서서히 서클 프로세스가 조직에 녹아들도록 신중한 방법론을 택했다.

다음은 다양한 서클 모임을 위한 초청장의 예시이다.

> 제 생일 파티에 와 주세요. 오후 4시에는 40세, 50세, 60세가 되었을 때 자신의 모습을 예상해 보는 짤막한 서클 모임을 가질 예정입니다.

> 다음 주 목요일 낮 12시부터 오후 2시까지 우리 회사에 크게 기여한 마이클 씨를 모시고 점심 식사를 하려 합니다. 식사가 진행된 후에는 마이클 씨에게 감사의 한마디를 전하는 시간을 갖겠습니다.

> 공동 텃밭 가꾸기에 관한 의견을 듣기 위해 서클을 소집합니다. 해당 토지의 사용 계약과 이 프로젝트를 위한 공사비 조달 문제를 해결해야 합니다. 또한 무엇을 재배할지와 각자 역할을 정하고, 수확물은 어떻게 관리할지에 대해 의견을 모을 것입니다. 마당 한가득 열린 콩을 상상해 보세요. 우리 마을을 보다 살기 좋은 곳으로 만들고 건강한 먹거리도 수확할 수 있는 이 즐겁고 풍성한 기회에 참여해 주시면 고맙겠습니다.

잘 작성된 초청장은 사람들에게 그 모임에 참석하면 어떤 일이 일어날지, 그들에게 무엇을 요구하는지에 관해 어느 정도 알게 해 준다. 위 초청장을 보면 생일 파티에 오는 사람들은 10년 단위로 자신의 미래를 생각하고 올 것이며, 점심 식사에 오는 사람들은 마음속에 마이클 씨와 함께한 한 가지 일화를 가지고 올 것이다. 공개적으로 말하기를 꺼려하는 사람들은 감사의 말을 종이에 써 올 수도 있다. 공동 텃밭 가꾸기에 참여한 이웃들은 일과 우정이 공존하는 분위기에 초대받았으며, 공사비 조달 문제 등 금전적인 부분을 포함해 장기적으로 참여할 일을 결정하리라는 것을 짐작하고 참석할 것이다.

목적이 명확하지 않거나 제대로 진행되지 않는 모임에 참가한 경험이 있는가? 이런 모임에 참석하라는 요청을 받았을 때는 불신감이 생긴다. 특히 직장인들이 갖는 주요 불만사항 중 하나는 아무 것도 결정되지 않는 회의가 너무 많다는 것이다. 의도와 초청장의 명확성은 서클 모임에서 효율성을 높이고 참여정신을 근본적으로 바꾸는 계기가 된다.

변화하고 진화하는 서클의 의도

모임을 하고 나면 모임의 의도가 변할 수 있다. 그렇게 되면 서클에서 다루어져야 할 것들이 변하거나 늘어날 수도 있다. 또한 서클을 소집한 사람과 참가자들의 의견이 추가로 필요할 수도 있다. 다음은 서클의 의도가 변한 사례이다.

크리스티나는 이웃 사람들과 교류할 수 있는 작은 모임을 찾고 있었다. 깊이 있는 대화를 나누고 싶어서였다. 그녀는 명확하게 표현한 초청의 글을 공지했고 세 사람이 참가 신청을 했다. 알고 보니 세 명 모두 일기를 꾸준히 쓰는 여성이었다. 모임을 가지고 두어 달이 지나자 그들은 자신에게 가장 필요한 것은 일기 도입부를 읽으며 체크인을 한 뒤 조용히 글쓰기를 할 수 있는 시간이라는 것을 알게 되었다. 매년 연말이 되면 그들은 모임을 계속해서 할지 말지를 결정한다. 이들은 가끔씩 서로에게 다음과 같은 질문을 하면서 서클을 진행했다.

"이 모임이 여전히 우리의 정신을 풍요롭게 하고 있는가?"
"우리의 방식 중 바꿀 필요가 있는 부분은 무엇인가?"
"서로에게 조금 더 바라는 것이 있는가? 또는 우리가 조금 덜 했으면 하는 사항은 무엇인가?"

다음은 어느 회사에서의 사례이다.

보니 마쉬는 페어뷰 건강 서비스의 전략 개발 부문 부사장이었다. 그녀는 우연히《서클 프로세스 소집하기》에 담긴 아이디어에 큰 관심을 갖게 되었고, CEO인 릭 노링을 만나 이를 논의했다. 그녀는 "내가 만약 이전까지 함께 일하지 않았던 부서들과 중요한 프로젝트를 수행해야 한다면 이전과는 다른 방법으로 그들과 일해야 해요."라고 릭에게 말했다. 그녀는 그에게《서클 프로세스 소집하기》를 건네주며 "이것이 바로 내가 시도하고자 하는 일이에요. 어떻게 생각하세요?"라고 물었다.

며칠 후 릭은 "이것은 유연한 관리 프로세스가 될 수 있겠네요. 당신이 필요한 그것이 될 수도 있고요."라고 말했다. 보니는 재빨리《서클 프로세스 소집하기》를 중간 관리자 18명에게 읽도록 지시했고, 회의에 서클 프로세스를 시도해 보자고 제안했다. 조직개발과 인적자원

관리, 전략기획 등 그녀의 책임 아래 있는 부서장 대부분은 이전까지 함께 만나 일해 본 적이 없는 사람들이었지만 서클 프로세스에 동참하기로 했다.

보니는 그녀의 상사에게 승인을 얻는 것과 그 뒤에 그녀 휘하의 부서장들에게 동의를 구하는 것이 중요하다고 생각하며 서클 프로세스를 도입했고, 이를 통해 궁극적으로 수평적이면서 동시에 모두가 주인의식을 갖는 조직 문화를 확립할 수 있었다. 그녀는 회사의 전형적인 피라미드 구조를 존중했고, 서클 구조를 소개할 때 그것을 기초로 활용했다. 페어뷰 건강 서비스의 수직 구조에서 보니는 가장 높은 상사였다. 하지만 서클에서 그녀는 단지 지위가 높은 동료일 뿐이다. 수많은 창의적 리더와 마찬가지로 그녀는 전체의 지혜를 모을 수 있다는 것을 진심으로 믿었고, 어떠한 조직 구조에서도 서클 프로세스를 자연스럽게 실행할 수 있어야 한다고 생각했다.

서클을 조직으로 들여오다 보면 항상 피라미드 구조와 만난다. 서클 프로세스는 자유분방한 협력 관계와 권위에 대한 자각 사이에서 유연하게 운용될 수 있다. 보니는 회의 진행을 의도적으로 피했다. 그녀의 직책이 그룹에 영향력을 발휘하는 것을 원치 않았기 때문이다. 그래도 서클 프로세스로 회의를 하다 보면 서클에서 발생한 문제와 아이디어를 CEO에게 전달해 줄 것을 요청받을 때가 있었다.

몇 달 동안 서클 프로세스가 진행되자 서클은 스스로 '무죄의^{no guilt} 구역'을 확립했다. 엄청나게 바쁜 부서장들이 그들의 문제를 공유하고 합의사항을 정하고 비밀을 유지할 수 있는 곳이 서클이었다. 보니가 희망했던 것처럼 부서 내에서만 의사소통하던 옛날 방식은 급격하게 변화했다.

이후 4년 동안 우리 둘은 조직 운영을 위한 서클을 컨설팅하기 위해 페어뷰 건강 서비스를 매년 방문했다. 보니는 "나는 업무에 마음과 영혼을 더 많이 쏟아야 한다고 믿어요. 내가 참여했던 포럼 대부분에는 그런 것이 부재했죠. 서클은 우리에게 경이로운 변화를 제공했어요."라고 말했다. 두 번째 해가 끝났을 무렵, 서클에 참여한 관리자들은 어떻게 하면 전략 부서가 1,800명이나 되는 회사 조직의 성과에 실질적으로 기여할 수 있을까에 대해 토론했다. 심지어 모든 부서의 명칭을 떼어 내고 단 하나의 '전략개발 부서로 재구성하는 것'을 고려하기도 했다.

그러던 어느 날이었다. "무언가 다른 일이 벌어질 것 같았어요."라고 보니는 말했다. "부서장 가운데 한 명이 서클에 참석해서 도움을 요청했어요. 지원과 관심이 많이 필요한 부서의 팀장이었는데 팀원들이 회사의 불만사항을 회사 소식지에 실었다며 이 사건을 어떻게 처리해야 할지 도움을 청한 거지요. 그는 팀원들의 요구를 회사가 받아들여 더 많은 불만사항이 생기지 않도록 했으면 좋겠다고 했어요. 민감하고 복잡한 상황이었죠. 타당한 불만이나 도움을 요청하는 목소리는 따라야 하지만, 경영진 입장에서의 우선순위와 제약사항을 관리자인 우리는 잘 알고 있잖아요? 서클은 그 팀장이 어떻게 중재안을 만들어야 하는지 도움을 주었어요. 결국 그 중재안은 회사에 전달되었고 더 나은 방향으로 해결되었죠. 나는 서클이 그 팀장이 하고자 했던 일들을 뒷받침해 주었다고 생각해요. 서클이 그 문제가 진행되는 과정에 함께하고 있었다는 점을 회사는 몰랐을 거예요."

보니의 관리자 그룹처럼 모임의 의도가 일시적으로 바뀔 수도 있다. 이후 그녀는 모임의 의도를 참가자가 번갈아 제시하도록 하여 동등하고 순환적인 형태가 되게 하였다. 그리고 그녀와 그룹은 관리자들이 각자의 문제를 서클 모임의 의제로 제시할 때마다 긍정적으로 반응했다. 일단 서클 프로세스의 영향력을 몇 달 동안 경험하고 그 효과를 확신하게 되면, 참가자들은 필요한 것들을 내놓고 그것이 진화될 수 있도록 의도를 재조정해 나간다.

4년 동안 이 모임은 더욱 성장했고 많은 변화를 겪었다. 새로운 구성원이 들어오고 경영진의 일부가 바뀔 때마다 서클의 역할과 의도에 대한 대화가 필요했지만 그때마다 그들은 합의사항과 페어뷰 건강 서비스의 핵심 가치를 계속 상기했다. 보니와 몇몇 부서장이 다른 회사로 이직하고, 남아 있던 사람들도 다른 부사장에게 보고하는 시스템으로 바뀌면서 서클은 천천히 소멸되었다. 그러나 페어뷰 건강 서비스에서 시행했던 서클 프로세스는 진화한 형태로 다른 조직에 씨를 뿌렸다.

개인의 의도와 조직의 의도 균형 맞추기

조직은 항상 눈에 보이는 성과에 초점을 맞추고 조직의 구성원들은 그에 대한 보상을 원한다. 성과에 초점을 맞추는 사람들은 과정에 관한 대화가 답답하게 느껴질 수 있다. 과정을 의미있는 작업으로 받아들이지 못하기 때문이다. 이런 사람들에게 관계를 강화하기 위한 서클의 잠재성을 살펴보는 일은 불필요하게 보일 수 있다.

서클은 참가자들이 지속적으로 개인의 의도와 조직의 의도 사이에 균형을 맞추도록 요구한다. 사람마다 서클에서 원하는 무언가가 있다는 사실을 기억하자. 마찬가지로 조직은 서클을 통해 무언가 성과를 만들어 내기를 원한다. 이 두 가지 동력원은 공존하고 협력할 필요가 있다.

크리스티나의 사적인 모임에서 참가자들의 의도는 특정 문제를 탐구하기 위한 사회적 공간을 만드는 것이었다. 보니가 만든 관리자 그룹의 의도는 부서 간의 의사소통을 향상시키기 위한 것이었다. 이 두 가지 의도는 '이웃들과 공동 텃밭을 가꾸자'라는 의도와 비교하면 꽤 광범위하다. 하지만 서클의 의도가 광범위하든 구체적이든 참여자들은 자기 자신만의 동기와 욕망, 의제를 가지고 서클에 들어온다. 그들의 개인적 의도를 공통의 의도 속에 붙들어 두어야 서클은 지속될 수 있다.

협력적인 환경에서는 개인의 의도('나 자신'이 기여하고 얻기를 바라는 것들)와 그룹의 의도('우리'가 함께해서 성취할 수 있는 것들)가 균형이 잡힌다. 하지만 우리는 경쟁에 의해 지배되는 분위기 속에 살고 있기 때문에 종종 서클 내에서도 경쟁을 하려고 한다. 우리 둘은 서클을 '경쟁에 동화된 상태에서 자발적인 협조로 변화하는 과정'이라고 말한다. 이런 변화가 발생하려면 모두가 개인적 의도를 가지고 있다는 것을 인정하고 이를 그룹 프로세스의 일부로 간주해야 한다.

아마도 모든 참여자가 다음과 같은 문장을 완성할 수 있을 것이다.

◉ 제가 이 그룹에 참여하게 된 이유는

____

____

____

◉ 제가 가장 기여하고 싶은 바는

____

____

____

____

◉ 제가 가장 받고 싶은 것은

____

____

____

____

◉ 이 경험을 되돌아보면서 알게 된 점은

____

____

____

____

그런 다음 말하기 도구를 이용해 자신의 의견을 한 명씩 말하고 자유롭게 대화를 나눈다. 이때 대화에서 나타나는 공통성과 다양성을 좀 더 심도 있게 이야기할 수 있도록 큰 종이에 위의 질문을 써서 회의실 한쪽 벽이나 서클 중심부에 게시할 수도 있을 것이다. 개인의 의도와 그룹의 의도를 균형 있게 하는 또 다른 방법은 서클 프로세스를 체크인 질문으로 시작하는 것이다. "오늘 당신은 어떤 의도를 가지고 이 모임에 참가하셨나요?"처럼 말이다. 그러면 개인적인 의도는 서클의 중심부에 놓이게 된다. 때로 개인적인 의도를 상징하는 물건을 중심부에 가져다 놓는 사람도 있을 것이다. 그러고 나면 그룹의 의도에 개인적인 의도를 결합할 방법에 관해 대화를 나눌 수 있게 된다.

서클 중심부의 중요성

서클이 진행될 회의실로 들어왔을 때 가장 눈에 띄는 것은 두 가지일 것이다. 하나는 원 모양으로 놓여 있는 의자들 혹은 원 모양과 비슷하게 배치해 둔 가구들이다. 또 다른 하나는 책상의 앞부분이나 회의실 전면부가 중심부로 대체된 것이다.

중심부의 의식적인 배치와 활용은 서클 프로세스가 현대의 대화 방식에 기여한 것 중 하나이다. 서클은 불을 둘러싸고 앉는 것에서 시작되었기 때문에 중심부는 따뜻함과 밝음의 공간으로 기억된다. 불을 관리해야 하는 것처럼 서클의 중심부 또한 관리를 해야 한다. 심지어 불이 존재하지 않을 때도 사람들은 중심부의 한 점을 향해 말하고 서클의 중심부에 놓인 상징적인 물건에서 공유된 의도의 에너지를 인식하게 된다.

페어뷰 건강 서비스에서는 한 달에 두 번씩 열리는 비즈니스 회의를 서클 방식으로 진행한다. 중심부에 낮은 커피 테이블을 놓고 원 대형으로 놓인 의자에 앉아 이야기하는 것이다. 첫 번째 훈련에서 우리는 네 개의 플래카드에 기업의 핵심 가치인 '서비스', '성실성', '품위', '동정심'이라는 단어를 적어 참가자에게 보여 주었다. 그런 다음 그 플래카드를 작은 그릇에 담아 커피 테이블에 올려 두었다. 중심부에 놓인 네 가지 가치의 시각적 존재는 회의를 유지시키는 힘이 되었다.

중심부에 놓인 물건은 사람들이 회의에 온 이유를 시각화하고 기억하게 해 준다. 중심부는 서클의 형태 못지않게 중요하다. 모임을 위한 최고의 의도를 반영하기 때문이다. 학교 운영진 회의에서 중심부는 사과를 담은 그릇이 될 수 있다. 간호사 모임에서는 플로렌스 나이팅게일이 그려진 램프가 위치할 수도 있다. 야생 환경 보호 모임은 실제 캠프파이어 불 주변으로 모여들 공산이 크다. VIP 고객담당 투자상담사들의 모임에서는 중심부에 고객의 자산 운용 증서와 윤리 서약서를 구형 돼지 저금통과 함께 놓을지도 모르겠다.

휘턴 프란시스칸의 전체 회의가 열린 체조 경기장 바닥 한가운데는 우리가 경험해 본 가장 정성을 많이 들인 중심부였다. 우리는 그곳에서 휘턴 프란시스칸의 수녀 45명과 푹신푹신한 의자에 둘러앉았다. 체조 경기장은 수십 개의 서클을 개최할 수 있을 정도로 컸지만, 농구 경기를 위한 검은색 라인이 그려진 마룻바닥은 지역 사회의 미래에 관한 대화를 하기에는 그리 적당해 보이지 않았다. 가브리엘 수녀는 곧 시각적으로 강력한 중심부를 설계했다. 변신은 경이로웠다. 화선지로 만든 스크린을 의자 뒤쪽으로 둘러 서클 바깥으로 구획이 생겨 보호받는 효과를 냈다. 가톨릭 절기를 상징하는 색으로 꾸민 양초와 꽃과 천으로 만들어진 중심부는 직경이 약 3.5미터나 되었다.

체크인 라운드에서 수녀들은 말하기 도구로 활용된 마이크를 손에 쥐고 이야기를 했고, 중심부 주변에 각자 개인적인 물건을 놓아두었다. 이는 그들의 개인적인 의도를 모두가 함께하는 과업에 추가한다는 의미였다. 수녀들은 날마다 그곳에서 그들의 생각과 감정, 의견을 말했다. 이야기와 그에 따른 반응이 더욱 무르익었던 저녁 모임 시간 동안 서클의 중심부는 진심이 담긴 그들의 이야기가 공유되고 있다는 것을 보여 주듯 촛불을 일렁이고 있었다.

나중에 한 수녀는 "중심부는 공간을 준비해 주었고, 그 중심부에 물건을 가져다 놓는 일은 우리를 준비하게 했어요. 중심부에 놓일 물건을 고르는 동안 우리는 이 모임에 와서 어떻게 할 것인지 생각해 보았지요. 중심부는 우리가 더 진지하게 모임에 임하도록 했어요."라고 평했다.

모임에 참여하는 사람들의 의도와 서클의 중심부는 가장 기본적인 서클의 구성 요소이다. 의도는 서클의 테두리를 유지하고 돌발상황을 제어한다. 중심부는 사람들이 모여든 이유와 이들이 염두에 두어야 할 사항을 고수한다. 서클이 더는 서클처럼 느껴지지 않고 피라미드 구조의 형태로 빠져든다면 개인의 의도와 그룹의 의도 모두를 재검토하여 모임의 목적을 재확립할 필요가 있다. 이때 중심부를 재활성화하는 것

은 구석기 시대부터 전해져 내려왔던 사회적 의식을 현대에 와서도 경
험하게 하는 기회가 된다.

피제이가 일에 관해 심사숙고했던 것들은 옳았다. 그녀가 처음 소
집한 서클은 그녀가 그녀의 팀과 일하는 방식, 팀이 그녀와 함께 일하
는 방식 모두를 즉각적이면서도 장기적으로 바꾸어 주었다. 그녀에게
는 준비가 필요했고 팀 역시 마찬가지였다. 서클을 위한 사전 준비와
명확한 초청장, 의도, 그리고 강력한 중심부는 서클 프로세스의 가능
성을 열어 매우 큰 변화를 가능하게 해 준다.

4장

모든 구성원이
경험하는
서클의 리더십

서클에서는 구성원 모두가 리더이다. 책임을 지는 자리가 필요에 따라 변경되고 순환된다. 가장 명확한 세 자리인 호스트와 가디언, 기록자가 회의의 진행을 맡고 모든 참여자가 기본 원리를 준수한다.

스키티웨이라는 짐바브웨 출신의 여성은 손수 만든 나무 의자에 기대어 앉아 가디언에게 말했다.

"스테픈, 벨을 울려 주세요."

스테픈은 팅사를 울리고, 몇 초간 멈추었다가 다시 울렸다. 쿠푼다 마을 초가지붕 아래 사면이 뻥 뚫린 회의실에서 흑인과 백인, 젊은 사람과 나이 든 사람 24명은 대화를 중단했다. 두 번째 벨이 울리자 우리의 젊은 호스트는 가디언에게 "이 다음에는 무엇을 해야 할지 모르겠어요. 어떻게 해야 하나요?"라고 말했다.

나머지 사람들이 조용히 지켜보는 가운데 스키티웨이(호스트)와 스태픈(가디언)은 논의하던 공동체의 문제 중 어떤 부분에 자신들의 리더십을 발휘할지에 관해 대화를 나누었다. 몇 분 후, 그들은 그룹에 질문 하나를 던졌다. "인근 지역공동체에 리더십 훈련을 제공할 것인지에 대한 투표를 진행하고자 합니다. 준비가 되었습니까?" 참가자들은 고개를 끄덕였다. 스키티웨이는 '엄지손가락 투표'를 요청했고 결정은 즉시 내려졌다. 그리고 새로운 호스트와 가디언이 진행하는 주제로 넘어갈 준비를 했다. 참여자 대부분이 햇볕을 쬐러 나간 사이 스키티웨이와 크리스티나(기록자)는 플립차트를 펼쳐 놓고 대화의 중요한 쟁점들과 그룹이 내린 결정들을 기록했다. 그리고 모두가 읽을 수 있도록 내일의 의제 옆에 게시했다.

이 상호작용은 서클 프로세스에서의 호스트와 가디언, 기록자에 대한 훌륭한 모델이다.

- 호스트와 가디언은 협력하여 회의를 이끌어 나간다.
- 리더십을 돌아가며 수행한다는 것은 서클 프로세스를 익히는 데 도움이 된다. 누구든 이 역할을 맡을 차례가 조만간 돌아온다는 사실을 알기 때문에 그룹 전체가 이 역할을 맡은 이를 지원한다.
- 두 번의 벨 소리를 통해 얻는 일시 중단은 모두에게, 특히 호스트와 가디언에게 대화의 방향을 돌아볼 기회를 준다.
- 기록자는 서클 프로세스의 본질을 보존하고 그룹의 역사가 되도록 주요 내용과 통찰의 결과, 결정 사항을 기록한다.
- 엄지손가락 투표는 찬성하는 사람은 엄지를 위로, 여전히 의문이 남은 사람은 엄지를 옆으로, 반대하는 사람은 엄지를 아래로 내리는 신호로 투표하는 것을 말한다. 의문점이 있거나 반대한 사람에게는 발언권이 주어진다. 이는 서클 프로세스에서 흔히 볼 수 있는 만장일치의 의사결정을 만들어가는 방법이다.

서클 프로세스에서는 모든 구성원이 동등한 자격으로 참여하고, 함께 기여하며, 결과에 대해 공동으로 책임진다. 이 협력 관계에서는 리더십이 순환하므로 모든 사람이 리더의 역할을 경험하게 된다. 서클에서 참여자는 존재와 참여, 책임을 지원하는 권한을 가진다. 호스트와 가디언, 기록자는 서클의 형식을 유지하는 사람들이다. 이 셋은 서클의 테두리에서 모임을 주도하고, 모임의 의도를 돌보며, 서클 프로세스를 함께 진행한다.

서클을 진행하는 동시에 참여하는 호스트

서클 프로세스를 도입했을 당시 우리는 서클의 테두리 안에 리더십 역할을 없애면 피라미드 구조가 완벽하게 평평해지는지를 실험해 보았다. 결과는 의도했던 대로 되지 않았다. 리더십은 자연스럽게 발생했고 사람들은 특정 역할로 지명되든 아니든 그룹을 형성하는 기능들을 맡았다.

'퍼실리테이터facilitator'라는 단어는 주로 그룹 외부에 있는 자를 일컫는다. 퍼실리테이터는 그룹이나 조직을 돕기 위해 투입되지만, 해당 그룹이나 조직에 직접 참여하지는 않는다. '호스트'라는 용어가 처음부터 사용된 것은 아니다. F4D 프로젝트 초창기에 만들어진 국제 협력 회의에 '서클 호스트'라는 문구가 처음 등장했고, 우리 둘은 곧 서클 프로세스에도 이 용어가 필요하다는 생각을 했다.

서클 호스트는 저녁 파티의 주최자와 같다. 주최자는 음식을 요리하고, 장소를 정하고, 사람들이 모였을 때 함께 앉아 식사를 대접한다. 호스트는 다른 사람들이 참여하는 동안 옆에 서서 관찰하지 않는다. 외부인이나 전문가의 위치에 머물면서 다른 사람들의 경험을 조정하려고 시도하지 않는다. 호스트는 그 형식을 관리하고 관찰하면서 서클 프로세스에 참여한다.

서클 호스트로 활동하는 사람은 모임 주제의 연속성을 고려하여 매끄럽게 이끌어야 한다.

- 호스트는 모임 공간을 준비하고, 의자를 원의 형태로 배치하며, 중심부를 만들고, 합의사항과 의도 등을 게시하여 참여자가 준비된 공간에 들어설 수 있도록 한다.
- 호스트는 해당 서클이 합의사항을 준수하고 의도를 충족하도록 돕는다.
- 호스트는 서클 프로세스를 설명해 주고 가디언와 협력해서 일할 수 있도록 서클 구성원들로부터 일시적인 리더십의 권위를 부여받는다.
- 일반적으로 호스트와 가디언은 서클의 양쪽을 관찰할 수 있게 서로 마주보고 앉는다.

진행의 역할을 맡는 동시에 참여하는 이 능력은 테두리로부터 발휘되는 리더십의 본질이다. 리더십의 위치가 기존의 연단이나 회의실 앞쪽에서 서클의 테두리로 바뀌고 리더십을 발휘하는 자(여기서는 호스트)가 권위에 호소하는 방식 대신 지침을 제공하는 방식은 사람들을 불러들이는 서클이라는 공간의 모습을 '재정의'하는 근거가 된다(재정의라고 한 이유는 기존의 일방향적 회의 형태에서 원 대형으로 형태가 바뀌는 것을 의미한다. — 옮긴이).

서클 프로세스에서의 리더십은 일시적인 권위(리더십이 계속 순환함을 의미한다. — 옮긴이)와 집단 프로세스의 보호를 책임져야 할 의무, 그리고 리더십을 발휘하는 사람의 기술과 집중력, 에너지 등을 서클 프로세스에 기여하는 것으로 설명할 수 있으며, 이런 식으로 리더십이 발휘됐을 때 집단의 안녕함(서클 구성원 모두의 안녕함)이 지켜지고, 집단 속에 잠재되어 있던 지혜가 밖으로 표출될 수 있다. 서클의 리더십은 서클 구성원 모두가 프로세스를 진행하는 동안 언젠가는 그 자리, 다시 말해 리더십을 발휘해야 하는 역할을 맡을 수도 있다는 점을 전제로 한다.

어떻게 하면 서클 프로세스 상에서 수직 구조가 프로세스에 도움이 되는 건강한 형태로 나타날 수 있는지를 인식하는 것 역시 호스트의 역할이다. 서클 프로세스에도 삼각형의 형태는 존재하며, 항상 그 모양이 변한다. 사람들이 서로를 도우려 하거나 대화를 이끌어 가거나 기여하기 위해 앞쪽으로 몸을 기울일 때 리더십이 증가한다고 가정한다.

쿠푼다 마을 공동체 회의에서 스키티웨이는 1시간 동안 호스트였다. 그런 다음 피데가 이를 넘겨받았고, 그 다음은 실라스의 차례였다. 이런 식으로 서클은 안정화된다.

휴식 시간이 끝나고 스키티웨이는 결정된 사항들을 짧게 정리했다.

그런 다음 그녀는 자신의 역할을 피데에게 넘겼다. 스태픈은 가디언의 역할을 할 다른 사람에게 벨을 건넸다. 새로운 리더가 다음 주제를 안내하고 진행하기 위해 들어섰다.

대립 상황을 해결하는 서클

서클을 진행하는 방식은 매우 다양하고 얼마든지 창의적일 수 있다. 독일 출신의 마티아스 주르 본센은 어느 날 한 회사로부터 서클 프로세스를 진행해 달라는 요청을 받고는 심각한 고민에 빠졌다. 회사와 대치 상태인 140개의 프랜차이즈 가맹점 점주들로 구성된 모임이었기 때문이다. 마티아스는 다음과 같이 설명했다.

"독일에서 개인 교습 시장은 조 단위 규모의 사업입니다. 합격 점수에 도달하지 못한 학생은 그 수업을 다시 들어야 하기 때문에 부모들은 개인 교습을 활용하죠. 독일에서 개인 교습 서비스를 제공하는 회사는 두 개입니다. 그 회사들은 학생들을 3~5명씩 묶어서 가르칩니다."

"이들 회사 중 하나가 가맹점들과의 협업을 강화하고 싶어 했습니다. 가맹점을 대표하는 운영 위원회가 경영진과 더 자주 만날 필요가 생긴 거죠. 이에 회사는 운영 위원회의 규모를 20명에서 6명으로 축소하고 이 6명에게는 시간을 투자한 만큼 보상해 주기로 했습니다. 이에 대한 새로운 내부 규약이 필요했고요."

"6명으로 축소된 위원회는 경영진과 만나 새로운 내부 규약에 대한 제안서를 만들었습니다. 그 후 대립이 시작되었어요. 많은 가맹점들이 이 제안을 좋아하지 않은 겁니다. 그들은 기존보다 작은 위원회가 자신들을 대표하는 것을 원하지 않았어요. 투표 결과, 새로운 규약은 겨우 60퍼센트의 찬성표를 얻는 데 그쳤습니다. 가맹점들 간의 감정적이고 공격적인 논쟁이 온라인 게시판에서 벌어졌고, 이는 더 많은 혼란과 저항을 가져왔습니다. 회사는 단순히 하나를 선택할 수가 없었어요. 40퍼센트의 동의를 잃고 싶지 않았기 때문입니다."

회사는 마티아스와 그의 동료인 유타 헤어초크에게 연락했다. 유타는 조직 간의 분쟁을 중재하는 일을 해 온 인물이다. 마티아스와 유타는 가맹점들의 상황을 주의 깊게 살펴본 후 서클 회의를 진행하기로 결정했다.

경영진은 모든 가맹점 점주들을 회의에 초대했다. 회의는 금요일 정오부터 일요일 정오까지 열렸다. 이는 전례에 없는 일이었다. 140명의 점주들이 참석하기로 했다. 가장 결정적인 회의는 토요일 오후에 잡혔는데, 새로 정해진 규약으로 발생되는 문제점에 대한 참가자 전원의 대화가 예정되어 있었다. 대규모 그룹에서 서클 프로세스를 진행할 때 사람들을 활발하게 참여하게 하려면 더 많은 준비가 필요하다. 특히 이 사례처럼 대립을 해결해야 하는 상황이라면 더욱 그러하다.

마티아스와 유타는 이 회의를 준비하며 특별한 의미가 될 중심부를 디자인했다. 14개의 붉은 상자로 피라미드를 쌓았는데 높이가 대략 90센티미터 정도였다. 맨 위에 놓인 상자에는 프랜차이즈 시스템을 포함한 회사의 목적을 형상화했다. 중간층의 네 개 상자에는 그 목적의 가치를 표현했고, 바닥의 아홉 개 상자는 회사의 목표를 상징했다. 140명의 가맹점 점주들은 회의에 참가하기 전에 회의의 목적과 가치, 목표에 관해 이미 논의했기 때문에 상자들의 의미를 금세 이해했다. 그런 다음 마티아스와 유타는 나무의 나이테처럼 네 줄의 동심원 모양으로 140개의 의자를 배치했다.

마티아스는 "피라미드 맨 위 상자에 말하기 도구로 이용할 마이크를 놓아두었어요. 그러고는 말하기 도구의 목적을 설명하고 각자 발언할 때 마이크를 사용한 후 다시 '목적 상자' 위에 가져다 놓아줄 것을 부탁했죠. 발언하고 싶은 사람은 모두 이 '목적 상자'를 거치게 된 거예요. 그런 다음 대화가 시작되었습니다. 점주들은 줄을 지어 서클의 중심부로 들어와 마이크를 잡고 이야기를 했습니다."라고 말했다.

"처음에 참여자들은 자신의 입장을 단호하게 반복했어요. 하지만 아주 천천히 변화가 일어났지요. 중간쯤부터 점주들 중 일부가 조금 다른 관점에서 이야기를 했는데 이것이 변화를 가져다준 겁니다. 대규모이다 보니 서클 내에서의 대화는 105분 동안 계속되었고, 사람들의 열정 또한 매우 높았습니다. 그 변화를 보니 해결책을 찾았다는 생각이 확실해졌습니다."라고 유타는 회상했다. 마티아스와 유타는 서클 내에서 사람들의 의식과 의견이 변화되는 것을 경청했다. 그들은 가디언으로도 활약했고 기록자로도 활약했다.

회의 마지막에는 새로운 규약의 도입 여부에 관해 투표를 했다. 결

과는 140명 중 137명이 찬성했고 3명은 기권을 했다. 서클 프로세스
가 끝난 후 그들은 모두 만족스러워했다. 가맹점 점주들은 저녁에 수
영장 파티를 가졌고 마티아스는 "그들은 춤을 추고 옷을 입은 채로 물
에 뛰어들었다가 다시 춤추며 즐겼습니다. 서클 프로세스는 효과가 있
었습니다."라고 보고했다.

서클을 중립적으로 유지하는 가디언

가디언은 서클 프로세스에 독특하게 기여한다. 2장에서 설명했듯이 가
디언은 서클에서 배려와 중재를 담당한다. 가디언으로 활동하는 사람
은 정신적인 부분과 실질적인 부분 모두에서 에너지 분석가이자 관찰
자가 된다. 또한 대화하는 과정에서 직관적인 안내자가 되기도 한다.

- 가디언은 서클 프로세스가 진행되는 공간에 자리한 참가자들이
  모여서 만들어 낸 집단 에너지의 존재를 의식적으로 유지하는 역
  할을 수행한다(집단의 에너지 혹은 프로세스의 방향, 프로세스의 기본 원
  칙 등 서클 프로세스를 원활하게 유지하는 요소들 전체를 집단 에너지로 보
  면 된다. — 옮긴이).
- 가디언은 서클에서의 집단적 약속 준수(합의사항)와 시의적절성
  (프로세스에 필요한 대화인지), 대화의 초점 유지(주제에 맞는 대화가 진
  행되고 있는지) 등이 잘 지켜지도록 돕는다.

◉가디언은 서클 구성원들의 허락 하에 프로세스 도중에 침묵의 시
간을 끼워 넣고(일시 중단을 발동시키고), 그룹 프로세스를 다시 핵
심으로 되돌리는 규칙을 주관할 권위를 부여 받는다.

벨을 가진 사람은 두 차례 벨을 울린다. 처음에 울리는 벨은 활동을
중단하게 하는 벨이며, 10~20초 정도 뒤에 울리는 두 번째 벨은 중단
한 상태를 끝내는 벨이다. 가디언 혹은 가디언에게 벨을 울려 달라고
요청한 사람은 그 이유를 명확하게 설명해야 한다.

가디언의 역할은 참여자들의 상호작용에 미묘한 차이를 발견하고
도움이 될 준비를 하는 것이다. 가디언이 벨을 울리는 이유는 잠깐 휴
식하거나 합의사항 또는 회의의 주제나 의도를 재설정하기 위해서이
다. 회의에 긴장감이 돌아 이를 중재하기 위해, 혹은 참여자들의 발언
시간을 관리하기 위해서도 벨을 울린다. 누구든지 벨을 울려 달라고
요청하여 잠시 회의를 중단시킬 수 있다. 우리 두 사람은 그동안 서클
을 운영하면서 이 '책임의 공유'가 서클 프로세스를 민주적인 것으로
만드는 데 얼마나 중요한 역할을 하는지 수도 없이 경험했다.

예를 들어 서클에 참석한 이유에 대해 발언하는 체크인 시간에 말
하기 도구를 가지고 있는 발언자가 횡설수설한다면, 나머지 참여자들
은 집중하여 듣지 않을 가능성이 높다. 이때 가디언이 벨을 울려 회의
를 잠시 중단시키고 발언자에게 잠시 호흡을 가다듬게 한 다음 "체크
인 시간은 회의 참여자 모두의 목소리를 들을 수 있는 짧은 라운드라
는 점을 상기해 주십시오."라고 말하며 두 번째 벨을 울린다면, 발언자
는 (순간적으로 창피할 수는 있지만) 자연스럽게 결론에 도달하고 말하기

도구를 다음 사람에게 넘겨 줄 수 있게 되어 고마워할 것이다.

대립 상황에서의 가디언 역할

크리스티나가 대학 교수들을 위한 연수를 할 때였다. 참여자들은 모두 지쳤고 회의를 마칠 준비를 하고 있었다. 그때 온종일 서클 프로세스에 대해 반감을 갖고 있던 한 교수가 크리스티나에게 말을 걸었다.

"도대체 이 서클이라는 것을 이해할 수 없습니다. 당신은 리더로서 책임을 다하지 못하고 있어요. 그룹에 대한 통제력도 잃었고요. 의사결정은 하나도 하지 못했습니다. 대체 우리는 여기서 무엇을 하고 있는 건가요?"

가디언은 이를 중재할 방법을 몰라 잠시 공황 상태에 빠진 듯 보였다. 회의실 안에 정적이 흘렀다. 그 순간 가장 젊은 구성원이자 기록자인 브렌다가 팅샤 벨을 크게 울렸다. 그 벨 소리 덕분에 크리스티나와 회의실 안의 모든 사람이 생각을 모을 수 있었다. 브렌다가 벨을 다시 한 번 울리고 "우리는 모든 판단을 보류한다는 합의사항을 정했습니다. 그리고 지금 이 문제에 대해 말하기에는 다들 너무 지쳐 있어요."라고 말했다.

브렌다가 말하는 동안 크리스티나는 생각을 정리할 기회를 얻었다. 그녀는 브렌다에게 감사하다는 말을 건네며 이 서클이 완전히 해산될 때까지 잠시 가디언 역할을 해 달라고 요청했다. 그리고 크리스티나는 그 교수에게 "이 그룹을 통제하는 것은 제 역할이 아닙니다. 서클 프로세스로 의사결정하는 방법을 배우는 것은 여러분들의 역할입니다. 지금은 훈련하는 시간이에요. 우리가 어떤 훈련을 하든 단번에 이루어지기는 힘이 듭니다. 내일 우리는 리더 역할을 번갈아 하며 의제 기반의 작업을 더 해 볼 예정입니다. 일단 오늘은 우리가 진행할 수 있는 부분은 다 한 거 같네요."라고 말했고 사람들은 고개를 끄덕였다.

"그러면 호스트로서 이제 서클을 종료하겠습니다. 여기서 이야기했던 것들은 여기에 그대로 놓아두어야 한다는 사실을 여러분 모두 기억해 주시기 바랍니다. 저녁 식사 맛있게 하시고 편히 쉬세요. 판단은 잠시 유보하고 내일 아침 9시에 다시 여기로 오시면 됩니다. 브렌다, 가디언 역할을 훌륭하게 해 주었어요. 벨을 울려 주시겠어요?"

가디언의 기술 중 하나는 상황을 중립적인 언어로 설명하는 것이다. 중립적인 언어란 사람들에게 수치심이나 비난을 불러일으키지 않고 무슨 일이 발생했는지 이야기하는 것이다. 위기 상황에서 가디언은 구성원들을 서클의 기본 구조, 즉 합의사항과 원칙, 행동수칙과 의도, 그리고 중심부로 되돌아가도록 안내함으로써 참가자들이 양극단으로 나뉘거나 어떤 문제를 특정 개인의 탓으로 돌리려는 현상을 피할 수 있다. 브렌다가 서클의 중심부에서 벨을 쥐었을 때 그녀는 이것을 아주 훌륭하게 해냈다. 그녀는 중립적인 언어를 사용했고, 크리스티나에게 대답을 생각해 낼 시간을 만들어 주었다. 크리스티나의 대답은 나올 수 있는 수많은 대답 중 하나였다. 이 서클에서 도전을 받은 부분은 '호스트의 지혜'에 관한 것이었고, 불만을 제기한 그 교수가 쉽게 화를 삭일 가능성은 별로 없어 보였다. 이 서클은 그의 부정적인 생각을 관리할 방법을 배울 필요가 있었다.

긴장이나 대립, 놀라움 등과 같이 가디언이 중재할 필요가 있을 때 일시 중단은 사람들을 테두리에서 다시 중심부로 돌아오도록 하고, 서클의 공간을 안정화시켜 중심부에 초점을 맞추도록 한다.

몇 년 전, 어느 회사에서 진행했던 서클에서의 체크인 질문은 "오늘 아침 출근길에 본인을 생각에 빠지게 했던 것이 있다면 무엇입니까?"라는 것이었다. 이 질문에 참여자인 데브라는 시립 도서관 잔디밭에 서성이던 '이상한 사람들'에 관해 이야기했다. 그녀의 발언에 의도된 악의는 없었다. 그저 도서관 계단 주변이 안전하지 않다는 느낌을 전한 것뿐이다. 그때 가디언이 그녀의 반대편에 있는 한 남성을 보고 사색이 되었다. 가디언은 벨을 울려 데브라의 이야기를 중단시켰고 그녀가 겨우 알아볼 수 있을 정도로만 고개를 가로저었다. 사람들의 이목을 끌고 싶지는 않았기 때문이다. 다음에 어떻게 해야 할지 자신이 없어진 가디언은 "저는 데브라의 관찰을 존중합니다. 그럼에도 우리 모두가 거리의 사람들에게 동정심을 가졌으면 좋겠습니다."라고 말했다. 체크인은 다시 시작되었다.

말하기 도구가 드디어 데브라의 맞은편에 앉은 남자에게 돌아갔다. 그는 격양된 어조로 말했다. "도서관 잔디밭에 있던 이상한 사람들 중에는 제 스물여덟 살짜리 아들도 있었을 겁니다. 내 아들은 조현병(정신분열증) 환자입니다. 그 녀석은 가끔 길거리가 작은 방이라도 되는 듯 행동합니다. 폭력적이지는 않지만 대부분 사람들은 그 사실을 알 길이 없습니다. 저와 제 아내는 아들이 약을 잘 챙겨 먹고 안전하게 있나 하는 걱정을 하지 않은 날이 하루도 없어요. 때로 저는 그 녀석이 잘 있는지 살펴보기 위해 시내 일부와 도서관 근처, 고속도로 육교 아래를 돌아서 출근을 합니다." 그의 목소리는 떨리고 있었다.

"그 '이상한 사람들'도 누군가에게는 소중한 사람입니다. 누군가의 자식이거나 형제일 거예요. 가능하다면 그들을 바라보며 인사라도 건네주세요. 할 수 있다면 행운도 빌어 주시고요."

그는 말하기 도구를 왼쪽 사람에게 건넸다. 다음 차례였던 여자는 뭐라고 말해야 할지 몰라 했고, 데브라의 얼굴은 굳어졌다. 가디언은 벨을 울려 일시 정지 상태를 길게 가져갔다. 그러고는 다시 벨을 울리고 이렇게 말했다.

"우리 모두가 깨우칠 수 있도록 어려운 이야기를 해 주셔서 감사합니다. 프랭크, 덕분에 우리 모두 마음이 통했을 것 같습니다."

데브라는 몸을 앞으로 숙여 말했다.

"오, 프랭크. 그런 힘든 상황을 견뎌내고 계시는 줄 전혀 몰랐어요. 말씀해 주셔서 감사해요. 그리고 그런 사람들을 되도록 편견을 갖지 않고 보겠다고 약속할게요."

말하기 도구를 든 여자는 크게 숨을 들이쉬며 말했다. "어휴, 이건 정말 엄청나네요. 진짜 이대로 계속해도 될까요?" 프랭크와 데브라 그리고 몇몇 사람들이 고개를 끄덕였고, 그렇게 체크인 라운드는 완료될 수 있었다.

이와 같은 순간에 벨 소리는 서클 내에서 목소리로 작용한다. 가디언은 서클 내에서 에너지가 방출되는 것을 지켜보고 있다가 일시 중단이나 재개를 위한 벨을 울릴 수 있어야 한다.

가디언뿐만 아니라 서클 내의 모든 사람이 이야기를 잠시 중단할 것을 요청할 수 있다. 프랭크가 데브라 바로 다음에 이야기할 준비가 되어 있었다면 그는 가디언에게 벨을 울려 달라고 요청하고 그의 감정을 바로 공유할 수도 있었을 것이다. 말하기 도구가 돌아가는 중이었지만 서클이 다시 시작되기 전에 데브라가 프랭크에게 직접 말을 했다는 점에 유의하자. 서클에서의 대화는 그룹 프로세스를 지배하는 것이 아니라 보조하는 것이다. 서클 프로세스는 그 순간을 보조해야 할 때는 느슨하게 골격을 유지하고, 지원이 필요할 때는 긴밀하게 그 골격을 지킨다.

프랭크와 데브라를 비롯하여 모든 구성원의 체크인 라운드가 끝난 다음 호스트는 첫 번째 의제가 예산에 관한 것이라는 사실을 확인시키고 가디언에게 벨을 울려 달라고 요청한 후 다음과 같은 질문을 참가자들에게 던졌다. "마음을 무겁게 하는 체크인 시간이었습니다. 여러분 모두 숫자를 주무를 준비가 되었는지 모르겠네요. 어떤 이야기를 좀 더 하고 싶으신가요?"

프랭크는 "저는 정말 괜찮습니다. 이 비밀을 꺼내 놓게 되어 기쁩니다. 저는 다음 의제로 넘어갈 수 있습니다."라고 말했다.

데브라는 "저는 예산과는 무관한 수천 가지 생각이 들어서요. 잠시 휴식을 취하고 싶습니다."라고 말했다. 참가자들은 진행에 앞서 스트레칭을 하기로 했다. 그날의 경험은 참가자들을 진정한 의미의 팀으로 만들어 준 계기가 되었고 우리는 이런 순간을 '하나가 된 순간'이라 부른다. 그 후로도 오랜 기간 동안 그들은 개인적인 삶을 진정으로 공유하고 그 응집력과 깊이로 도전적인 결정을 내리곤 했다.

쿠푼다에서 쇼나와 영어를 통역하는 동안 우리는 사람들이 가디언라는 단어를 '지키자'라고 발음하는 것을 알아챘다. 우리는 이에 매혹되었고, 가디언 역할의 진정한 본질을 포착했다는 사실을 깨달았다. 가디언은 그야말로 '지키는' 사람이다.

야생의 수호자는 부족의 생존을 위해 응급 처치에서부터 자연에 경외심을 불러일으키는 것까지 모든 기술을 사용한다. 이는 서클 내에서도 마찬가지이다. 가디언은 실제적인 부분부터 정신적인 부분까지 서클에 필요한 사항이 무엇인지 지켜보는 수호자 역할을 해야 한다.

서클의 역사를 기록하는 기록자

서클 프로세스의 중요한 도전 중 하나는 대화의 본질적 내용과 흐름을 파악하는 것이다. 이를 파악할 수 있어야 참가자와 의사소통을 할수도 있고, 결정을 내려야 할 때를 알 수도 있다. 전통적인 회의에서는 대개 회의록을 작성하는 역할을 지정하며, 로버트의 토의 절차 규칙 Robert's Rules of Order 에 따라 의사결정을 진행한다(로버트의 토의 절차 규칙이란 국회 등지에서 의사결정을 목적으로 회의를 진행할 때 그 결정 과정과 일반적인 원칙 등을 규정해 놓은 운영 절차로 오늘날 전 세계 민주주의 국가에서 가장 널리 쓰이는 방식이다. ─ 옮긴이). 서클에서도 누군가가 의사결정이나 투표의 결과 혹은 일치된 의견을 기록해야 한다. 기록의 과정이 서클 프로세스에서 어떻게 발생하는지, 그리고 무엇이 기록되고 공유되어야 하는지는 모임의 특성에 따라 달라질 수 있다. 기록자는 서클에서 호스트, 가디언과 함께 리더십의 삼각형을 이룬다. 그리고 서클 프로세스에서 서기나 역사가와 같은 역할을 한다. 기록자는 누구보다도 먼저 (또는 잘) 서클 회의로부터 생성된 집단의 지혜와 의사결정의 내용, 그리고 대화의 결론 등을 정확하게 기술해야 한다.

- 기록자는 대화 내용 중 기록해야 할 내용을 호스트와 가디언과 협의한다.
- 기록자는 말을 그대로 적으려 하지 말고 핵심을 찾는다.
- 기록자는 메모장이나 일지, 노트북, 플립차트 등 그룹에 알맞은 글쓰기 도구를 사용한다.
- 세워 두는 필기장이나 플립차트는 서클의 테두리에 포함될 수 있다. 영상 기록 장치를 이용할 수도 있다.
- 기록자는 기록한 내용의 보안을 유지하고 합의사항이 철저히 지켜지도록 한다.

기록자의 역할을 모든 참여자가 할 수도 있다. 회의가 진행되는 동안 자신만의 사고 과정을 일지로 기록하는 것이다. 이 일지에는 기록하는 사람이 첨언하고 싶은 다른 사람의 발언 내용, 의사결정과 선택사항, 방향성, 개인적인 반응과 성찰 내용 등을 포함할 수 있다. 일반적으로 서클 일지는 공유할 수도 있고 안 할 수도 있는 개인 기록이다. 그래도 누군가가 이전 서클에서 어떤 일이 있었는지 물었을 때 서클의 테두리 어딘가에는 그 답이 될 만한 기록이 있어야 한다. 어떤 참가자들은 자신이 말할 차례를 기다리는 동안 생각을 적으면서 다른 사람들의 의견을 듣는 도구로서의 일지 쓰기가 도움이 된다고 말한다.

어떤 서클 모임에는 기록자가 필요 없을 수도 있고 그 역할을 누군가에게 맡기는 것이 어색할 수도 있다. 그럼에도 불구하고 어떤 형태로든 기록으로 남기는 것이 바람직하다.

매년 열리는 여성 기도회에서 크리스티나는 참가자들의 체크인과 체크아웃 핵심을 그녀의 일지에 기록했다. 그리고 이듬해에 이 기록을 가져와서 이 그룹이 1년 전에는 어땠는지 기억해 내도록 도왔다.

신시아는 그녀가 속한 서클에서 필기하기를 좋아하는 기록자로 알려져 있다. "기록하는 것은 그저 제가 제일 잘 할 수 있는 일일 뿐이에요. 어떤 사람에게는 글쓰기가 주의를 분산시킨다고 하지만 저는 무언가를 써 내려갈 때 완전한 존재감을 느껴요."라고 그녀는 말했다.

여성 리더십 투어에서 비주얼 퍼실리테이터인 사라는 그날 저녁의 기억을 함께 떠올리기 위해, 그리고 참석하지 않은 사람들에게 그날의 느낌을 전달하기 위해 이벤트의 과정과 내용을 기록한다고 했다.

사람들에게는 영감을 주고, 사고를 자극하며, 진심 어린 마음을 불러일으켰던 서클과 다시 연결될 무언가가 필요하다. 호스트와 가디언, 기록자가 서클 모임 전에 만나 구성원들이 그룹에 모였을 때 무엇을

수확했으면 좋겠는지 생각해 보는 일은 대화를 위한 중요한 틀이 된다. 그렇게 그린 틀 속에는 후원자나 행사, 날짜, 참여자, 연설의 주요 요점이 기록될 것이다. 어떤 서클에서는 의사결정의 역사가 기록될 수도 있다. 좀 더 자세한 내용은 〈아트오브호스팅〉 웹사이트를 방문해서 찾아보자. 집단적 대화에 필요한 지침서를 다운로드할 수 있다.

(http://www.artofhosting.org/thepractice/artofharvesting)

서클과 의제

의제 기반의 서클 프로세스에서는 호스트와 가디언, 기록자의 역할이 크게 도움이 된다(일반적인 회의에서는 한 명이 진행을 맡는다.). 호스트는 공간을 구성하고, 서클의 시작을 알리며, 체크인과 체크아웃을 진행하고, 전반적인 프로세스를 인도한다. 의제로 올라온 주제를 관리하는 리더십 역할을 하는 것이다. 또한 호스트는 필요한 정보를 제공하고, 지면이나 메일을 통해 사람들과 소통하며, 자신이 맡은 부분의 그룹 프로세스를 설계한다.

보통의 회의록 양식은 의제 기반의 서클 프로세스에는 맞지 않다. 그래서 페어뷰 건강 서비스는 기존 회의록의 단점을 보완하여 다음 페이지에서 보는 것과 같이 회의록 양식을 디자인했다(각자 자신이 속한 조직에서 활용해보기 바란다.).

의제를 수립하고, 시간을 할당하고, 기록이 필요한지 정해지면 서클

날짜: ___________ 시작 시간: __________ 종료 시간: ___________

　서클 호스트: _______________________________

　가디언: ___________________________________

의제 항목별 호스트

- 항목 호스트: ___________ 주제: ________________

　기록자: _________________________________

　해야 할 일, 의사결정사항, 결과물: ___________________

　_______________________________________

　_______________________________________

　_______________________________________

- 항목 호스트: ___________ 주제: ________________

　기록자: _________________________________

　해야 할 일, 의사결정사항, 결과물: ___________________

　_______________________________________

　_______________________________________

　_______________________________________

- 항목 호스트: ___________ 주제: ________________

　기록자: _________________________________

　해야 할 일, 의사결정사항, 결과물: ___________________

　_______________________________________

　_______________________________________

　_______________________________________

- 항목 호스트: ___________ 주제: ________________

　기록자: _________________________________

　해야 할 일, 의사결정사항, 결과물: ___________________

　_______________________________________

　_______________________________________

　_______________________________________

© Peerspirt, Inc

프로세스는 좀 더 부드러운 방법으로 결과물을 낼 수 있다.

"두 개의 부서를 통합하기 위해 새로운 공간이 필요하다는 것을 설명하는 데는 10분이 필요합니다. 하지만 저는 그 시간을 부서 이동을 즐겁게 받아들이기 위한 아이디어를 생각해 내는 데 쓰고 싶습니다. 그러므로 회의에 참석하신 여러분은 자료를 보시고 의견을 주시거나 질문을 해 주십시오. 또한 소속 부서로 돌아가서 부서 이동에 대한 최종 피드백을 받아 주시기 바랍니다."

이 경우 일반적인 회의에서는 "누가 담당자인가요? 누구에게 제출하면 되죠?"라는 질문이 나올 것이다. 하지만 서클 프로세스에서는 "어떻게 하면 우리가 이것을 할 수 있을까요?"라는 질문을 던진다. 이는 의제와 관련된 핵심을 탐구하도록 촉진하는 질문이다. 그런 다음 "어떻게 하면 우리가 책임감 있게 할 수 있을까요?"라는 더욱 깊이 있는 질문을 통해 의제를 서클의 중심부에 두어 모든 참여자에게서 지혜를 이끌어 내는 것이다.

우리는 서클을 '원의 형태 속에서 서로를 위한 공간을 유지하는 장소'라고 이야기한다. 공간을 유지한다는 느낌은 직접 만나서 소통하거나 전화나 SNS 메신저를 통해서도 가능하다. 서클을 어떤 형태로 활용하든 호스트와 가디언, 기록자의 역할은 회의 환경을 안정적으로 만들어 최상의 제안이 나오도록 하는 것이다.

점점 더 많은 사람이 직접 만나 대화하는 것처럼 전화나 컴퓨터 기반 통신을 통해서도 회의가 진행되기를 바란다. 이런 회의에서도 서클 프로세스를 적용할 수 있을까? 우리는 경험을 통해 그것이 가능하다는 것을 알게 되었다. 차이가 있다면 단지 통신 기술을 통해 대화가 오고 간다는 것뿐이다.

전화나 통신을 이용해서 서클 프로세스를 진행할 때는 초청의 글이나 서클의 의도를 참가자들에게 공유하기 전에 진행자가 미리 정해진다. 왜냐하면 모두 모여서 진행자를 정할 수 없기 때문이다. 역할이 아직 확정되지 않았다면 "오늘은 누가 진행합니까?", "가디언은 누구입니까?", "기록자는 누구입니까?"라는 질문을 통해 정하면 된다

호스트는 서클 중심부에 관해 설명하고 가상의 말하기 도구를 제시한다. 예를 들어 "저는 지금 책상 앞에 앉아 있고, 책상 위를 깨끗하게 정리했으며, 여기에 우리의 의도와 회의를 위한 의제로 구성된 작은 중심부를 만들었습니다. 그리고 지금 지난 이사회 미팅에서 사용했던 LED 양초를 가져와서 켜 두었습니다. 저는 작은 유리 지구본을 우리의 말하기 도구로 중심부에 놓겠습니다. 가디언은 이제 벨을 울려 주시기 바랍니다."

가디언은 "여기에 있는 팅샤 벨을 울려 보겠습니다. 볼륨이 적당한지 알려 주세요."라고 한다. 그러고는 벨을 울리고 잠시 중단했다가 다시 벨을 울린다. "시작점입니다. 여러분께 메리 올리버의 시를 읽어 드리겠습니다."

시 낭송이 끝나고 호스트는 대화를 계속하며 체크인을 요청한다. "시를 낭송해 주서서 감사합니다. 그리고 오늘 우리를 위해 자발적으로 기록자의 역할을 맡아 준 로버트에게도 감사합니다. 키보드를 두드리는 소리가 들린다면 로버트가 내는 소리라고 생각하겠습니다. 만약에 도움이 필요하거나 본인이 이야기할 때 다른 사람이 기록을 해야 한다면 알려 주세요. 좋습니다. 동쪽 지역에 있는 사람부터 서쪽 방향의 순서로 진행하겠습니다. 오늘의 체크인 질문은 이것입니다. 이전 회의의 어떤 에너지가 오늘 이 모임을 유지하게 하는 것일까요?"

사람들은 한 명씩 자신을 소개하고 "제가 말하기 도구를 들겠습니다."라고 말하면 된다. 이야기가 끝나면 "말하기 도구를 중심부에 돌려놓습니다."라고 한다. 대화가 진행되는 동안 말하기 도구는 공식적으로 사용될 수도 있고 그렇지 않을 수도 있다. 만약 진행 속도가 빨라지거나 대화 도중 말을 끊기 어렵다면 누군가 "제가 말하기 도구를 다시 사용하겠습니다. 속도를 약간 늦출 필요가 있습니다."라고 말한다.

마지막에는 짧은 체크아웃을 한다. 그리고 기록자는 서클에서 수확한 통찰의 결과와 의사결정 그리고 대화록을 참여자들에게 이메일로 보낸다.

이상을 실현시키는 서클의 공간

서클을 진행하는 동안 사람들은 점차 서로에게 그리고 대화에 주의를 기울일 것이다. 마틴 시에스타는 서클과 같은 집단적 대화에서 '공간 유지'가 왜 중요한지 다음과 같이 설명했다.

> "서클 프로세스는 우리가 자신의 내면을 들여다보는 동안에도 여전히 서클에 속해 있게 합니다. 참가자 모두가 서클 공간에 존재하게 되지요. 서로의 말을 가슴 깊이 공감하며 듣다 보면 자신의 판단을 유보하고 계속해서 서클에 참여하게 됩니다. 이는 사랑의 한 형태이지만 개인적인 사랑은 아닙니다. 모르는 사람끼리도 가능합니다. 이런 식으로 다른 사람들을 사랑하게 될 때 우리는 그들이 무엇이 필요한지 마음을 내어 줄 수 있어요. 또한 주위의 눈치를 보지 않고 말할 수도 있게 됩니다. 이는 진정한 축복이지요. 끝 부분에서는 두 사람이 서로에게 어떻게 도움을 주는지도 볼 수 있습니다."

이것이 바로 서클에서 호스트와 가디언, 기록자의 본질이다. 그들은 공간을 유지해서 서클 참여자들이 자신의 내면에 도달할 수 있게 하고 꿈꾸었던 이상을 끌어낼 수 있게 한다.

5장

자발적 참여를
유도하는 법

거의 모든 문제 해결 프로세스가 그 나름대로 구성원의 참여를 높이기 위한 방법과 규칙을 가지고 있다. 서클 프로세스에서 그 방법은 행동수칙이며, 운영의 규칙은 합의사항이다.

캘리포니아의 한 중학교는 학생들의 태도 불량과 기물 파손 문제가 점점 심해져서 골치를 겪고 있었다. 학년말이 다가오자 교장은 학부모, 교사, 학생 모두가 모여 방학 동안 이 문제들을 해결해 보자며 회의를 소집했다. 이 회의에서 참여자들은 여러 시간에 걸쳐 대화를 나누었고 그 결과 다음과 같은 세 가지를 합의사항으로 정했다.

- 자신을 소중히 하자.
- 서로를 소중히 하자.
- 이 장소를 소중히 하자.

새 학기가 시작되기 전에 학부모와 학생들은 이 세 가지 문구를 체육관 벽과 교실 문, 화장실 출입구 등 눈에 잘 띄는 곳에 붙였다.

비 내리는 10월의 어느 날, 학기 중 소방 훈련이 처음으로 시행되었다. 수백 명의 학생과 교사들이 건물 밖의 질퍽이는 축구장에 서서 해제 경보를 기다리고 있었다. 경보가 울리자 모두가 건물 안으로 들어갔다. 마지막으로 교장이 건물 안으로 들어가는 순간 진흙투성이가 된 수백 켤레의 운동화와 슬리퍼가 벽에 나란히 놓여 있는 것을 보았다. 그는 '오호! 우리가 해냈구나.'라고 생각했다.

이 사례는 합의사항의 힘을 설명하고 있다. 제대로 설정된 합의사항은 조직을 결속력 있게 만든다. 서클의 또 다른 구성 요소인 행동수칙과 원칙 역시 공유된 목적과 공동선을 향해 구성원 스스로가 움직이도록 이끌며, 조직을 더 나은 형태로 나아가게 한다.

서클을 유지시키는 합의사항

협력Cooperation은 집행enforcement보다 훨씬 더 쉽고 효과적이다. 어느 모임이든 사회적 합의사항이 있기 마련이다. 합의사항은 참가자들이 자신들의 이해를 바탕으로 정한 것이기 때문에 모임에서 서로를 존중하는 상호작용이 가능하게 한다. 그러나 이런 규범들은 대개 명확하게 제시되기보다는 포괄적이다. 따라서 제대로 작용하지 않을 때는 오해와 갈등을 일으킨다. 합의사항은 수많은 시행착오를 거치며 정착된다. 오랜 시간 회의를 할 수 있는 것도 그러한 사회적 합의사항이 도출되어 있기 때문이다. 따라서 서클 프로세스에서 참가자들의 상호작용을 강화하려면 합의사항을 명확하고 정확하게 작성할 필요가 있다.

오리건 해변에서 열린 여성 리더십 기도회 첫날 저녁, 시애틀과 포틀랜드에서 온 여덟 명의 여성과 식사를 마칠 즈음이었다. 저 멀리서는 서핑을 즐기는 소리가 들렸고, 우리 두 사람은 바로 그때가 현재의 프로젝트에 관해 이야기를 나눌 적절한 시간이라고 생각했다. 앤은 거실 벽난로에 불을 지핀 뒤 그 주변으로 의자를 둥글게 배치했다. 크리스티나는 그곳으로 커피와 차를 나르고 테이블에 앉아 있던 사람들에게 서클로 들어오라고 제안했다. 담소를 나누고 있던 여성들은 다소 놀랐으나 이내 서클로 모였다. 모두가 모인 후 우리는 벨을 울렸고, 서클의 합의사항을 낭독한 뒤 체크인 질문을 던졌다.

"앞으로 이틀 동안 여러분이 이 모임에서 얻어갈 가장 중요한 것은 무엇입니까?"

우리는 한 사람씩 이야기할 수 있도록 커피 테이블에 말하기 도구로 사용할 촛불 하나를 가져다 놓았다. 한 사람씩 얘기하고 모두가 진지하게 경청하자 대화는 점점 더 깊어졌다.

이튿날 아침 식사 자리에서 한 참가자가 말했다.

"어젯밤에 야외 테이블에서 난로 옆으로 자리를 옮겼을 때 저는 속으로 앤과 크리스티나가 왜 그 좋은 분위기를 끝내 버리려 했는지 이해할 수 없었어요. 분위기가 깨졌으니 저는 '와우! 지금 당장 집에 갈 수도 있겠군.' 생각하며 지켜보았죠. 그러고 나서 등장한 것이 그 장소에 관한 합의사항과 말하기 도구 같은 것이었죠? 저는 그런 깊이 있는 대화는 어제가 처음이었어요. 자, 오늘 우리는 무엇을 할 건가요?"

그 말을 들은 모두가 웃었다.

지난 몇 년 동안 우리 둘은 서클 프로세스의 전반적인 구조를 지원하기 위해 '서클의 기본 합의사항 4가지'를 다듬어 제공해 왔다. 새로운 서클의 첫 번째 순간 또는 짧게 진행되는 회의에서 우리는 신속하게 회의가 진행될 수 있도록 이 합의사항을 그대로 제공한다. 반면 서클을 안내하는 회의부터 시작하는 경우 우리는 구성원들에게 이 합의사항을 자신들만의 언어로 만들 시간을 준다. 합의사항은 "우리가 서로의 존재를 인식하고, 도움을 주고받고, 우리의 의도를 충족하기 위해 무엇이 필요한가?"라는 질문에 대한 답으로 만들어진다.

서클의 기본 합의사항 4가지

1. 서클에서 공유한 개인 정보는 비밀을 보장한다

비밀 보장은 사람들이 진정한 이야기를 할 수 있도록 하며, 나중에 다른 곳에서 이야깃거리가 되지 않을 것이라는 확신을 갖게 한다. 개인의 이야기는 그 사람 혼자만의 것이다. 허락 없이 배포하거나 판매할 수 없다.

비밀 보장에 관한 합의사항은 그룹 내에서 누군가가 민감한 사실을 이야기할 때 그 정보가 서클 내에 어떻게 담겨질지 이해시키는 역할을 한다. 다시 말해 안심하고 말할 수 있는 분위기를 조성한다.

그러나 비밀 보장이 모든 모임에 예외 없이 들어맞지는 않는다. 우리는 내담자들에게 들은 이야기를 공유하는 상담사 그룹이나 비밀 보장이 가장 엄격하게 유지되어야 하는 서클을 도운 적이 있다. 기자들이 잔뜩 와 있는, 다시 말해 비밀 보장이 적용될 수 없는 공개회의에서 서클을 소집한 적도 있다.

2. 서로의 이야기에 호기심과 동정심을 가지고 경청하며 판단은 유보한다

호기심은 사람들이 주변의 눈치를 살피지 않고 말하고 들을 수 있게 해 준다. 이 합의사항은 서클 구성원이 서클의 중심부를 향해 이야기와 의견, 생각, 감정 등을 펼칠 수 있도록 해 준다. 서클의 중심부를 향해 활기차게 이야기하다 보면 모든 사람에게 속하면서도 아무에게도 속하지 않은 이 공간의 힘을 느끼게 된다. 서클의 중심부가 참가자들 사이에서 제3의 지점을 창조하기 때문에 우리는 서로의 차이점에 관해 호기심을 갖고, 질문하고, 문제를 탐구하고, 그룹에 무엇이 잘 맞는지 분간할 수 있다. 또한 판단을 중단하거나 판단을 하려는 생각의 흐름을 막고 전적으로 다른 사람이 하는 이야기를 들을 수 있게 된다.

판단은 정신적 방어의 한 형태로, 개인의 의견이나 세계관을 보장해 주는 방법이다. 판단을 보류하고 호기심을 가지면 다른 사람의 의견과 세계관을 경청하고 더 깊은 지혜를 찾을 수 있는 여지가 생긴다. 호기심과 판단은 동시에 나올 수 없다. 호기심을 갖고 경청하면 자기 자신과 다른 사람에 대한 동정심(Compassion을 우리 말로 번역하는 것은 매우 어렵다. 저자가 사용한 의미를 가장 잘 전달할 수 있는 우리말 표현은 불교 용어인 '자비심' 또는 원래 의미인 '同情心'일 것이다. 이하에서는 종교적 색채를 띠지 않는 일반적 단어인 '동정심'을 사용하되 한글 표현이 갖는 뉘앙스, 즉 '불쌍한 사람을 측은히 여기는 마음' 또는 '남을 가엾게 여겨 따뜻이 대하는 마음'보다는 더 깊은 뜻이 담겨 있음을 강조하고자 한다. — 옮긴이)이 커진다. 서로에 대한 더 깊은 이해로 우리의 마음과 생각이 변할 때 서클은 더 생기 넘치고 창조적인 상태로 유지될 것이다. 다양한 목소리는 공동의 목표라는 중심축에 붙어 있는 여러 개의 바퀴살로 변화한다.

3. 필요한 것은 요구하고 요청받은 것 중 가능한 것은 제공한다

일반적으로 그룹의 과업과 방향성에 부합하는 요청이 들어오면 서클 내의 누군가는 그것이 진척되도록 돕는다. 반면 그룹의 과업과 방향성에 부합하지 않는 요청이 들어오면 누구든 관심을 가지지 않는다. 서클의 구성원들은 그들이 할 수 있는 것과 할 수 없는 것이 무엇인지 협상하는 법과 그룹의 방향성을 유지하는 법을 배운다.

이 합의사항은 일종의 균형대 역할을 한다. 서클의 과업이나 프로세스에 대해 지나칠 정도로 많은 또는 적은 책임을 지려는 구성원이 생긴다면, 가디언은 이 합의사항에 의해 책임을 공동으로 지기와 리더 역할 돌아가며 하기에 관한 대화를 요청할 수 있다. 그런 대화는 서클의 결속력이 약해지기 전에 구성원 간의 오해와 갈등의 소지를 제거해 준다.

4. 생각이나 집중력이 흐트러졌을 때 이를 다시 모으기 위해 잠시 회의를 중단한다

이는 '일시 중단'을 요청하는 가디언의 역할을 활성화하고 인정하자는 합의사항이다. 가디언이 벨을 울리면 최소한 10~15초 동안은 모든 활동을 멈춘다. 이때 각 구성원은 호흡을 가다듬고 서클의 중심부에 집중하면서 기다린다. 가디언은 두 번째 벨을 울려 침묵을 풀어 준 뒤 회의를 중단한 이유에 대해 간략하게 설명한다. 그 이유는 문제를 해결하기 위한 것일 수도 있고, 통찰력을 얻기 위한 것일 수도 있다. 혹은 단순히 휴식을 위한 것일 수도 있다.

합의사항에 일시 중단에 관한 항목을 집어넣으면 활동을 중단하는 가디언의 권한을 승인하는 셈이 된다. 일시 중단은 서클을 관리하는 방법 중 하나이다. 누군가의 개입을 인정함으로써 서클 프로세스의 훌륭한 교사가 생기는 것이다. 서클 내의 누구라도 중단을 요청할 수 있으므로 가디언의 자세는 유연할 수 있다. 책임은 구성원 모두가 진다.

사례 : '지혜의 서클'의 합의사항

서클의 합의사항을 작성하는 일은 그룹의 과업을 검토하는 과정이라고 할 수 있다. 휘턴 프란시스칸의 수녀들은 '지혜의 서클'이라고 이름 붙인 서클에서 1년간 경험을 쌓기로 결정했다. 그들의 첫 번째 과업 중 하나는 합의사항을 작성할 소규모 그룹을 지정하는 것이었다. 북미 지역의 많은 가톨릭 수녀회가 그렇듯 그들은 신자 감소와 고령화 문제에 관해 논의를 하고 대책을 수립해야 했다. 그룹 전체는 최종적으로 논의하고 승인한 합의사항 문서를 진지하게 받아들였다. 그들이 작성한 합의사항은 오른쪽 표와 같다.

'지혜의 서클' 합의사항에는 서클 프로세스의 기본적인 합의사항이 일부 포함되어 있지만 그들만의 구체적인 필요에 따라 일부를 수정보완했다. 그들은 이 합의사항을 큰 종이에 인쇄해서 '지혜의 서클' 모임을 시작할 때 큰 소리로 읽었으며, 모든 참여자가 이를 상기하도록 중심부에 놓았다. '지혜의 서클' 모임에서는 합의사항에 동의하는 데만 몇 시간을 투자했다. 끊임없는 대화가 계속해서 이어졌다. 엄지손가락

'지혜의 서클' 합의사항

○ 우리는 우리의 미래를 함께하기 위한 서클의 대화에 정중하고 진솔하며 창의적으로 임하는 데 동의한다.

○ 우리의 미래를 위해 함께해야 할 것들이 있다는 것을 믿고, 우리가 필요한 것을 요구하며, 가능한 것을 제공한다.

○ 각자는 자신의 진심을 말한다. 우리는 존중과 신선함, 호기심, 동정심, 감수성을 갖고 서로 경청한다. 서클에서 공유된 이야기는 비밀로 한다.

○ 합의사항은 갱신될 수 있고, 서클이 모일 때마다 이를 검토하며, 서클 외부에 공유하는 사항은 합의를 통해 결정한다.

○ 때로 우리는 침묵의 상태로 일시 중단한다.

투표와 '16번의 찬양'까지 진행했다.

이 사례는 종교 단체인 수녀회의 경우이지만, 다른 형태의 조직에서도 매우 유사하게 적용할 수 있다. 휘턴 프란시스칸이 참여한 서클은 시종일관 일관성 있게 돌아갔다. 그들은 서클 내에서 진화하고 통합하는 모습을 보였다.

합의사항을 작성함으로써 얻을 수 있는 이점 중 하나는 그룹의 숨겨진 문제를 일찍 드러나게 할 수 있다는 것이다. 9장에서 더 자세히 논의하겠지만, 숨겨진 문제는 이전에 논의되지 않았던 것들이나 그룹에 긴장감을 조성하는 것들을 의미한다. 이런 문제를 우리는 '논의될 수 없는 사항들undiscussables'이라고도 부른다. "이 조직에서 금기시되고 있는 주제는 무엇입니까?"라는 질문은 숨겨진 문제를 끄집어내려는

시도이다. 예를 들어 '지혜의 서클'에 참여한 수녀들은 공동체에 속한 다른 사람들이 이 모임을 '비밀회의'라고 생각하지 않게 하면서도 각자의 이야기를 존중하는 방법에 대해 깊이 있는 질문을 던졌다. 비밀보장에 관한 이러한 대화를 통해 몇 가지 문제를 끌어냈고, 지혜의 서클의 의도를 명확하게 다듬었다.

수녀들은 개인적인 이야기는 비밀로 유지하고, 공동체와 영적인 삶을 함께하는 평신도들에게는 주제에 관한 대화의 진행 상황을 공유하기로 결정했다. 공동체 전체를 회의에 소집하지 않는 한, '지혜의 서클'에서 의사결정을 하지 않을 것 또한 약속했다. 이는 공동체의 유대 관계를 더욱 깊게 하고, 수십 년 동안 봉사하며 살아온 이들이 서로를 다시 알게 되는 경험을 해 보자는 '지혜의 서클'의 의도를 더욱 명확하게 했다.

그들의 경험을 분기마다 발행하는 소식지에 실었다. '지혜의 서클'

에서 제기된 주제는 반기 모임에서 공동체 전체에게 전달되었다. 그리고 서클의 리더십 역량에 대한 자신감이 커지면서 다른 수녀들과 신도들을 위한 서클 체험도 진행했다. 이 모두는 합의사항에 관한 근원적인 대화에서 비롯된 것이다.

　호스트와 가디언, 그리고 기록자가 바뀌어도 합의사항을 일정하게 유지하는 것이 좋다. 합의사항은 서클 프로세스를 자체적으로 관리할 수 있는 핵심이다. 즉 서클의 의도와 그 의도에 모든 구성원이 기여할 수 있는 능력을 지원하기 위해 설계된 일종의 규범인 것이다.

대화의 상호작용을 강화하는 행동수칙 3가지

일반적인 교류부터 구조화된 대화에 이르기까지 대화에는 방법이 필요하다. 서클 프로세스에서 우리는 대화의 상호작용을 강화하는 세 가지 행동수칙을 제시하고 있다. 이 행동수칙들은 서로 얽혀 있어서 두 개가 활성화되어 있을 때는 다른 하나를 수행하기가 훨씬 쉽다. 회의의 첫 시간을 시작할 때 호스트나 가디언은 세 가지 행동수칙을 시작점으로 발표하고 "우리는 주의 깊게 듣기, 의도를 담아 말하기, 그룹의 안녕에 동참하기 등을 통해 도움이 될 만한 성과를 얻을 수 있습니다."라고 말할 수도 있다.

주의 깊게 듣기 Attentive Listening

주의 깊게 듣기는 다른 사람이 말하는 내용에 집중하는 능력이다. 이는 다른 사람의 말을 들으면서 동의하거나 반박을 준비하는 등 자신의 사고 과정 속에 파묻히지 않는다는 의미이다. 자신의 이야기를 위해 자신만의 기억을 찾지 않는다. '지혜의 서클'처럼 규모가 크거나 복잡한 서클에서는 각 수녀마다 노트북을 무릎에 올려놓고 있던 것이 도움이 되었다. 듣기에 신경이 분산되지 않으면서도 나중에 반영하거나 참조할 수 있도록 생각을 적어 둘 수 있었던 것이다. 그들의 말하기 도구 회의는 수차례의 휴식 시간을 포함해 몇 시간이 걸렸다.

주의 깊게 듣기는 생각과 공감을 결합한다. 머리에서 이해를 구하는 동안 마음에서는 연결고리를 찾는다. 다른 사람의 이야기에 증인이 되고, 자신의 생각을 말하고, 질문을 주고받으려면 주의 깊게 듣기가 필요하다. 서클에서의 듣기는 인식의 범위를 초월한 일종의 신비한 경험이 될 수 있다. 이는 서로 다른 언어로 말할 수밖에 없는 모임에서도 나타난다.

그리스 섬 여행을 안내하는 동안 우리는 저녁 캠프파이어에 합석한 그리스인 어부 바바와 친해졌다. 여행 참여자들은 5개국에서 모였으며 영어를 공통 언어로 사용했다. 바바는 영어를 할 수 없었지만 생각에 잠긴 채 우리의 저녁 서클에 끝까지 앉아 있었다. 말하기 도구가 그에게 돌아갔을 때 그리스 가이드는 바바의 말을 통역해 주었다. 그가 우리의 이야기를 어디까지 이해했는지 확신할 수는 없었지만 우리는 우리 방식대로 그를 환영했다. 캠프 마지막 날, 바바는 "당신들은 좋은 사람입니다. 내 올리브 농장에 와 주셔서 감사합니다. 당신들의 나라로 돌아가면 이곳과 이곳의 좋은 사람들에 대해 말해 주십시오.”
라고 말했다. 주의 깊게 듣기는 서클의 목적과 정체성에 대한 이해를
바뀌게 할 수 있다.

의도를 담아 말하기 <u>Intentional Speaking</u>

의도를 담아 말하기는 참가자들이 어떤 발언을 할 때 논의가 진행
되고 있는 상황에 적합한 의미나 중요성이 있는, 그리고 진심으로부
터 우러나오는 이야기나 정보를 말함으로써 서클에 기여해야 함을 의
미한다. 이 능력은 자신이 무엇을 말해야 할지 정확하게 알게 될 순간
을 기다리는 인내심에서 비롯된다. 서클 프로세스로 회의를 하다 보
면 특정한 생각, 즉 말하고 싶은 충동으로 맥박의 빨라짐을 느낄 수 있
다. 사람들이 주의 깊게 이야기를 듣고 있다고 느끼면 내가 하는 이야
기도 잘 받아들여질 거라고 생각하기 마련이다. 이것이 말할 용기를
내는 근거가 된다.

서클 프로세스에서 타이밍은 초월적인 힘을 발휘한다. 4장에서 프
랭크가 정신분열증 아들의 이야기를 했을 때, 그는 서클과 단단한 관
계를 형성할 수 있었다. 서클 프로세스는 프랭크에게 그 이야기를 꺼
낼 수 있도록 기회를 제공했다. 완전하지 않더라도 이야기를 공유할
의지만 있으면 동료들에게 지지받고 있음을 알게 될 것이다. 자신의
불편한 이야기를 드러내고자 하는 의지와 그에 도움이 되는 방식으로
반응하는 그룹의 역량 사이에는 합의점이 존재한다.

말하기도 듣기처럼 인지를 초월해서 신비로운 수준에 도달할 수 있
다. 몇 년 전, 우리는 장애인과 그들의 보호자에게 서클을 체험시킬 기

회가 있었다. 한 대학의 강의실에 약 25명의 사람들이 모였다. 간병활동을 주고받는 문제에 관해 탐구하는 몇 가지 프로그램 중 하나였다. 프로그램을 시작한 지 얼마 되지 않아 학교의 밴드 동아리가 안뜰에서 연습을 시작했기 때문에 우리는 서로의 이야기를 듣기 위해 더 가까이 모여야 했다. 우리의 환영 인사와 설명은 간단했다. 동물 모양의 말하기 도구를 건네고 "여기서 무엇을 배우고자 합니까?"라고 질문했다. 사람들은 "이런 사회적 모임이 처음이에요. 재미있을 것 같습니다."라는 대답부터 "밴드 때문에 정신이 하나도 없네요. 같이 춤추실 분 없나요?"와 같은 재치있는 대답까지 다양하게 내놓았다.

서클이 4분의 3바퀴 정도 돌아갔을 때 말하기 도구는 심한 뇌성마비를 앓고 있는 여성에게 건네졌다. 그녀는 자신의 의사를 표현하기 위해 칠판을 사용했고 말은 거의 하지 않았다. 그녀는 그녀를 주목하고 있는 우리 모두의 에너지를 전부 모으려는 듯 말하기 도구를 앞뒤로 흔들며 오랫동안 들고 있었다. 마침내 그녀는 "제, 제 이야기는 여, 여기까지예요."라고 더듬더듬 말했다. 그녀의 얼굴은 자신의 목소리로 서클에 기여할 수 있었다는 자부심으로 밝게 빛났다. 마침 밴드가 연주를 멈췄고 강의실은 조용해졌다. 잠시 동안 우리의 평범한 강의실은 그녀가 의도를 담아 말한 내용을 받아들일 수 있는 신성한 공간이 되었다.

그룹의 안녕에 동참하기 Attending to the Well-Being of the Group

그룹의 안녕에 동참하기는 말하기 전과 후 그리고 도중에 그 말과 행동의 영향을 고려하는 능력이다. 이 능력은 서클에서 일어나고 있는 작은 변화에까지 세밀하게 '깨어있는' 데서 생긴다. 서클에서 다른 사람의 말을 듣다 보면 자신의 생각과 이야기의 흐름, 그리고 그것에 반응하는 자신의 태도를 어떻게 가져갈지에 대해 깨닫게 된다. 또 모든 충동에 반응할 수 없다는 점, 그래서 사려 깊은 참가자로 남고 싶다면 일종의 충동을 조절해야 한다는 점도 느끼게 된다. 즉 발언을 하기 전에 마음의 체크리스트를 확인하게 되는 것이다.

합의사항과 원칙, 행동수칙은 개인적인 충동을 일부 자제시킨다. 이는 "이봐, 너 정말 그렇게 말하고 싶은 거야? 그룹의 안녕에 관심을 가져야 한다는 것을 기억하니? 비밀이 보장되어야 한다는 것을 잊지 않았겠지? 이 순간을 방해하지 않고 경청하는 것은 너의 리더십을 보여줄 가장 좋은 방법이라고."와 같은 반응을 의미한다. 발언을 하기 전에 그룹의 준비 상태를 감지하여 자신을 점검한다. 자체 점검을 위한 질문은 다음과 같은 내용을 포함할 수 있다.

- 그룹이 나의 발언을 충분히 받아들일 수 있는 순간인가?
- 나는 지금 경쟁심을 갖고 말하려 하는가? 아니면 협력적으로 얘기하려 하는가?
- 내 몸은 나에게 어떤 얘기를 하고 있지?
- 내가 지금 하려는 말 또는 행동이 현재 그룹의 상황에 어떤 도움을 주는가?
- 중립적 언어를 쓰면서도 나의 진심을 솔직히 얘기하려면 내 얘기를 어떤 문장으로 표현하는 것이 좋을까?

　서클의 기본 구조는 서클을 자체적으로 점검하는 데 도움이 된다. 말하기 도구 회의를 진행하고 있다면 언제 자신의 차례가 돌아올지 알 수 있다. 말하기 도구를 잡고 몇 초 동안 침묵하며 생각을 모을 수도 있다. 서클의 중심부를 향해 말하고 그곳에 있는 상징으로부터 자신의 의도를 끌어낼 수도 있다. 사람들이 가장 듣기 좋을 만한 방식으로 자신에게 필요한 것을 말하기 위해 충분한 시간적 여유를 가질 수도 있다.

　앤은 저녁 늦게까지 진행된 서클에 참여한 적이 있다. 서클 호스트는 그때까지의 회의에서 느낀 이야기를 공유해 달라고 요청하며 그날의 마지막 라운드를 말하기 도구 회의로 구성했다. 이야기가 얼마나 길거나 짧아야 하는지에 관한 제안은 전혀 없었다. 앤은 서클의 중간쯤에 앉아 있었다. 이미 피곤한 상태여서 빨리 자러 들어가고 싶었다. 하지만 사람들의 발언 시간은 점점 더 길어지고 있었다. 앤의 마음속에는 빨리 자러 가고픈 육체적인 자아와 각자 돌아가면서 말하는 것의 중요성을 알고 있는 이성적인 자아가 작은 싸움을 시작했다. 그녀는 자신의 이야기를 할 것인지 아니면 자신이 지쳤다는 사실만 간단히 말할 것인지 계속 갈등했다. 드디어 그녀에게 말하기 도구가 왔을 때 그녀는 지금의 시간과 자신의 체력을 인정하는 것이 중요하다고 깨달았다. 그녀는 이렇게 말했다.

　"저는 야행성 인간이 아닙니다. 그러나 여러분의 이야기를 경청하는 데 최선을 다하고 있습니다. 각자 하고자 하는 말을 간단명료하게 해 주신다면 대단히 감사하겠습니다. 제 이야기는 아침 시간에 공유하겠습니다."

앤의 말에 마음 상해 하는 사람은 아무도 없었고, 서클의 나머지 절반은 더 빠르게 진행되었지만 모두의 이야기를 들을 수 있었다.

이 상황에서의 교훈은 서클에서 무언가를 말하려는 충동이 개인적인 일일뿐만 아니라 집단적인 일이라는 점을 상기시켜 주었다는 것이다. 앤은 다른 사람들도 똑같이 느끼고 있다고 생각했다. 그리고 이를 중립적인 언어로 말함으로써 나머지 구성원들은 그녀에게 동조할 수 있었다. 듣기와 말하기, 동참하기는 서로 얽혀 전체를 구성한다. 그룹에 속한 모든 사람의 이야기를 경청하는 동안에는 자신에게 내재된 내면의 진실을 있는 그대로 인정하고 듣고 말해야 한다. 혹여 그것이 그룹의 규칙을 따르는 것에 반발하는 발언이 아닌가란 생각이 들더라도 말이다.

서클을 활성화하는 원칙 3가지

서클의 구성 요소 중 다음의 세 가지 원칙은 서클 프로세스를 활성화한다. 세 가지 행동수칙과 마찬가지로 세 가지 원칙 또한 서로 얽혀 있다. 하나가 활성화되면 다른 두 가지 역시 활성화되며 협력적으로 작용한다. 우리 두 사람은 이 원칙들을 소개하며 "우리는 이를 자명한 사실로 받아들인다."라는 문구를 전문前文으로 사용하라고 권한다. 서클에서의 모든 활동이 이 세 가지 원칙에 기반을 두고 있으며, 이 원칙이 서클의 모든 활동을 지원하기 때문이다.

리더 역할 돌아가며 하기 <u>Rotating Leadership</u>

리더 역할 돌아가며 하기는 '모든 사람의 리더십은 향상될 수 있다'고 믿고 모두가 리더의 역할을 돌려가며 맡아 서클의 기능을 돕는 것을 의미한다. 서클에서 리더십은 과업별로 이동한다. 리더 역할 돌아가며 하기는 서클의 목적을 달성하기 위한 자원이 서클 내부에 존재하고, 모든 구성원이 리더로서의 자질과 의지를 가지고 있다고 믿는 데서부터 시작한다.

책임을 공동으로 지기 <u>Shared Responsibility</u>

책임을 공동으로 지기란 모든 사람이 다음에 해야 할 것에 초점을 맞추고, 이를 해결하기 위해 나선다는 의미이다. 서클에서 책임감은 리더십과 마찬가지로 과업별로 이동한다. 책임을 공동으로 지기는 '모든 참여자가 서클에 필요한 것들을 제공하기 위해 솔선수범할 것이다'라는 신뢰를 기반으로 한다.

총체성에 대한 신뢰 <u>Reliance on Wholeness</u>

총체성에 대한 신뢰란 모든 사람이 서클의 중심부와 그 역할을 전적으로 신뢰하면서 자신은 테두리에 위치한 자신의 자리를 고수하는 것을 의미한다. 간단한 의식(규칙)과 지속적인 대화의 핵심 되돌리기를 통해 서클의 중심부는 집단 전체의 의도를 보존하고, 서클이 '서클 그 자체와 모든 서클 구성원으로 구성된다'는 사실을 사람들에게 상기시키는 역할을 한다.

사례: 서클로 진행된 사제단 총회

휘턴 시에 있는 프란시스칸의 사제단 총회는 다른 종교 단체와 마찬가지로 대의원을 선출하는 공식적인 자리이다. 총회에 참여하는 사제단 구성원은 공동체 삶에 대해 깊이 생각하고, 다음 4년 동안 지역 사회를 이끌기 위한 긴 대화를 나눈 뒤 새로운 리더를 공식적으로 선출한다.

과거의 사제단 총회에서는 발표자가 발언을 하려면 단상으로 이동하거나 스탠드 마이크 앞에 서야 했다. 그러나 새로운 사제단 총회는 체육관을 절반으로 나누어 한쪽은 일반적인 중심부에 여섯 개의 의자를 서클로 배치하여 구성하고, 나머지 절반은 양초와 꽃, 여러 색깔의 스카프로 꾸며 놓은 곳을 서클의 중심부로 하여 45개의 의자를 둥글게 배치해 거대한 서클을 만들었다.

의자의 바깥쪽 테두리에는 비대표자들을 초청해서 서약한 사제단들을 지켜보도록 하였다. 총회의 총 책임자인 카롤라 수녀와 로마에서 온 또 다른 두 수녀는 큰 원에 인접한 둥근 테이블에 앉았다. 사제단 총회의 분위기는 종교적 색채를 띠었지만, 형식은 일반적인 기업의 이사회나 연례회의와 비슷했다. 모든 인원의 참석과 전략에 관한 논의, 몇몇 의사결정과 행동강령의 낭독 등의 식순이 필요했다.

사제단 총회 구성원들이 서클에 들어서는 동안 의례적으로 노래를 불렀다. 누가 처음에 가고 누가 마지막에 가는지는 중요하지 않았다. 모든 사람이 앉자 몇몇 수녀들이 준비된 명상 시간을 진행했다. 리더십은 순환하고 있었고, 모두가 책임을 공유하고 있었으며, 총체성에 대한 신뢰 역시 그 서클이 진행되고 있는 장소에 아주 깊이 자리 잡고 있었다.

첫날 점심 시간에 카롤라 수녀가 우리에게 다가와 "당신들이 서클 프로세스를 가르치는 사람들인가요?"라고 물었다. 우리가 고개를 끄덕이자 "당신들이 발명한 것인가요?"라고 다시 물었다. 크리스티나는 "꼭 그렇지는 않아요. 이미 수천 년 동안 인류는 서클 형태로 모임을 해 왔습니다. 우리는 오래된 형식 속에 들어 있는 구조를 연구해서 현대의 회의에 사용할 수 있게 한 것입니다."라고 대답했다.

"그 목적은 참여자마다 목소리를 낼 수 있게 하자는 것인가요?"라고 그녀는 계속 물었다. 우리는 다시 고개를 끄덕였고 카롤라 수녀는 "나는 이것이 마음에 듭니다. 이 방식이 일주일 내내 잘 돌아가는지 지켜보겠습니다."라고 말했다.

일정이 계속되고 재정 문제와 프로그램에 관한 복잡한 문제들이 등장하는 동안 그룹은 큰 서클 회의와 작은 서클에서의 대화를 번갈아가며 진행했다. 이는 교육을 받는 서클의 모습이 더 이상 아니었다. 오히려 제대로 발걸음을 내디딘 완전한 서클이었다. 휘턴 프란시스칸은 자신들만의 서클 프로세스를 명확히 만든 것이다.

4년 후, 사제단 총회가 다시 열렸다. 리더 역할을 새로운 대의원들에게 넘겨주는 자리였다. 이번 선거는 예배당에서의 명상과 기도로 시작했다. 새로운 대의원은 서면 투표를 통한 지명으로 결정되었다. 결과가 발표된 후 이들에게는 수행할 준비가 되었는지 말할 기회가 주어졌다.

수많은 종교 단체가 선거와 관련한 고통스런 역사를 가지고 있다. 휘턴 프란시스칸은 믿음과 신뢰를 바탕으로 공정함을 유지하기 위해 서클 프로세스와 세 가지 행동수칙을 사용했다. 지역공동체에서 지도자의 역할을 수행하려는 사람들 사이에서도 서로 존중하는 열린 대화를 지속하기 위한 모든 노력이 이루어지고 있었다(지역공동체에서 지도자로 활동하는 종교 인사들은 대개 일방적인 대화방식을 주로 사용한다는 전제가 깔려 있다. ─ 옮긴이).

전체 구성원이 공동체가 선출한 새로운 리더들을 공식적으로 환영했다. 카롤라 수녀는 가디언용 벨을 울려 의식을 시작했다. 새로운 리더가 된 대의원들은 휘턴 프란시스칸 지역에서 활동을 수행할 때 서클의 원칙과 행동수칙을 준수할 것이라고 선포했다.

팀으로서 그리고 공동체로서 그들은 숫자와 통계를 이용하고, 서클의 리더십이 그들에게 부여해 준 신뢰에 의지하며 의사결정을 해 나갔다. 중앙 회의실에는 긴 타원형 테이블이 있었고, 테이블 한쪽 끝에는 플립차트가, 가운데에는 필기구와 메모지, 과일, 간식으로 가득 차 있었다. 방의 반대편 끝에는 푹신한 의자가 둥그렇게 놓여 있었다. 회의를 위한 의자 네 개와 공동체를 대표하는 상징으로 장식된 의자 하나가 있었는데, 모든 회의에서 상징적으로 나타나는 형태였다.

이것은 종교 단체의 사례이지만 비즈니스 조직이나 개인적인 모임에서도 적용할 수 있는 보편적인 방법이다.

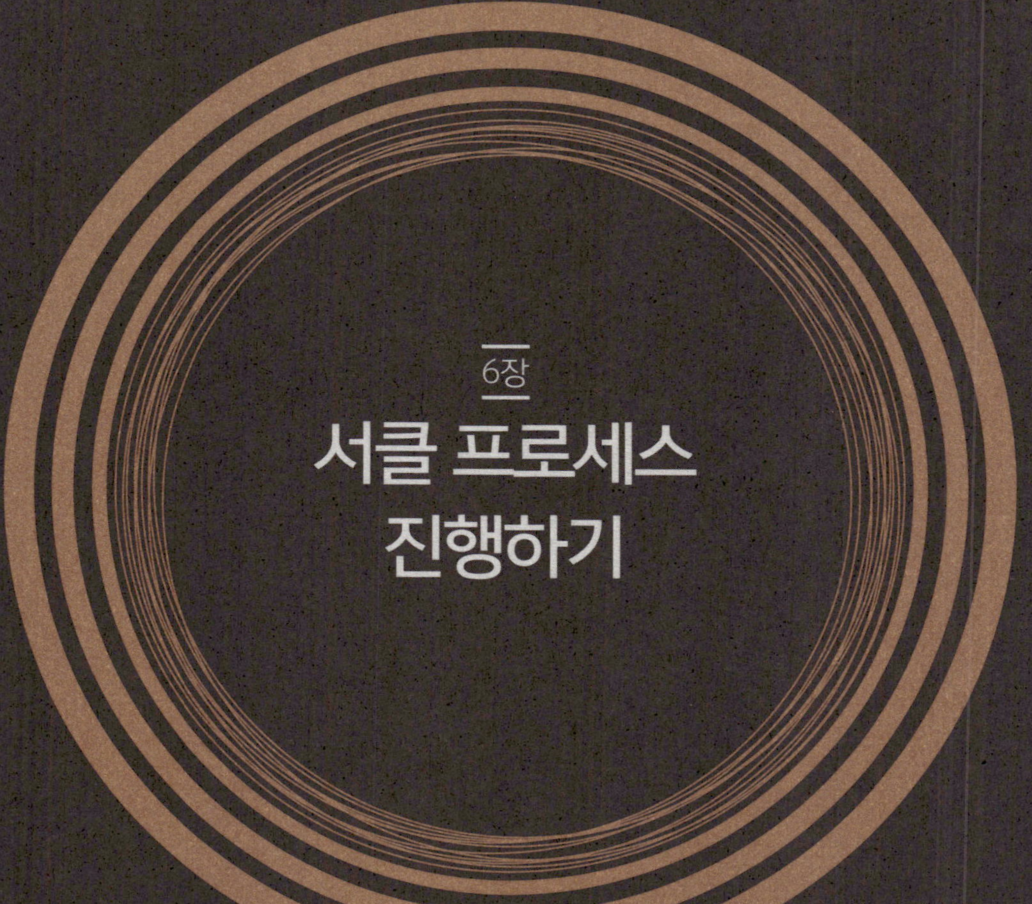
6장
서클 프로세스
진행하기

서클 회의는 시작점과 체크인, 체크아웃의 순서로 진행된다. 이 세 가지 구성 요소는 명확한 시작과 대화의 흐름, 명확한 결말을 이룬다. 이는 각각 활동해도 좋고 서클 프로세스를 완전한 형태로 도입하기 전의 준비 단계로 이용할 수도 있다.

지역 상공 회의소 소장인 린다는 우리 두 사람에게 중국 식당에서 열리는 이사회에 참석해 줄 것을 제안했다. 토요일 오후, 우리는 식당의 작은 회의실에서 둥근 테이블을 앞에 두고 식당 주인과 다섯 명의 이사진과 마주했다. 우리는 참관인 자격으로 참석한다고 소개되었다. 테이블 가운데에는 다섯 개의 작은 꽃다발이 장식되어 있었다.

린다는 "더운 날씨임에도 토요일 오후에 이렇게 나와 주서서 감사합니다."라고 말하며 아이스티가 담긴 긴 유리잔을 들었다. "건배를 제의합니다. 우리 공동체와 지역 경제의 발전을 위해서요." 모두가 잔을 부딪쳤다. 의제 항목들은 모두가 볼 수 있게 게시되어 있었다.

린다는 "이 자리에 처음 오신 분들을 위해 이 회의가 우리 사업에 어떻게 기여하는지 돌아가면서 이야기해 주실 수 있을까요?"라고 말했다. 이 체크인은 사려 깊은 분위기를 조성했고, 몇 가지 의제를 진행하는 동안 지속되었다. 회의가 20분 정도 진행되었을 때 다소 민감한 주제가 등장했다. 그것은 특정 사업의 재무 상태 악화에 관한 문제였다.

린다는 몸을 앞으로 기울이고 "이에 관해 논의하려는데 우리 모두 비밀 보장에 동의할 수 있습니까?"라고 말했다. 그녀는 사람들을 둘러보았고 우리 모두는 고개를 끄덕였다.

다음 의제에서는 마을 사람 중 한 명에 관한 비판이 쏟아졌다. 다소 험담에 가까운 대화가 이어지자 린다는 다시 몸을 기울였다. "그에 관해 판단하는 대신 호기심을 바탕으로 이야기해 주실 수 있을까요?" 린다는 우리 모두가 고개를 끄덕일 때까지 한 명 한 명 바라보았다.

우리는 린다가 능숙하게 서클 프로세스로 회의를 진행하는 것을 보며 놀랐다. 그녀는 절대 '서클'이라는 단어를 언급하지 않았다. 벨이나 말하기 도구도 이용하지 않았다. 하지만 그녀는 둥근 테이블을 선택했고, 중심부를 간결하지만 완벽하게 만들었다. 린다는 지역공동체와 지역 경제의 발전이라는 상공 회의소의 목적을 이용해 건배를 제의하면서 참여자들을 시작점으로 안내했으며, 우리의 존재를 체크인의 근거로 활용했다. 그리고 필요에 따라 그 순간에 알맞은 합의사항을 꺼내 들었다. 참여자 중 누구도 회의의 구조가 그 전과 다르다는 점을 알아차리지 못했다. 그들은 회의 내용에 전적으로 참여했고, 린다가 프로세스를 이끄는 데 동의했다. 린다는 회의 마지막에 "기억하세요. 우리는 비밀 보장에 동의했습니다."라고 말하기도 했다.

우리는 린다에게 어떻게 회의를 서클 프로세스로 진행할 수 있었는지 물어 보았다. 그녀는 목요일 저녁에 도서관에 가서 《서클 프로세스 소집하기》를 빌렸다고 했다.

"여러분이 오기 전에 그 책을 봐야 한다고 생각했어요. 그리고 그걸 시도해 보고 얼마나 효과가 있을지 알아보기로 했죠. 아주 잘 되었던 것 같아요. 그렇지 않나요?"

그녀는 자신의 시도에 꽤 기뻐하는 듯 보였다.

서클의 활용법을 훈련시킬 때 우리는 종종 "다른 것은 시도하지 않더라도 시작점과 체크인, 체크아웃 이 세 가지는 꼭 시도해 보십시오. 쉽고 유용하며 어떤 회의에서도 제대로 작용하니까요."라고 말한다. 이것은 서클이 진행될 장소를 열고, 시작하고, 닫는 구성 요소이다. 그뿐만 아니라 자연스럽게 그룹의 결속력을 다져 주는 도구이기도 하다.

서클의 공간을 여는 시작점

시작점은 서클을 시작하게 해 준다. 보통의 회의를 들여다보면 회의실에 입장해서 회의를 시작하기까지의 구분이 불가능하다. 대개는 회의 참가자들이 떠드는 소리를 뚫고 진행자가 첫 번째 의제를 발표하면서 회의를 시작한다. 이에 비해 서클 프로세스는 시작과 중간, 마무리로 구분되는 경계선이 있다. 주의 깊게 듣기와 의도를 담아 말하기가 주로 시행되는데, 서클의 공간 속으로 참가자를 불러들이는 역할을 한다.

시작점은 영감을 주는 인용문이나 시, 책의 한 단락 등을 읽는 것처럼 간단할 수도 있고, 줄을 서서 현관으로 입장하는 의례처럼 형식을 갖출 수도 있다. 시작점은 앞선 상공 회의소 사례처럼 격식 없는 회의에서도 쉽게 사용 가능하다. 형식이 무엇이든 어수선한 분위기에서 초점이 있는 듣기와 말하기로 전환하는 것을 돕는다.

시작점은 공개회의와 행사에서도 살펴볼 수 있다. 공식적인 행사에서 국민의례를 하거나 애국가를 부르는 것도 하나의 시작점이다. 우리는 이를 주의를 환기시키는 신호로 이해한다.

시작점으로 회의를 시작하는 것은 '리더십의 순환'을 실천하는 점진적인 방식(점점 그 효과와 적용 범위가 늘어나는 방식)이기도 하다. 누가 다음 모임을 위해 도입부를 준비해 올 것인가? 누구든 자신이 좋아하는 인용문이나 읽을거리 혹은 공유하고 싶은 시가 생기기 마련이다. 이런 모든 것이 시작점의 내용이 될 수 있으며 이는 바로 체크인 질문으로 이어질 수도 있다.

앤이 마을 주민 대표를 맡았을 때 그녀는 연례 회의 자리에서 "우리는 함께 수도 시스템을 만들고 동네를 유지 보수해야 합니다. 그래서 저는 물에 관한 시를 읽는 것으로 회의를 시작하려 합니다. 그리고 우리가 사용하는 물로 기른 아름다운 꽃들을 테이블 가운데 놓겠습니다."라고 말했다. 사람들은 이야기를 멈추고 앤이 읽어 주는 시를 들었다. 그런 다음 그녀는 "여기 모인 사람들이 서로를 잘 아는지 모르겠습니다. 차례대로 자신의 이름과 이곳에서 얼마나 살았는지 그리고 이곳에 살아서 좋은 점 한 가지를 말해 봅시다."라고 말하며 체크인 단계로 사람들을 안내했다.

전년에 비해 회의의 진행과 효율성이 눈에 띌 정도로 부드러워지고 짜임새가 강해졌다. 사람들은 시작점으로 인해 그들 간의 대화가 잘 진척되었다고 굳이 말하지는 않았지만 "야, 회의가 잘 됐네."라고 말하며 회의실을 떠났다.

강력한 체크인 질문의 힘

체크인을 위한 질문이나 이야기의 선택은 모임의 분위기를 잡아 준다. 체크인의 성공은 호스트가 회의의 목적에 부합하는 질문을 제시하느냐 아니냐에 달려 있다. 린다와 앤의 예에서 보듯이, 상공 회의소가 회원사에게 기여하는 부분에 관한 질문이나 마을에 살았던 기간에 관한 질문은 회의가 시작되었다는 것을 알게 해 준다. 또한 질문은 참가자들이 회의에 관련된 이야기나 의제에 관해 이야기하도록 유도한다. "이 조직의 일원으로서 좋은 점은 무엇입니까?"와 같은 체크인 질문은 참가자들이 회의에 진지하게 임하게 해 준다.

호스트와 가디언이 따로 만나 체크인에 걸릴 시간과 참가자들로부터 어떤 반응을 기대하는지에 관해 이야기하는 것은 도움이 된다. 그룹의 의도를 서로 나눌 수 있으며 예상치 못했던 놀라운 의견이 나오기도 하니까 말이다.

좋은 질문을 만드는 것은 예술에 가깝다. 체크인을 위한 질문은 서클을 처음 소집하는 사람뿐만 아니라 정기적으로 회의를 소집하는 사람에게도 중요하다. 질문은 참가자들이 그룹에 속해 있다는 사실을 알려 주기도 하고, 그룹이 창의적인 가능성을 찾도록 독려하기도 한다. 때로 긴장과 갈등을 새로운 방식으로 인식하도록 하기도 한다. 예를 들면 다음과 같은 질문이 그러하다.

- 현재 이 상황의 어떤 측면이 미래에 고마움을 느끼게 할 것이라고 생각하나요?
- 이 상황이 당신의 리더십 역량을 어떻게 성숙시킬까요?
- 상황을 개선하기 위해 당신은 어떤 태도나 행동을 변화시킬 수 있을까요?

우리의 동료 중 한 명인 토케 팔루단 밀러는 "회의실 안으로 두 가지 도구만 들고 가야 한다면 나는 좋은 질문과 말하기 도구를 선택할 것이다."라고 했다. 흥미로운 질문은 정보와 경험, 열정의 보물 상자를 여는 데 도움이 된다.

체크인 시간에는 당면한 과업에 통찰을 불러일으키는 다음과 같은 질문을 할 수도 있다.

- 이 공동체(모임)에 어떻게 오게 되었나요?
- 당신이 누구를 대표하고 있다고 생각하나요?
- 이 일이 당신의 전반적인 인생에 어떻게 기여한다고 생각하나요?

이러한 질문은 다양하게 개발할 수 있으며 그룹을 여러 방향으로 움직이게 한다.

강력한 질문의 속성

○ 듣는 이의 호기심을 이끌어 낸다.

○ 사려 깊은 대화를 하게 한다.

○ 생각을 가다듬게 한다.

○ 수면 아래 숨겨져 있던 가정을 바깥으로 끌어낸다.

○ 창의력과 새로운 가능성을 요구한다.

○ 에너지와 앞으로 나아가려는 움직임을 생성한다.

○ 관심을 쏟고 탐구에 집중하게 한다.

○ 참가자들과 직접 관련되어 있다.

○ 깊은 감동을 준다.

○ 더 많은 질문을 떠올리게 한다.

© 2003, "The Art of Powerful Questions," http://www.theworldcafe.com

새로운 그룹과 일을 시작할 때 우리는 종종 직면한 문제를 똑바로 보게 하거나 새로운 가능성에 대한 인식을 열어 줄 질문을 찾는 데 오랜 시간을 쓴다.

월드 카페 프로세스의 설립자인 에릭 보그트와 후아니타 브라운, 데이비드 아이작스는 《강력한 질문의 예술》이라는 책을 통해 "강력한 질문은 '잘 돌아다니는travel-well' 능력을 가지고 있다. 이는 어느 한 조직에서 시작된 대화가 더 넓은 네트워크로 퍼져 나가도록 하는 능력을 말한다. 잘 돌아다니는 질문은 종종 큰 변화의 열쇠가 된다."라고 말했다.

토케 뮐러와 덴마크 호스트 공동체에서 함께 일했을 때 우리는 그에게 미국인들에게 물어보고 싶은 것 한 가지만 일러달라고 부탁했다. 그는 잠시 생각하더니 "그러면 '미국은 다른 무엇이 될 수 있을까?'라고 물어보세요."라고 답했다. 이 질문에서 미국 대신에 '우리 모임', '우리 회사', '우리 학교', '우리의 관계' 등을 넣으면 다양한 형태로 질문을 변형할 수 있다.

체크인은 거의 모든 회의에서 효과를 볼 수 있다. 체크인은 주요 대화로 이어지도록 설계되기도 하고 주요 대화의 역할을 하기도 한다.

록키 마운틴 국립 공원에서 이틀 동안 크레이그 병원 간호사 리더들을 대상으로 공동체 의식 강화 훈련을 진행한 적이 있다. 야외 아침 식사 자리에서 우리는 그동안 여기저기에서 많이 사용했던 질문 한 가지를 꺼내 놓았다. 크레이그 병원은 척수 손상 및 외상성 뇌 손상 환자의 재활과 연구에 전념하고, 전 세계에서 가장 많은 척수 손상 환자를 치료한 병원이다. 우리는 서클을 만들어 다음과 같은 질문을 던졌다.

"무엇이 여러분을 외상 치료 간호사가 되도록 이끌었나요?"

우리는 이 체크인 질문이 서클의 본질을 경험할 수 있는 자리가 될 것이라 예상했기에 참가자들이 질문에 충분히 답하고 들을 수 있도록 시간을 할애했다.

한때 크레이그 병원의 환자였다가 지금은 환자와 그 가족들의 교육 코디네이터가 된 테리 체이스는 그날의 일을 이렇게 기억했다.

"그날 아침 참가자들이 들려준 이야기의 진정성과 경청의 수준은 우리 사이에 신뢰의 토대를 쌓게 해 주었어요. 저는 아직도 우리가 병원에서 서로를 챙기던 그때를 기억합니다. 서클의 효과가 우리 조직에서 싹텄던 때죠."

그룹이 본래의 목적에서 벗어났을 때 체크인이 그룹의 목적을 되살려줄 수도 있다. 책을 통해 서로가 생각하는 지혜와 통찰을 함께 나누려는 목적으로 시작한 어느 독서 토론 모임도 그러한 경우였다. 모임의 방향이 바뀌기 시작하자 몇몇 회원은 모임에서 나가기 시작했다. 남은 사람들은 이 모임에 계속 머물고 싶은지 생각하게 되었다. 한 여성이 호스트를 맡았을 때 그녀는 다음 세 가지 질문으로 체크인을 진행했다.

- 처음에 이 모임에 가입한 이유는 무엇입니까?
- 그동안 이 모임에서 얻은 것은 무엇입니까?
- 지금은 이 모임에서 무엇을 얻고 싶습니까?

이 체크인 라운드는 각 구성원에게 발언권을 주었고, 그 여성들이 모임의 의도를 기억해 내고 그들의 발전 과정을 되돌아보게 해 주었다. 일부 구성원들은 그 경험들이 완벽하다고 생각했고, 구성원 모두가 모임이 계속 유지되었으면 좋겠다는 바람을 남겼다. 그리고 다음 달 모임에서는 약간 작은 규모로 모임을 소집해 개인의 일상에 대해 이야기하는 체크인 시간을 가졌다.

때로는 체크인에 익숙해져서 그 과정이 의례적이라고 느껴질 수도 있다. 이런 경우 체크인은 참여를 요구하는 힘을 잃게 된다. 참여자들이 "저는 별로 할 이야기가 없습니다."와 같이 짧고 성의 없게 말할 수 있는 것이다.

의미는 참여하는 사람들이 쏟아내는 의도에서 출발한다. 체크인 질문이 일상적이거나 모임의 의도와 관련 없는 것이라면 아마도 무언가 크게 달라져야 할 시간이 된 것이다. 사람들이 관심을 가지고 답할 수 있는 것을 찾기 위해 회의 전에 이메일을 통해 체크인 질문을 끌어내자. 각자에게 특별한 물건을 가져와 달라고 요청해서 그것에 대한 이야기와 함께 서클의 중심부에 놓아두자. 단어나 그림이 들어간 카드 더미에서 한 장씩 뽑아 그에 관해 이야기를 하는 것도 좋은 방법이다.

의식적으로 서클의 공간을 닫는 체크아웃

서클의 공간을 여는 것이 중요한 것처럼 그 공간을 의식적으로 닫는 것 역시 중요하다. 체크아웃은 체크인과 마찬가지로 다양하게 시행할 수 있다. 인용구나 책의 한 구절, 시 등을 읽으면서 마무리할 수도 있고, 짧은 한 마디와 함께 체크인에 사용된 물건을 서클의 중심부에서 가져오면서 마무리할 수도 있다. 혹은 감사의 라운드를 공유하거나 마침을 위한 벨을 울릴 수도 있다.

일반적으로 사용되는 체크아웃은 참가자에게 "오늘 회의에서 배운 것 한 가지를 공유해 주세요."라고 요청하는 것이다. 회의 내용을 기록하고 있었다면 이런 방식은 통찰을 얻을 기회가 되거나 리더 역할을 수행한 사람들에게 감사의 말을 전할 기회가 될 수도 있을 것이다. 체크아웃이 모두 끝나면 공식적인 분위기에서 보다 느슨한 분위기로 바

꿰고, 모든 참여자는 이 에너지의 변화를 인식할 것이다.

초등학교 교사들을 대상으로 진행했던 모임에서 있었던 일이다. 학기말이 다가오자 우리는 1년 내내 쌓인 긴장감을 치유하고 강제 해고에 관해 교사들과 이야기해 보고 싶었다. 그래서 다음 회의를 교사 모두가 함께할 마지막 시간으로 정했다. 마지막 모임을 공지하기 전에 우리는 그들에게 서클을 소개했다. '자신을 소중히 하고, 서로를 소중히 하고, 이 장소를 소중히 하자.'라는 합의사항을 적용하고 있는 캘리포니아 중학교 이야기도 들려주고, 끝없는 변화 속에서 지녀야 할 유연성에 관해서도 이야기를 나누었다. 인력 감축에 관한 협상은 여전히 진행 중이었고, 이들 중 일부는 자신들의 고용에 확신이 없었다.

휴게실에서 테이블을 치워 버린 관계로 우리는 방 한가운데에 테이블보를 덮은 종이 박스를 두고 한 학부모가 기증한 꽃다발과 형형색색 나선형으로 펼쳐진 수십 장의 학생 사진으로 중심부를 구성했다. 우리는 한 해를 돌아보는 시간을 짧게 갖고, 교사들이 잘할 수 있는 방식인 일지 쓰기를 하도록 했다. 그런 다음 다음과 같은 내용을 요청했다. 이는 체크아웃을 위한 것이었다.

"올해 학생들과 함께했던 성공 스토리를 하나씩 얘기해 주세요."

모두가 마음 깊이 간직한 이야기가 하나씩은 있었다. 그들은 교사로서의 자신을 깊이 이해하는 수준까지 들어갔다. 각자의 상황은 달랐지만 그날 서로를 통해 알게 된 것은 그들이 아이들의 삶에 변화를 가져다주었다는 사실이다. 체크아웃은 90분 동안 진행되었다. 단 하나의 이야기조차 놓치고 싶어 하지 않을 만큼 모두가 집중했다. 90분 동안 그들은 험난한 한 해를 보냈던 자신들을 스스로 축하했다.

미국 간호 경영자 협회의 대표 파멜라 오스틴 톰슨은 조직에 서클 프로세스를 시도해 보려는 사람들에게 말한다.

"실행하라. 어디에서든 당장 시작하고 실행하라. 회의를 서클 방식으로 변화시키는 것은 당장은 걱정스러운 일이겠지만 뛰어들어서 시도해야 한다. 이것은 다른 것들보다 효과가 있으며 그 모든 과정은 그룹이 배울 수 있는 경험이 된다."

실제로 파멜라는 관리자부터 환자를 돌보는 간호사까지 소통하는 문화를 만들기 위해 미국 간호 경영자 협회 내의 여러 회의에 서클의 일부 구성 요소를 도입해 시행하고 있다.

"제가 이곳에 기여한 것 중 하나는 사람들을 다른 방식으로 소집한 거예요. 이를 서클이라 부르지는 않지만, 어쨌든 저는 항상 체크인과 체크아웃을 이용합니다. 저는 사람들에게 '체크인은 우리를 모이게 하고 체크아웃은 우리를 풀어준다.'라고 말합니다. 몇몇 사람들은 이질적으로 느끼기도 해서 서클의 공식적인 방법론을 멀리하거든요. 그래서 저는 필요한 순간에 서클의 구성 요소 한두 가지를 소개한 뒤 나중에 그들에게 '그게 서클의 좋은 점'라고 알려줍니다."

변화를 이끌어 내는 서클의 잠재력

많은 조직이 회의에서 좋은 결과를 얻는 법, 강력한 팀워크로 함께 계획하는 능력, 리더십 개발을 위한 노력 등을 원한다. 서클 프로세스의 구성 요소는 이런 색다른 결과물을 원하는 혁신적인 그룹에서 성공적으로 사용되어 왔다.

제리 나이젤은 노스다코타 주에 있는 인문학 위원회로부터 이사회 교육을 도와 달라는 요청을 받았다. 그 위원회는 제리에게 두 가지 결과를 기대했다. 하나는 이사회에 '인문학을 전파하자'는 창립자의 정신을 다시 심어 주는 것이었고, 또 다른 하나는 이사회와 직원들을 다시 규합하는 것이었다.

제리는 "당시의 인문학 위원회는 조직의 정체성이 무엇인지 재정비할 필요가 있었어요. 또한 이사회의 책임과 직원들의 목표를 재정의할 필요도 있었죠."라고 말했다. 제리는 회의실 절반에 세 명의 직원과 12명의 이사회 임원, 한 명의 조력자가 참여할 큰 서클을 준비하고, 나머지 회의실 절반에는 더 작은 규모로 회의할 수 있도록 둥근 테이블을 놓았다.

"체크인을 위해 모든 사람이 중심부에 두 개의 물건을 가져다 놓았어요. 하나는 노스다코타 주를 상징하는 물건이었고, 다른 하나는 인문학과 관련된 상징물이었죠. 직원들은 아름다운 중심부를 만들었고, 그곳에서 나온 이야기는 구성원 서로가 이해할 수 있는 계기가 되었습니다. 저는 시를 읽으면서 그 순서를 마쳤지요."

교육은 이틀간의 일정으로 다음과 같이 짜였다.

- **첫째 날** 서클과 월드 카페, 이사회 의장의 집에서 바비큐 파티
- **둘째 날** 말하기 도구를 이용한 서클 체크인과 전략 기획 과정을 위한 작은 테이블로의 이동, 서클과 시로 마무리하기

"교육이 끝났을 때 이사회는 이를 최고의 교육으로 꼽았습니다. 그리고 이 형식으로 계속해서 상호작용하기를 원했죠. 그들은 서클 프로세스로 회의를 지속하겠다는 약속을 저에게 했습니다."

단 한 번의 경험이었지만 서클은 그동안 조직에 부족했던 소속감을 새로 부여하여 조직을 변화시켰다. 호스트는 이런 서클의 잠재력을 인식해야 하며, 의미 있는 대화를 지원하기 위해 사전 작업을 수행해 두어야 한다.

서클을 활용한 조직의 성공 사례

크리에이티브 의료경영Creative Health Care Management(이하 CHCM)은 의료경영 분야에서 독보적인 컨설팅 조직으로 크고 작은 조직에서 리더십, 팀의 역량 개발, 업무 프로세스 개선을 컨설팅해 왔다. 이들은 수년 전부터 서클 프로세스를 활용해 왔으며, 자신의 조직을 오너 중심에서 집단 경영 체제로 성공적으로 전환시켰다.

CHCM이 개발한 기본 프로그램 중 하나는 '간호의 정신을 재점화하기Reigniting the Spirit of Caring'로 간호사들이 자신의 일에 대한 인식을 새롭게 하도록 설계되었다. 3일 동안 열리는 이 세미나는 자기 자신과 다른 사람들을 돌보는 데 중점을 둔다. CHCM의 부회장인 콜린 펄슨과 퍼실리테이터인 수잔 에드스트롬은 서클 프로세스의 중요성을 이해하고 서클을 프로그램의 핵심으로 삼았다.

"자기 인식은 간호 의지를 재점화하는, 즉 자신과 간호의 정신을 다시 활성화하는 간호사의 필수적인 능력이에요. 서클은 서로의 존재를 들여다볼 수 있게 해 주므로 자기 인식 능력을 키우는 데 도움이 됩니다. 병원 일을 하다 보면 종종 환자들이 '저기, 간호사!', '의사 양반!'이라고 불러서 개인성이 소멸되는 느낌을 받을 수 있어요. 이런 익명성의 허용이 각 업무마다 알게 모르게 스며들어 간호사들이 서로에 대해 거의 알지를 못하고 있습니다. 그저 임상적인 내용에 관해서만 의사소통하게 되지요. 이러한 의사소통의 부족은 특수한 형태로 피로감을 가져옵니다. 서클이 혁신적으로 보이지 않을 수는 있어요. 다만 우리는 주의 깊게 듣기와 의도를 담아 말하기라는 서클의 행동수칙을 통해 이를 해결하려는 거예요."

CHCM은 병원과 건강관리 부서의 구성원 전체가 함께 워크숍을 하기로 하고, 참가자들에게 시나 사진, 기념품 등 공유할 만한 개인적인 물건을 가져오도록 요청했다.

"워크숍을 하다 보면 참가자들이 가끔 충격을 받는 모습을 볼 수 있어요. 25년 이상 함께 일했던 동료에게 의외의 측면을 발견하게 되거든요. 심지어 가족이 있다는 사실을 전혀 몰랐다는 것을 깨닫게 돼요. 우리는 그 모습을 그저 지켜봅니다."

한 번은 어떤 병원에서 태도 교정이 필요하다고 판정된 간호 직원 전체를 그들에게 보낸 적이 있었다. 콜린은 이렇게 회상했다.

"서클은 이 그룹에 꼭 필요했어요. 그들은 리더와 조직을 비난하고 주관적 판단과 희생양 만들기 등을 일삼았지요. 우리는 서클을 소집했습니다. 그러고는 한 사람씩 차례대로 돌아가며 이야기를 나누었어요. 약 3분의 2가량 진행될 때까지 그들은 평소대로 부정적인 말을 내뱉았죠. 그러던 차에 누군가가 '아무래도 우리가 먼저 이 상황에 어떻게 행동하고 있는지 생각해 볼 필요가 있겠다'고 말했어요. 그 순간부터 모든 것이 바뀌었죠."

'과정을 신뢰하라'는 문장은 콜린과 수잔에게 주문같은 것이 되었다. CHCM은 서클 프로세스를 그들이 일하는 환경에서 성공할 수 있는 도구로 활용했다. 콜린은 여전히 서클의 영향력에 열광한다.

"서클을 경험한 간호사들은 다르게 일합니다. 이들은 열린 태도로 적극적인 대화를 하고 리더십 역할을 향상하는 데 자신감을 갖습니다."

서클에 의해 변하는 것은 오로지 간호사와 의료 기관뿐만이 아니다. 서클은 조직에게 좋은 점을 강화할 수 있으며 예전에는 논의되지 않았던 문제를 제기하고 더 깊은 영역으로 유도할 수도 있다. 이에 관해서는 8장, 9장, 10장에서 알아보도록 한다.

3부
서클에서는 무슨 일이
일어나는 것일까

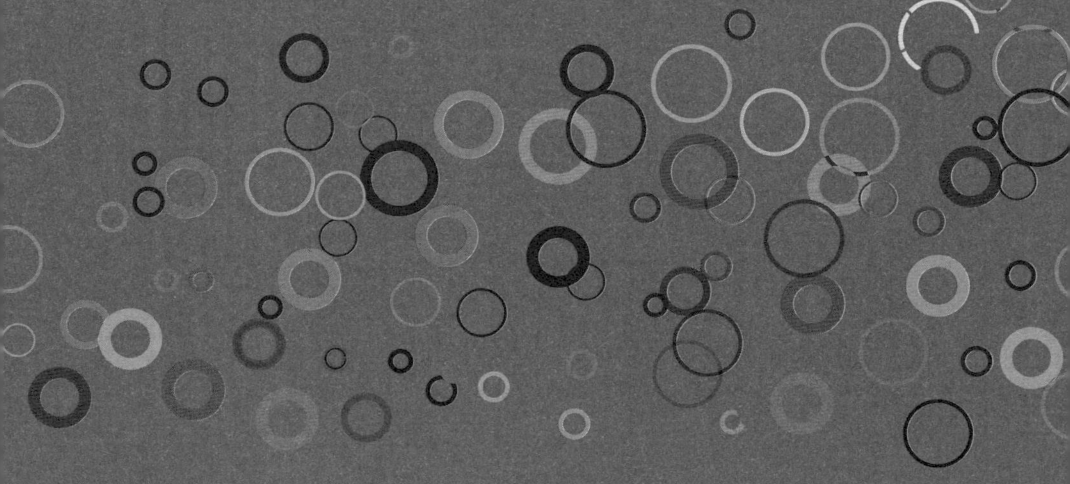

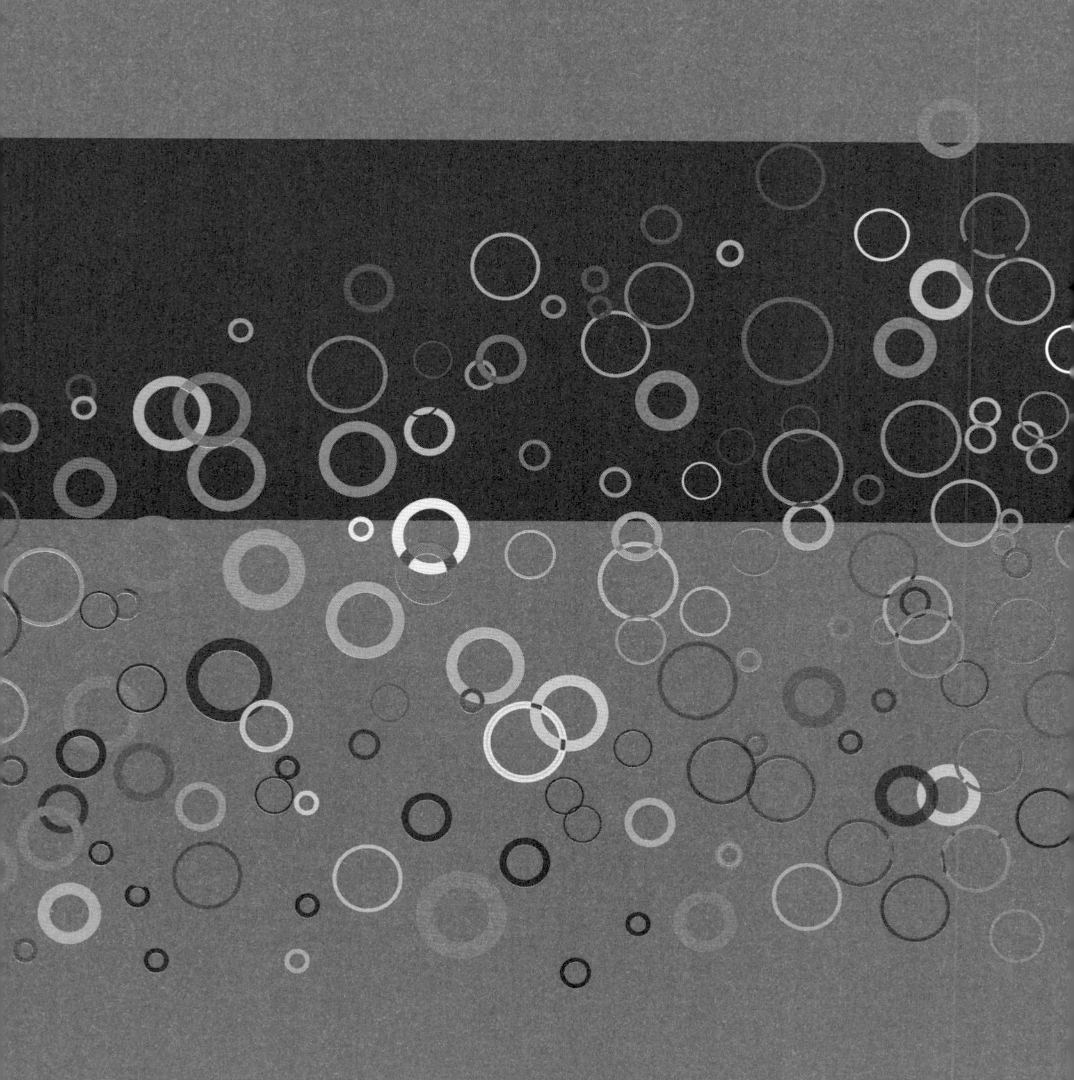

서클과 스토리텔링

이야기story에는 연대기, 인물, 장면, 통찰이 담겨 있다. 말하는 이에게는 듣는 이가 필요하며, 완성도 있는 이야기가 되려면 듣는 이의 관심을 사로잡아 둘 만한 요소가 필요하다. 그리고 서클은 이야기를 잡아 둘 만한 완벽한 공간을 제공한다.

이야기는 학습과도 결부된다. 인류학자 로렌스 반 데르 포스트Laurens van der Post는 "우리가 인간에 관해 알고 있는 것의 90퍼센트는 이야기를 통해 배웠다."라고 주장했다. 인간은 실제 경험 못지않게 소통에 의한 경험에 깊이 의존하는 유일한 종이다. 예를 들면 이야기의 힘을 빌려 아이에게 길을 건너기 전에 잘 살펴보라고 가르칠 수 있다. 결과를 설명하고 예전에 일어난 일들을 이야기해 주며 행동의 변화를 일으키는 것이다. 인간의 생존 확률은 다른 사람들의 이야기를 통해 알게 된 경험과 그 경험을 듣고 행동을 변화시키는 능력에 의해 크게 높아진다.

간접적으로 학습하고, 축적된 지식과 이해를 다른 사람과 나누면서 예상되는 결과물을 공유하는 능력은 인류를 본질적으로 정의하는 요소이다. 인간은 자신이 알고 있는 것을 공유할 수 있을 뿐만 아니라 자신의 꿈과 열망 그리고 우주와 그곳에 속한 인간의 위치에 관한 상상까지도 공유할 수 있다.

이야기의 힘에 관해 이해하려는 작업은 서클만큼 오래되었다.《창조적 대화론》에서 데이비드 봄David Bohm은 토착 문화에서의 이야기의 힘에 관해 다음과 같이 서술했다.

> 때로 부족 구성원들은 둥글게 모여 앉았다. … 그들은 아무런 목적 없이 그저 계속해서 이야기했다. 아무런 의사결정도 하지 않았다. 리더도 없었다. 그리고 모든 사람이 참여할 수 있었다. 이야기를 약간 더 경청하는 현명한 사람—더 나이 든 사람—이 있었을 수는 있다. 하지만 모두가 이야기할 수 있었다. 회의는 계속되다가 아무런 이유 없이 멈추는 듯했고 그룹은 해산되었다. 그러나 그 이후 사람들은 무엇을 해야 하는지 아는 듯했다. 서로를 아주 잘 이해했기 때문이었다. 그런 다음 그들은 더 작은 그룹으로 모여서 어떤 일을 추진하거나 결정을 내렸다.

데이비드 봄은 서클에서 사람들이 얻는 경험을 묘사하고 있다. 서클 프로세스에서는 이야기를 하나의 동반자로 형상화한다. 이는 사람들이 이야기의 힘을 이해하고 은유적인 표현도 파악할 수 있다고 믿기 때문이다. 앞서 소개한 반 데르 포스트의 주장이 맞다면 사람들은 어떤 형태보다도 이야기를 통해 학습할 때 훨씬 더 효과적으로 배울 수 있다.

워싱턴 주 터코마 시의 우먼앤걸스 펀드Fund for Women&Girls는 극심한 스트레스와 빈곤 속에서 살아가는 여성들을 교육시키기 위해 한 법인에게서 후원을 받았다. 우먼앤걸스 펀드는 이 후원금을 빈곤 여성들의 서클 활동에 지원하는 보조금으로 쓰기로 하고, 7주 동안 빠지지 않고 참석할 수 있는 사람들을 우선적으로 선정했다.

우먼앤걸스 펀드에 후원한 법인의 질문은 정량적이었다.

"서클 활동을 지원하는 보조금이요? 그걸로 얼마나 많은 여성이 교육에 등록할까요?"

반면 참여자 모집을 주관했던 캐서린 플레이스라는 가톨릭 여성 센터의 질문은 정성적이었다.

"서클의 경험이 어떻게 교육을 장려할 수 있나요?"

우리는 일단 굿윌Goodwill (우리나라의 '아름다운 가게'와 비슷한 형태로 기부 품목을 받아 판매하는 자선 단체 — 옮긴이)을 비롯해 YWCA, 터코마 지역 위원회, 몇몇 약물 남용 치료소 등에서 모인 16명의 여성 리더를 대상으로 이틀 동안 서클의 호스트 훈련을 시켰다. 우리의 질문은 정량적이면서도 정성적이었다.

"어떻게 하면 이 여성 리더들에게 서클의 개념을 이해시키고 신뢰하도록 준비시킬 수 있을까?"

여성 리더들은 흥분과 기대 속에서 서클 프로세스를 훈련받았고, 훈련을 마친 후 과연 자기가 맡은 여성들과 서클을 잘해 낼 수 있을지 궁금해 하며 돌아갔다. 그들은 호스트와 가디언 역할을 하면서 각자 맡은 여성들과 7주 동안 서클을 진행했다. 그러고는 그 경험이 빈곤 여성에게 어떤 영향을 미쳤는지 검토하기 위해 다시 모였다.

그들은 서클 참여자들의 비밀을 유지하는 선에서 경험을 공유했다.

"저는 7개국에서 모인 히스패닉계 여성들과 함께했어요. 일반적으로 라틴 국가 여성들은 개성이 강해서 저는 그 다양성을 어떻게 융합할지 확신이 없었습니다. 그런데 '이야기'가 그 역할을 하더군요. 서클에 참여한 여성들은 다른 곳에서는 발설한 적 없던 경험들을 털어놓았습니다. 서클에서는 참가자가 무엇을 말하든 판단하지 않고 경청해 주었기 때문이죠. 세 번째 시간이 지나자 무언가 변화했어요. 참가자들이 서클 회의를 벗어나서도 함께 무언가를 하고 있었거든요. 단체로 굿윌 스토어에 쇼핑하러 가기도 했답니다."

"제가 맡은 단체에서는 여성들이 서로 싸우거나 감정적으로 학대하지 않도록 하는 것이 해결 과제였어요. 그래서 합의사항을 정하는 것이 큰 문제였죠. 하지만 자신들의 이야기를 공유하기 시작하자 폭력성이 사라졌어요. 이 여성들은 자신의 부족함을 인식했을 때 서로를 괴롭히더군요. 그리고 그런 부족함은 그들의 삶 도처에 널려 있었어요. 하지만 서클의 구조는 그런 역동성을 피하고 괴롭힘이 발생하더라도 중재를 위한 합의사항을 상기하도록 이끌었습니다."

"자아 존중감은 교육에 있어서 가장 큰 장벽이었어요. 그들 스스로가 학습할 능력이 없다고 생각하거나 자신을 위해 뭔가를 배운다는 건 말도

안 된다고 생각했거든요 서클은 서로에게 자신감을 쏟아부어 주었고, 그
들 스스로 자신을 존중하기 시작했죠.”

한편 서클 호스트들이 한목소리로 말한 것이 있다. 서클이 성공한
이유는 회의를 하는 동안 아이를 돌보아 주는 보육 서비스가 있었기
때문이라는 것이다.

“아이를 걱정해야 한다면 어떤 여성이라도 긴장을 풀고 이야기를
하거나 들을 수 없었을 거예요. 이는 프로그램의 성공에 매우 중요한
요소였습니다.”

7주 프로그램이 끝난 후 일부 참여자들은 스스로 다음 단계의 교육
프로그램에 등록했다고 한다. 조리사 자격증부터 운전 교육, 영어, 고
등 검정고시, 심지어 대학 입학을 위한 프로그램까지도 말이다.

이 프로그램의 성공은 상당수의 서클이 7주 과정이 끝난 뒤에도 모
임을 계속하기로 했다는 점에서도 찾아볼 수 있었다.

이야기란 무엇인가

서클은 한 번에 한 사람씩 말하기, 중심부 활용하기, 판단하지 않고 경
청하기 등과 같은 규칙을 적용한 ‘구조화된 의사소통의 형태’이다. 마
찬가지로 이야기 또한 구조화된 언어를 사용한다. 연대기와 인물, 장
면, 통찰 등의 서술 구조를 갖고 있다는 의미이다. 여기에 더해 이야기

에는 핵심이 담겨 있어야 한다.

터코마 시에서 나온 이야기에는 모든 이야기에 존재하는 네 가지 특징이 있었다. 서술의 초점이 되는 한 명 이상의 '인물'이 존재한다. 시작과 끝이 명확한 '연대기'도 들어 있다. 특정한 장소에서 발생하는데 이것이 '장면'이다. 그리고 '통찰'이나 '교훈'을 준다.

터코마 시에서 나온 일부 이야기에는 타국에 무일푼 상태로 도착하고 영어로 말하지 못해 겪은 일들, 심지어 강간이나 폭행을 당하는 장면까지 포함되어 있었다. 참가자들은 경제적으로 부족하고 교육을 잘 받지 못하는 등 비슷한 경험을 공유하고 있었다. 그들이 서클을 통해 얻은 것은 다른 여성들도 비슷한 어려움을 겪고 있다는 동질감이었다. 그들은 함께 모여 서로를 격려하고, 아이들의 보육과 할인 판매, 음식을 나누는 등과 같은 활동을 함께하기 시작했다.

이야기는 강력한 매체이다. 이야기를 통해 다른 사람과의 관계를 형성한다. 인간에게는 지성뿐만 아니라 감성도 활성화되어 있기 때문에 이야기는 지성으로 이해하는 사고와 평가로는 접근할 수 없는 통찰을 불러일으킨다.

예를 들어 "약물중독자 재활원에 입원한 여성 중 25퍼센트 이하만이 중독에서 회복한다."와 같은 통계가 있다고 하자. 이는 사실이다. 그러나 사람들은 이 통계를 보고 누군가에게 도움을 주지는 않는다. 그러나 "다섯 번이나 치료를 받으며 약물에서 벗어나고자 했지만 딱히 갈 곳이 없어 약물 중독인 룸메이트의 집으로 돌아갈 수밖에 없었다."는 엘리사의 이야기를 들으면 사람들은 그녀를 도와주고 싶어 한다. 사람들을 행동으로 이끌어 내는 힘은 '사실'보다 '이야기'가 훨씬 강력하다.

서클과 같은 '부드러운 방식'의 프로세스를 신뢰하는 것은 터코마 시의 우먼앤걸스 펀드에게는 사실 위험 요소였다. 그러나 그들은 도 전했고 서클 프로세스에 참여한 여성들 80퍼센트가 다음 단계 교육 에 등록하는 결과를 만들어 냈다. 이는 여성들이 서클 내에서 각자의 이야기를 공유하고 들음으로써 자신감을 얻었다는 사실을 보여 준다.

위캔WE-CAN의 여성 서클 프로젝트 보고서에 심사위원은 다음과 같 이 기술했다.

> 공동 주최 측은 여러 어려움에도 불구하고 서클이 조직과 참가자들 모 두에게 명백한 혜택을 주었다고 보고했다. 주최 단체들에게 주어진 가장 큰 혜택은 다른 단체들과 새로운 파트너십을 형성했다는 점이었다. 이 파트너십은 여성 대상 지원 서비스의 가용 능력 면에서 부족한 부분을 채워 주었다. 서클이 참여자들에게 제공한 핵심적인 혜택은 여성들이 함 께 모여서 자신들의 이야기를 나누고 다른 여성들이 자신들의 삶에 변 화를 주도록 돕는 지원 단체를 경험할 수 있었다는 점이었다.

이야기를 담을 수 있는 시간과 공간 만들기

사람들이 아무런 방해 없이 주변의 지지를 받으면서 이야기하는 모습 을 지켜보는 것이 얼마나 드문 경험인지 이해한 우리 두 사람은 서클 실습^{Circle Practicum} 셋째 날 저녁에 '이야기 회의^{Story Council}'를 하기로 했다. 그리고 그때까지 각 그룹은 서클의 구성 요소와 서클에서 발생하는 에너지의 역동성, 긴장과 갈등에 대응하는 창의적 방법 등에 관해 공부했다. 마지막 날에는 서클을 조직 및 개인생활에 적용할 때 명확한 의도를 설정하는 방법을 집중적으로 배우기로 한 상태였다. 그래서 그런 응용 단계로 넘어가기 전에 이야기가 중심이 되는 저녁 시간을 갖기로 한 것이다.

이야기 회의는 언제나 참여자가 함께하는 시간의 '정점'이 된다. 모두가 전적으로 참여하고, 시너지가 창출되며, 서로에게 자신의 이야기를 진정으로 공유하고 싶어 하는 친근감 역시 충분한 시간이다. 우리 모두는 같은 자리에 함께 모여 있다. 우리 모두는 이야기 회의의 흐름 속에 머물러 있고, 서클 프로세스를 배우는 사람들의 공동체라는 생각을 공통적으로 갖고 있다. 이 집단의 모든 구성원은 누구나 자신이 서클의 테두리에 앉아 리더십을 발휘할 준비가 되어 있다.

이야기 회의에서 우리는 말하기 도구를 세 바퀴나 돌린다. 말하기 도구가 한 바퀴 돌 때마다 몸을 풀어 주는 침묵 속의 휴식이 생기고 서클에서는 무언가 다른 일이 벌어진다. 각 라운드마다 서로 다른 가디언이 돌아가며 자리를 지키며, 회의는 "이 자리에서 공유하고 싶은 이야기가 마음속에 있습니까?", "이 캠프파이어 앞에서 하고 싶은 이야기는 무엇입니까?" 등과 같은 질문을 통해 진행된다. 때로 공통된 주제가 튀어나오거나 절충해야 할 지점이 발견되기도 하지만 이야기를 공유한다는 것은 언제나 의미심장한 일이다.

사람들이 강력한 수준으로 의도를 가지고 말하고 또 그에 준하는 수준으로 주의 깊게 들으면 이야기는 마음속까지 치유되는 치유제가 된다. 이런 진지한 수준으로 참여가 이루어지려면 교육 위주의 환경에서 벗어나야 하는데 그것이 참 쉽지 않다.

이야기 회의에는 시간이 필요하다. 이야기를 하는 것은 서로에게 자신의 존재를 보여 주는 일이다. 듣는 것을 통해 경험한다는 것은 직접적인 반응이나 조언을 들으라는 의미가 아니다. 오히려 한 사람의 이야기를 서클의 중심부에 전달하고 머물게 하는 순수한 행위에서 비롯된다. 예를 들면 누군가 숨겨진 기쁨이나 끔찍한 일에 대해 말할 때 서클의 중심부는 그 이야기를 그대로 받아들이며 말하는 이의 통찰을 방해하지 않는다. 서클이 일종의 연금술을 제공하는 것이다. 슬픔을 변화시키고, 기쁨을 강조하며, 적대감이 있던 곳에 공감을 열어 준다.

회의실, 사무실 또는 지역공동체 교육장에서 이야기를 통해 안 좋은 경험을 치유하는 서클의 능력은 설명하기가 쉽지 않다. 그러나 주의 깊게 듣기를 통한 치유는 어느 곳에서든 필요하다. 이를 지속할 만한 조건이 만들어지기만 한다면 주의 깊게 듣기와 치유는 일어날 것이다.

케이프타운에서의 서클 실습에서 우리는 코사 부족^{Xhosa tribe}의 참여자 두 명과 나이 많은 아프리카계 백인 남자 한 명, 영국계 남아프리카 여성 몇 명과 인도계 남아프리카 여성 한 명과 함께 앉아 있었다. 그야말로 나라별 다양성의 축소판이었다. 아파르트헤이트 시대^{apartheid era}(남아프리카공화국의 인종차별 시대 — 옮긴이) 이야기가 봇물처럼 중심부를 향해 쏟아져 나왔고, 우리는 서클이 만든 친숙한 분위기에 앉아 그들에게 가혹했던 역사의 뒷얘기를 차례 차례 들었다. 그 순간 상처의 이야기는 치유의 이야기가 되기 시작했다.

회의실, 사무실 또는 지역 공동체의 교육장에서 경험을 치유로 변환하는 능력은 설명하기 어려운 부분이다. 그러나 진심 어린 듣기를 통한 치유는 어느 곳에서든 필요하다. 이를 지속할 만한 조건이 만들어지기만 한다면, 듣기와 치유는 일어날 것이다.

이야기가 주는 선물 4가지

명확한 의제에 의해 진행되는 업무 추진을 위한 데이터 중심의 사무적인 회의에서 이야기는 "본론으로 들어갑시다." 하는 태도와 같은 장벽에 부딪힐 수 있다.

루크 리더십 센터Luke Center for Leadership에서 후원하는 '선출직 공무원을 위한 세미나'에 참가한 사람들은 이야기보다 자료와 정보를 더 편하게 여기는 부류의 사람들이었다.

도시 엔지니어는 "데이터는 규칙입니다. 이것은 다른 형태의 이야기죠. 사람들이 이야기라고 하는 것을 저는 숫자를 통해 봅니다. 이 세미나의 운영 방식, 그러니까 우리가 여기서 하게 될 방식은 제게 아주 명확합니다. 저는 데이터를 보여 주며 사람들을 이해시킬 생각에 신이 납니다. 일부는 이해할 것이고 다른 일부는 이해하지 못하겠지만요." 라고 했다. 다른 도시계획 전문가는 "제가 숫자들을 바라보며 생각하는 동안 누군가는 마이크 앞에 서서 자신의 걱정거리에 관해 말하겠지요. 그런데 저는 그 사람이 얼마나 가슴이 미어지는지에 대해서는 관심이 없습니다. 관심을 가지려고 하지도 않을 거예요. 왜냐하면 그 곳에는 돈이 될 만한 거리가 없으니까요."라고 말했다.

크리스티나는 이들에게 질문 하나를 던졌다.

"어떻게 하면 데이터의 언어와 이야기의 언어 모두를 위한 공간을 만들 수 있을까요?"

크리스티나의 의도가 의사소통이라면 의사 전달자로서 우리의 역할은 각 언어에 관해 가능한 한 숙련된 사람이 되는 것이다. 서클과 피라미드 구조가 함께 작용할 수 있는 것처럼 이야기와 데이터도 함께 작용할 수 있다. 여기 '사실'이 있고 '이야기'가 있다. 그리고 여기에는 문제 해결을 하는 데 필요한 모든 요소를 제공하고 듣게 해 주는 프로세스가 있다. 그녀는 이야기의 네 가지 선물을 그들에게 가르쳤고, 그들은 조직에서 실제로 일어나는 상황에 대입해 실행했다. 그리고 크리스티나는 데이터와 도표를 읽는 방법을 새로이 배웠다.

그러면 이야기가 주는 네 가지 선물이 무엇인지 알아보자.

선물 1. 이야기는 맥락을 창조한다

맥락은 경험이 발생하는 환경이다. 그래서 듣는 이들은 이야기의 세계로 들어가서 그 세계에 동화된다. 맥락은 듣는 사람이 적절하게 추적하여 그 이야기의 영향력과 중요성을 완전하게 이해할 수 있도록 충분한 정보를 제공한다.

어느 대도시의 교육 행정을 담당하는 교육청이 정부의 세입만으로는 현 학교 체제를 운영할 수가 없다며 학교 예산을 삭감하겠다고 했다. 이에 따른 영향이 명백해지자 모든 사람이 불안해했다. 방과 후 프로그램이 중단될 것이고, 향후 몇 년 안에 초등학교 여섯 개와 고등학교 두 개가 문을 닫아야 한다. (이것이 바로 맥락이다.)

이 문제를 해결하기 위해 교육청 책임 감독관인 제이미 브라슬로 박사를 고용했다. 그가 학부모들과 지역공동체 협력자들의 불안한 반응을 잘 해결할 수 있으리라 기대한 것이다. (이는 이야기로 확장된 맥락이다. 감독관은 등장인물이고 기술을 가진 실제 사람이다. 그리고 그 배경과 학부모, 학생, 지역공동체 협력자 등 관련자들이 장면 속으로 불러 들여졌다.)

선물 2. 맥락은 관계를 창조한다

맥락이 정해지면 이야기는 실제 사람들에게서 생겨나기 시작한다. 그 사람들은 서로 관계를 맺고 있다. 사람들은 그 상황에 관심을 갖기 시작하고 이야기 속 인물들에게 무슨 일이 일어나고 있는지 알아보기 시작한다.

바뀐 사실은 없다. 예산 삭감은 피할 수 없다. 한 열정적인 어머니가 회의에서 이렇게 말했다. "조라 닐 허스턴의 이름을 딴 조라 초등학교는 인종 차별 시대에 흑인 학교로 출발했습니다. 도시와 학교, 주변은 통합되었지만 이 학교는 흑인 구역 내의 유일한 초등학교로 남아 우리 아이들이 다닐 수 있었고, 우리 학교로 전학 오는 다른 학생들을 반갑게 맞아 줄 수 있었습니다. 이것은 역사입니다. 이 학교를 닫을 수는 없습니다!" (이제 인물과 장면, 사건이 결합해 이야기에서 긴장감이 만들어진다. 그리고 우리는 과연 어떻게 될 것인지 알고 싶어진다.)

선물 3. 맥락과 관계는 대리 학습을 촉진한다

사람들은 이야기에 자신을 대입한다. 인물의 행동과 반응을 평가하며, 자신이 그 인물과 유사한 상황에 처해 있다면 어떻게 행동할지 예상해 본다. 상상력, 공감, 분별력을 통해 더 현명한 행동을 준비한다. 이런 일이 나에게 일어난다면 누구처럼 되고 싶은가?

학교 폐쇄와 관련해 벌어지는 사건을 관찰하거나 참여하는 동안 사람들은 최근에 생각해 본 적 없었던 지역 공동체의 가치에 관해 되돌아볼 기회를 가졌다. 이야기를 통해 의사결정자의 위치에서 제이미 브라슬로 박사가 고려하기를 바라는 사항이 무엇인지 상상할 수 있다. 자기가 하고 싶은 대로 말하고 행동할 것 같은 다양한 인물들을 정의하거나 일부 인물들이 예상대로 행동하지 않았을 때를 상상해 본다. (청취자 또는 독자로서 이 이야기에서 얻은 통찰력을 이와 비슷한 다른 상황으로 전환해 보기 위해 대리 학습을 사용했다.)

선물 4. 대리 학습은 일관된 행동을 만들어 내고 자의식을 확장한다

아무리 구체적인 세부 사항으로 구성되어 있다고 해도 이야기는 보편적인 가르침을 제공하는 교사 역할을 수행한다. 인물의 행동은 우리의 선택을 확장시키고 이전까지 친숙하지 않았던 사람들과 우리 자신을 동일시하게 한다.

학교 폐쇄와 관련한 이야기에서 제이미 브라슬로 박사는 의사결정 프로세스를 월드 카페에 공개하고, 150명의 공동체 구성원들에게 이 사회와 함께 생각해 달라고 요청했다. 그러고는 공동체 구성원들에게 예산 제약을 염두에 둔 상태에서 틀을 깨는 창의적인 아이디어를 탐구하도록 장려했다.

열린 대화 프로세스로 선택사항을 탐구하면 결과에 실망한 사람들도 그 결과에 도달하게 된 과정에 관해 더 많이 이해하게 된다.

이것이 바로 핵심이다. 사람들은 이야기에 포함되기를 원한다. 어떤 정보를 수집했는가, 리더가 직면한 조건은 무엇인가, 누구와 무엇이 고려되었는가 등에 자신이 많이 포함되었다면 실망스러운 결과가 나올지라도 지지할 가능성이 훨씬 더 높다. 선택이 어떻게 이루어졌는지 이해했을 때 사람들은 장면 뒤에 숨겨진 진실이나 선택이 이루어진 과정 등을 설명해 줄 수 있는 '이야기 전달자'가 된다.

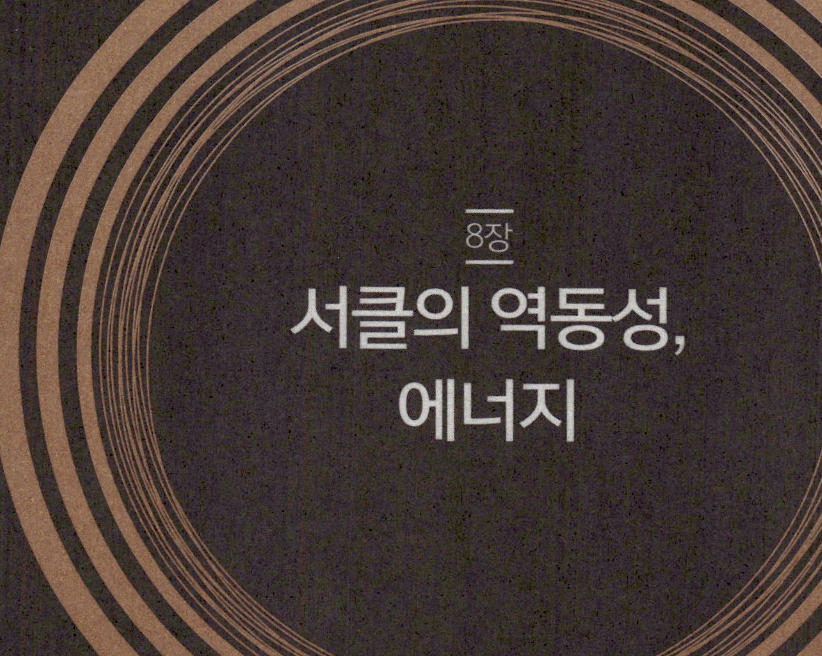

서클의 역동성, 에너지

서양에서는 말을 통한 의사소통에 집중하는 훈련을 한다. 언어의 미묘한 차이를 공부하고, 이메일부터 주요 연설문까지 다른 사람들의 의사소통 수단을 분석한다. 그럼에도 언어보다 의사소통에 영향이 미치는 비언어적인 것이 얼마나 많은가는 일상의 경험을 통해 얼마든지 찾아볼 수 있다. 다른 사람의 기분을 감지하거나 환대 받는다고 느끼거나 언제 위협적인 상황에서 벗어날지 알아차리는 것처럼 말이다. 의사소통의 비언어적 단서는 사람들이 일시 중단하고 서로를 마주보는 서클 내에서 강화된다. 그러므로 서클이 가진 역동성을 이해하고 활용하는 것은 리더십의 필수적인 기술이라 할 수 있다.

서클을 위해 자리를 배치하는 동안 젊은 남자의 무전기를 통해 다소 알아듣기 힘든 목소리가 대형 회의실 안에 크게 울렸다.
"케이시, 대체 110호실에 무슨 일이 난 거야? 자네 지금 거기 있나?"
젊은 남자는 볼륨 조절기를 쥐고는 자신의 이야기를 우리에게 들키지 않으려는 듯 등을 돌리고 말했다.

"여기 있는 두 여자 분이 테이블을 전부 옮기고 있습니다. 의자만 놓아 달라고 주문했답니다."

"요청서는 갖고 있나?"

"아닙니다, 팀장님. 못 봤습니다. 린지도 어디 갔는지 없습니다. 서류철은 그녀가 가지고 있는데 말입니다. 아! 그리고 15분 뒤에 시작한다고 합니다."

"그 사람들이 책임자들인가?"

"네, 맞습니다. 팀장님."

확인이라도 하려는 듯 그는 슬그머니 우리를 쳐다보았다.

"자리를 그렇게 배열해 놓고 슬라이드는 어떻게 돌리겠다는 거야?"

"슬라이드는 안 쓴답니다. 방 한가운데에 있던 프로젝터도 치웠습니다. 커피 테이블을 쓰겠답니다. LED 촛불도 갖다 놓았습니다."

짧은 침묵 후 마지막 지시가 들려왔다.

"알았네. 하고 싶은 대로 하라고 하게. 난 점심 시간에 타이론을 보내서 그 테이블을 원위치시키는 걸 도와주라고 하겠네."

무전기 소리가 꺼졌고, 우리는 계속 테이블을 옮겼다.

"제대한 지 얼마 안 되었나 봐요, 케이시?"

크리스티나가 물었다.

"예, 그렇습니다. 팀장님. 아니, 선생님."

그의 얼굴이 빨개졌다.

"아시겠지만 수많은 직업이 일종의 군대식 모델로 운영되고 있어요. 병원에서는 수석 간호사가 '최고 책임자'가 되고, 병동 간호사들은 '최전방 부대원'이 되죠. 전투 상황이든 간호 팀의 응급 상황이든 자신의 동료를 신뢰해야 할 때는 평소에 서로가 어떻게 대화했는지에 따라 많은 것이 달라져요. 어디 출신인지, 고향에 사랑하는 사람이 있는지, 퇴근하거나 본국으로 돌아갔을 때 무엇을 할 것인지 등을 공유했던 사이라면 호통치듯이 지시를 내리더라도 어떻게든 모두가 무엇을 해야 하는지 알고 있죠.”

“맞습니다.” 그는 눈을 말똥거리며 이어서 말했다.

“군대에서는 우리 모두가 하나의 몸이 된 것과 같았어요. 머리 뒤에 눈이 달리고 20개의 발이 있는 것 같고, 마치 트랜스포머나 그와 비슷한….”

그는 잠시 자신이 하는 말을 이해하는지 확인하려는 듯 우리를 쳐다보며 말했다.

“그러니까 로봇으로 변신할 수 있는 장난감 말입니다.”

우리는 사무실 매니저의 아들이 학교에 가지 않는 날 변신로봇 몇 개를 가져와 사무실 뒷방에서 즐겁게 놀던 모습을 떠올리고는 고개를 끄덕였다.

“여기서 하려는 것이 그런 것입니까?”라고 그는 물었다.

“우리는 사람들에게 그 느낌이 어떤 것인지 상기시켜 주려는 거예요.”

앤이 대답했다.

“여유가 있을 때 대화하고 정보를 공유하는 것이 얼마나 중요한지 말이에요. 그렇게 되면 무엇이 필요한지 알았을 때 하나로 움직일 수 있게 되지요. 서클은 모래밭에 둘러 앉아서 옹기종기 이야기하는 것과 비슷합니다. 대신 조금 더 안락할 뿐이에요.”

"그리고 덜 위험하기도 하지요." 크리스티나가 웃으며 거들었다.

"적어도 그 시간에는 말이에요. 우리는 이것을 '사회적 컨테이너'를 만든다'라고 말해요."

케이시의 무전기가 다시 울렸고, 그는 그 자리를 떠났다.

사회적 장소를 칭하기 위해 '공간Container'이나 '공간 확보Containment'라는 단어를 사용하는 것은 서클과 월드카페, 열린 공간Open Space 등과 같이 의도와 집중, 그리고 듣기와 말하기의 실행이 함께 작용하는 그룹 프로세스의 결과로 발생한 단어(의미)의 변화 중 하나다.

'사회적 컨테이너social container'는 그 내부에 다른 무언가를 집어넣을 수 있도록 설계된다. 상자에는 내용물이 담긴다. 마찬가지로 서클에는 그 안에서 벌어지는 대화와 인간관계가 담긴다.

서클에 앉아 있는 동안은 육체나 에너지 면에서 취약한 점이 있다. 서로 마주보고 있으며 보통은 그 사이에 테이블도 놓여 있지 않다. 뱃살이 그대로 노출되고 미묘한 감정적 변화가 표정으로 전달된다. 몸동작 또한 모두에게 보인다. 개인적인 에너지는 연결되고 겹쳐져서 서로에게 영향을 미친다. 그래서 첫 이야기를 하기도 전에, 벨을 울리기도 전에, 호스트가 체크인을 시작하기도 전에 그룹이 어떤 사람들로 구성되었는지에 관해 아주 많은 정보를 얻게 된다. 사람들은 그룹을 '파악'할 때 이런 직감에 절대적으로 의지하지만 대부분은 그에 관해 이야기하지 않는다. 심지어 그런 작용이 그룹 내에서 벌어지고 있다는 것조차 인정하지 않으려 한다.

인간은 '원초적 뇌'라고 부르는 뇌의 편도체를 발달시켜 왔다. 편도체는 항상 인간의 물리적 환경과 사회적 영역에서의 위험과 안전의 수준을 점검하는 역할을 한다. 케이시는 그 '원초적 뇌'가 무엇과 유사한지 알고 있는 사람이었다. 그것은 케이시가 살아 있는 이유일 수도 있다.

우리는 그가 자리를 떠나는 모습을 바라보며 아쉬워했다. 오늘은 그의 이야기를 들을 수 없기 때문이다. 물론 그 자리가 그의 서클은 아니었지만 조만간 그에게도 서클이 생기기를 희망한다. 어딘가에 그의 이야기를 들어주고 진리를 탐구하는 충분한 사회적 컨테이너가 있기를 바란다.

사회적 컨테이너와 그룹 프로세스

서클이 현대에서 재설계된 이후 대화의 질적 수준과 참여자들의 기대는 더 커지고 있다. 사회적 컨테이너를 인식하게 되는 것은 서클을 접하는 많은 사람에게 새로운 경험이다.

원 모양으로 배치된 좌석과 무언가가 놓여 있는 중심부에 참여한다는 것이 어떤 느낌일지 예상하기란 쉽지 않다. 어떤 사람에게 서클은 편안한 장소가 될 수 있다. 그런 사람들은 그 공간을 보자마자 대화하고 싶어 한다. 우리는 서클을 위해 준비해 둔 방에 들어와 "이런 장소를 찾고 있었습니다."라고 환호하는 사람들을 꽤 많이 만났다.

어떤 사람에게는 참여에 대한 명백한 의도성과 요구사항이 불편하게 느껴질 수 있다. 그런 사람들은 당장이라도 도망갈 것처럼 "내가 있어야 할 장소가 아닌 것이 틀림없어.”라고 중얼거리며 망설이는 모습을 보인다.

사람들은 물리적인 공간과 에너지가 가득한 공간을 함께 확보하려 한다. 공간에는 보이는 것과 보이지 않는 것, 유형의 경험과 느낌상의 경험, 의제와 의문점 등이 동시에 존재한다. 호스트나 가디언, 참가자로서 사회적 컨테이너를 이해하는 것은 서클 한가운데에서 벌어지게 될 일과 그곳에서 그룹 프로세스를 지속하는 것에 대한 신뢰감을 높여 주는 일이다.

에너지는 날씨처럼 끊임없이 변화하고 작용과 반작용을 통해 형상화된다. 날씨는 고요해질 수도 폭풍우를 동반할 수도 있다. 날씨는 그 능력을 담아두기도 하고 방출하기도 한다. 바람이 바뀌거나 번개가 내리치려 할 때 사람들은 안전한 곳으로 피한다. 폭풍이 물러가면 감사하는 마음으로 햇볕을 쬐러 나타난다. 사람들은 ‘나쁜’ 날씨보다 ‘좋은’ 날씨에 더 편안함을 느끼는 경향이 있다. 날씨에 대한 세심한 주의력이 인간에게 내재되어 있듯이 에너지에 대한 세심한 주의력 또한 마찬가지이다.

서클에 들어설 때 사람들은 자신의 개인적인 에너지를 그룹의 에너지로 가져와 서클의 날씨를 만들어 낸다. 사람들 사이에서 에너지의 상호작용은 날씨만큼 자연스러운 현상이다. 한 가지 차이점이 있다면 서클에서는 구성원들이 그곳의 날씨를 바라볼 뿐만 아니라 구성원들 자체가 날씨가 된다는 것이다.

사람들 간의 연결고리로 만들어 내는 서클의 에너지

살아 있는 모든 생물은 미묘한 자기장을 발산해서 자신을 둘러싼 공간으로 방출한다. 모든 사람은 자신의 몸에서 생성되는 '전자기장 우주복'을 입고 있다. 이는 사람 피부에서부터 평균 30~60센티미터 정도 거리로 확장되며 투과성 및 수축과 팽창의 경계도 가지고 있다. 이는 길을 걸을 때 사람들이 어떻게 서로를 비껴가는지 확인하거나, 공원에 서 있는 모습과 사람이 가득 찬 엘리베이터에 서 있는 모습을 비교해 보는 것만으로도 알 수 있다. 팽창과 수축은 그 사람의 주변 환경에 어떤 것들이 있는지, 즉 다른 사람에게서 받는 전기 흐름과 내면에서 생겨나는 생각과 기분 등 자기 주변으로 내보내는 전기 흐름에 영향을 받는다. 자신을 둘러싼 날씨 그리고 자신의 내면 날씨인 셈이다. 여기다가 우리가 서클에서 서로 마주 앉고 상대방을 받아들이려는 관심을 추가한다면 누구나 서클의 날씨를 조성할 수 있다.

서클에서의 첫 번째 해야 할 일은 자신의 내면에서 벌어지는 일을 인식하며 사회적 컨테이너에 들어서는 것이다. 그렇게 함으로써 자신을 둘러싸고 있는 공간에 무엇을 기여할 것인지를 더 잘 인식할 수 있다. 예를 들면 원 대형 의자들을 출입구로 간주하고 그 문턱을 의식적으로 통과하도록 용기를 북돋운다. 서류와 가방을 내려놓고 잠시 멈춰 서서 몇 차례 심호흡을 한다. 이는 스스로 시행하는 첫 번째 체크인이다. 나 자신은 지금 괜찮은가? 다른 사람과 이야기를 시작하기 전에 바꾸고 싶은 생각과 느낌이 있는가? 집중하기 위해 떨쳐내야 할 생각은 무엇인가? 자신의 존재를 드러낼 때 다른 사람들과 공유해야 할 감정은 어떤 것인가?

어떤 북아메리카 원주민 전통에서는 이 전자기장을 '개인적인 연결고리personal hoop'로 묘사한다. 사람들은 자신의 연결고리에 들어오고 나가는 것에 책임지는 법을 배운다. 서클의 테두리에서 몇 초간의 멈춤은 자기가 앉아 있는 자리를 중심으로 양옆에 있는 사람들을 인식하게 한다. 에너지 측면에서 서클은 중첩되고 팽창하고 수축하는 수많은 고리로 형성된다. 그에 관해 이야기하든 안 하든 인간의 뇌는 에너지 신호를 주고받으며 서로가 어떤 관계에 놓여 있는지 명확하게 이해하도록 되어 있다. 에너지 측면에서든 신체적 측면에서든 말이다. 나노초의 세계에서 10초는 사회적 컨테이너에 입장해서 주위를 살피고 서로 인사를 나누며 큰 변화를 일구어 낼 수 있는 충분한 시간이다. 사람들은 누구나 서클의 날씨가 될 수 있다. 그러므로 자신이 즐기고 싶은 날씨를 서로에게 제공하자.

날씨는 자신의 내면에서 만들어지고 자신을 통해 움직인다. 서클의 테두리에서 에너지에 대해 이해하고 싶다면 "당신의 개인적인 날씨는 어떻습니까?"라고 질문하며 말하기 도구를 건네면 된다. 사람들은 "부분적으로 흐립니다.", "맑고 시원합니다.", "구름이 잔뜩 끼었는데 맑아졌으면 합니다.", "스트레스 정도가 심한 단계여서 겉으로는 좋아 보이지만 머리 꼭대기 쪽은 빙빙 돌고 있습니다." 등과 같이 답할 것이다. 우중충한 날 하늘을 올려다보면 태양이 흐려 보인다. 하지만 서클은 태양이 그 날씨 뒤편에서 항상 빛나고 있다는 점을 가르쳐 준다. 비행기를 타면 이 사실을 쉽게 알 수 있다. 구름 위로 올라가면 날씨는 무의미해지고 인간의 걱정은 보잘 것 없어지는 햇빛이나 별빛의 존재,

즉 영원한 광활함을 만날 수 있다.

구름에 가려져도 태양은 항상 빛난다. 이와 마찬가지로 서클 프로세스와 그 구성원들 또한 항상 지지를 받는다. 사람들의 경험은 관점의 문제이다. 이것을 알고 있을 때야 비로소 케이시가 말했던 것처럼 '머리 뒤에 눈이 달리고, 20개의 발이 있는 것 같고, 마치 트랜스포머나 그와 비슷한 것이 된다.' 젊은 전역병이 그런 것을 생각하고 있을 정도라면 누구라도 그렇게 할 수 있다.

서클을 위한 물리적 공간을 만드는 법

활력 넘치는 모습을 보이기 위해 최선을 다하기로 마음먹었다면 자신을 표현하기 위한 공간을 마련할 필요가 있다.

공기마저 퀴퀴한 전용 회의실이 있다. 조명은 차가운 빛을 내고 창문은 밖을 내다볼 수 없게 블라인드로 막혀 있다. 자연광이 들어오지 않거나 아예 창문이 없는 곳일 수도 있다. 이상적인 장소는 아니지만 이런 공간 또한 서클을 시행할 수는 있다. 활기찬 사회적 컨테이너의 강점은 물리적 공간의 결점을 완화시켜 준다는 것이다. 진정한 말하기와 듣기만으로도 사람들은 서로에게 진실해질 수 있고, 이 방식을 통해 무미건조한 회의실 공간도 얼마든지 극복될 수 있다. 시간이 조금 지나고 나면 참여자들은 자신이 어디에 앉아 있는지 그리 신경 쓰지 않을 것이다. 누구와 함께 앉아 있는지, 무슨 이야기를 하는지 등과 같은 실제로 발생하는 일에 집중한다.

기업에서 교육이나 세미나를 요청해 올 때 우리는 되도록 비어 있는 회의실을 들어가 본다. 사람이 없는 그 공간이 어떤 느낌인지 알아보고, 서클을 진행할 때 도움이 되도록 자리와 조명을 조정하기 위해서이다. 종이 더미나 더러운 접시, 시선을 분산시키는 상자들처럼 잡동사니가 쌓여 있으면 깨끗하게 치운다. 필요한 경우 지저분한 것들 전체를 천으로 덮어버리고 복도나 로비에서 화분과 이동식 조명을 가져온다. 조명은 밝게 하고 가능한 한 자연광이 들어올 수 있도록 한다. 사람들이 도착하기 전에 창문이나 문을 열어 정체된 공기를 방출하고 우리가 불러내고 싶은 에너지를 위한 공간을 만든다.

우리는 스스로 자문해 본다. '이곳에서 환대받고 편안함을 느끼게 하려면 어떻게 해야 할까?' 그런 다음 공간을 준비한다. 놀랄 거리를 준비하는 것은 신나는 일이다. 꽃을 가져오고, 과일과 견과류를 담은 바구니를 놓아두고, 음악을 틀어둔다. 반복되는 박자는 리듬은 생성하고, 멜로디는 그 에너지를 적절하게 진정시켜 준다. 우리는 이런 것들을 좌석을 배치하면서 동시에 한다. 모양을 가능한 한 원 대형으로 만들고 활력 넘치는 중심부 역할을 할 만한 것을 찾아낸다.

서클의 첫인상은 중요하다. 우리는 의자와 플립차트, 커피 테이블, 말하기 도구, 간식 테이블 등으로 공간을 창조한다. 일단 서클의 테두리가 자리 잡히고 배경을 아름답게 꾸미고 나면 의미 있는 중심부를 구축하는 데 초점을 맞춘다. 우리는 중심부에 배치할 만한 여러 가지 물건을 가져오고, 호스트에게도 의미 있는 물건들을 가져와 달라고 요청한다. 우리는 초점에 관해 생각한다. 바라보았을 때 아름답고 진실

한 무언가가 되어야 한다. 우리는 중심부의 공간을 향해 발사될, 그리고 그 공간을 통해 전달될 에너지의 양에 관해서도 생각한다. 이런 요소들이 서클의 테두리와 중심부의 물리적 에너지의 수준을 결정한다. 서클을 서클답게 만드는 것은 앞으로 일어날 일의 에너지 수준을 결정하는 일이다. 서클은 모든 사람의 관계, 즉 자신과의 관계와 중심부와의 관계, 테두리의 다른 구성원들과의 관계에 의해 창조된다.

중심부는 참여자 전원이 공유하는 안전지대

사회적 컨테이너 내에서 생성되는 에너지를 감안할 때 중심부의 역할은 더욱 분명해진다. 에너지는 하나와 다른 하나 사이를 연결하는 중간자이며 항상 변화하고 절대로 똑같지 않다. 서클 프로세스에서 우리는 에너지가 중심부에 달라붙어서 바퀴를 안정되게 하기를 바란다. 또한 에너지의 흐름이 서클의 가장자리에서 유지되고, 어떤 사람에게도 축적되지 않기를 바란다.

우리의 동료 중 한 사람인 로크는 서클을 자전거 바퀴로 형상화해서 설명하곤 했다. 서클 테두리에 앉은 참여자가 뿜어내는 에너지를 바퀴살로 보고, 그 바퀴살이 가운데 중심축으로 연결된 형태라는 것이다.

"사람들은 서클의 테두리에서 자신의 자리와 연결된 바퀴살을 활성화합니다. 숨겨진 것은 없습니다. 바퀴는 각자의 이야기와 활력 넘치는 구

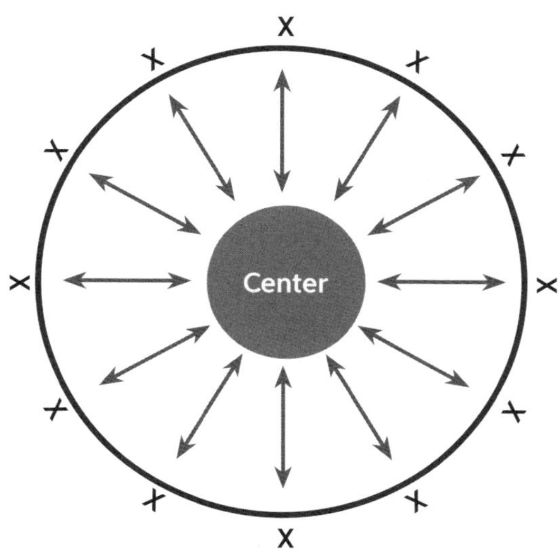

성원에 전적으로 의존합니다. 제가 무언가를 말한 후 다른 존재, 즉 듣는 역할이 되면 다른 사람들이 이어서 발언을 할 것입니다. 제게 활력이 생기면 서클 내에도 활력이 생깁니다. 느슨한 바퀴살이 달린 바퀴는 제대로 돌아갈 수 없죠. 내게 힘이 실리면 서클에도 힘이 실립니다. 중심부를 힘의 원천으로 삼아 제 자신의 자리를 유지하는 동시에 제 자신을 균형의 원천으로 제공하는 것입니다.”

이는 서클에서의 공간 확보와 접근 그리고 서클 테두리에 있는 모든 사람의 활력적인 작업을 정의하는 말이다.

중심부는 개인의 한계를 초월한 공간이다. 이는 모두에게 속해 있는 동시에 아무에게도 속하지 않는 공간을 의미한다. 서클의 세 번째 원칙인 '총체성에 대한 신뢰'가 유형화된 공간이기도 하다.

가운데에 풀밭이 있는 작은 마을을 서클이라고 상상해 보자. 가운데 잔디밭은 안전지대이다. 마을 사람 모두가 자신의 소를 안심하고 데려다 놓을 수 있다. 이 땅은 공동체의 공유 자산으로 마을에 속해 있다. 서클에서는 소 대신 사람들의 이야기가 가운데 놓인다. 그룹이 공유하는 의도는 바깥 테두리를 형성한다. 우리는 이 공간을 보호하고 존중하며 중심부를 향해 이야기하는 것이다.

말하고 듣는 동안 참가자들은 때때로 중심부를 응시하기도 하고, 서로를 바라보기도 한다. 하지만 여기서는 참가자의 시선보다는 그가 자신의 에너지를 보내는 방향이 훨씬 더 중요하다. 중심부를 에너지로 가득 채우기 위해서는 공동의 구역, 즉 중심부를 통해 서로 대화를 주고받는 과정이 핵심이다. 이해하기 어려운 방식일 수도 있다. 개인별로 명확히 구분된 개인 공간에서 공동의 공간인 중심부로 에너지가 이동하는 과정이기 때문이다. 두 명 이상의 말하는 이가 입으로 테니스를 치는 것이라고 이해하면 된다. 한 사람이 말하기 시작하며 서브를 넣으면 다른 사람이 말로써 그것을 받아친다. 누군가가 점수를 내거나 랠리가 끝날 때까지 그 주고받는 교환의 게임은 유지된다.

그러나 중심부와 서클에서 대화가 더 깊이 진행되도록 하는 방법에 대해서는 다시 생각해 볼 필요가 있다. 그 방법은 그저 테니스공을 조심스레 중앙에 놓는 것일 수도 있다.

갈등을 해소시키는 중심부의 역할

중심부를 향해 말하고 중심부로부터 듣는 방식은 사람들이 생각과 감정, 의견 등을 표현하고 듣기를 계속할 수 있게 한다. 제자리에 위치한 강력한 중심부에 열정적으로 참여하면 대화의 범위는 새로운 영역으로 확장된다. 합의와 공통성을 추구하는 '비슷한 생각 갖기'의 편안함에서 벗어나 차이점을 철저하게 탐구하면서 새로운 관점이 생기게 하는 호기심을 토대로 '비슷한 마음 갖기'로 이동하는 것이다. 차이점을 바탕으로 서로의 이야기를 들으려면 개인의 한계를 초월한 지지대가 필요하다. 이는 대화를 보물지도처럼 펼치는 방식이자 사람들의 생각과 감정, 이야기를 호기심 있게 살펴보는 방식이다.

중심부의 초월적 역량을 활용하는 방법을 이해한다면 대학 생활에 대한 아버지와 아들의 의견 차이도 극복될 것이며, 교회 성도들에게 동성애에 관해 이야기하도록 도울 수 있을 것이다. 또한 회사 관리자들에게 직장에서의 횡포를 인정하고 새로운 대안과 책임감을 요구할 수도 있게 된다.

우리는 팔레스타인 사람들과 이스라엘 사람들 간의 대화나 개신교도와 가톨릭교도 간의 대화, 토지 사용권에 대한 도시인과 농민 사이의 대화 등을 진행한 적이 있다. 대화가 격해질수록 중심부의 사용은 더욱 중요해졌다. 사람들 사이에 일어나는 대부분의 갈등은 그 사안을 반대편에서 완벽하게 살펴볼 수 없기 때문이다. 아버지와 아들은 서로의 말을 듣지 않는 한 그들의 관계를 변화시킬 수 없다. 보수주의자들과 동성연애자들은 서로에게 귀를 기울이지 않는 한 그들의 차이를 그대로 두고 볼 수 없다. 가톨릭은 개신교도들의 이야기를 들어야 하며, 개신교도 또한 가톨릭교도들의 이야기를 들어야 한다. 활력 넘치는 중심부의 존재는 상충되는 견해를 지닌 사람들이 그들의 입장과 연결되어 있는 조건들을 느슨하게 풀어줄 충분한 공간을 허용한다.

서클의 테두리에 있는 모든 사람이 그림 8.1에서 보는 바와 같이 중심부를 가리키는 화살을 들고 있다고 상상해 보자. 사람들은 말하는 동안 자신의 의도를 담은 화살을 멀리 던진다. 중심부를 향해 열정적으로 말하면 그 사람의 화살은 중심부에 꽂힌다. 반면 반대편에 있는 누군가에게 말하면 화살은 그 공간을 가로질러 날아간다.

서클의 목표는 화살을 중심부에 채우는 것이다. 중심부에서 화살은 테두리의 참여자들에게 불을 공급하고 '비슷한 마음 갖기'의 토대를 구축한다.

고대로부터 내려오는 서클의 원형이 존재하므로 그 계보에서 파생된 언어로 중심부에 담긴 힘의 본질을 표현할 수 있다. "불에다 대고 말하기Speak to the fire", "네 분노가 불을 건너지 않도록 해라Don't cross the fire with your anger", "네 이야기를 중심부에 갖다 놓아라Feed your story to the center" 등은 모두 서클의 에너지가 강하게 타오를 때와 잘 들어맞는 문구들이다. 이런 문구들은 사람들이 감정과 의견, 선언 등을 중심부로 향하게 하는 데 도움이 된다.

서클에서 갈등을 해소하기 위한 핵심적인 행동수칙은 참가자들의 반응을 개인의 연결고리에 고정시키고, 참가자들의 의도를 중심부에 고정시키는 것이다. "나는 내 아들을 이해하지 못하겠지만 그래도 아들의 이야기를 듣겠다.", "나는 이스라엘인들이 어떻게 우리 마을에 장벽을 세울 수 있는지 이해하지 못하겠다. 그래도 우리가 그 장벽을 가로질러 다닐 수 있게 해 줄 무언가를 찾을 것이다.” 등과 같이 말이다. 참가자들의 에너지를 중심부에 고정시키면 긴장감을 흡수할 공간을 창조할 수 있다. 다시 말해 에너지를 중심부에 고정시키는 작업은 안전하다는 느낌과 소속감, 이야기하기에 충분히 넓은 공간, 갈등에 적절하게 대응하는 능력과 같은 미묘하고 주관적인 요소들을 통해 사람들의 경험에 중대한 영향을 미치는 것이다. 서클의 에너지가 중심부에 고정되었을 때 사람들은 서로를 열정적이고 존중할 만한 존재로 신뢰할 수 있게 된다.

화살의 에너지는 양쪽 방향으로 움직인다. 중심부의 존재를 인정해야 하고 개인의 연결고리를 유지해야 하기 때문이다. 이를 실천하는 동안 사람들은 공간의 안정성을 위협하지 않으면서도 아주 많은 에너지를 방출할 수 있다.

다음은 재무설계사 25명이 체크인을 진행하는 동안 일어났던 일이다. 각자 자신의 업무와 관련 있는 물건을 서클의 중심부에 가져다 놓으며 이야기를 시작하였다. 사진과 가벼운 깃털, 작은 돌, 그리고 집에서 가져온 의미 있는 작은 물건 등이 모였다. 체크인 라운드가 3분의 2바퀴 정도 돌았을 즈음 한 남자가 포대자루에서 축구공만 한 바위를 꺼냈다. 그는 자리에서 5미터쯤 떨어져 있는 중심부를 향해 던져 버리기라도 할 것처럼 그 바위를 머리 위로 힘껏 치켜들었다.

“이제 우리가 큰 파장을 일으킬 때입니다!”

그는 과감하게 선언했다.

“위급한 상황이 벌어졌습니다. 대체 우리가 무엇을 더 기다려야 한

단 말입니까?" 그는 공중에서 바위를 흔들었고, 사람들은 살짝 움찔하며 그가 무슨 일을 하는지 지켜보았다. 그는 몇 초간 멈추었다가 바위를 가슴까지 내렸다.

"이제 이야기하겠습니다." 그는 더욱 조용히 말했다.

"저는 제 인생에 큰 파장을 일으킬 준비가 되어 있습니다. 그리고 조급함을 느낍니다. 크게 사고 한 번 쳐 보고 싶어서 이 자리에 오게 되었습니다." 그러고는 바위를 배꼽까지 내렸다.

"저는 제 용기를 지지해 줄 사람들을 찾고 있습니다."

그의 목소리는 감정이 섞여 약간 갈라졌다. 그는 일어서서 중심부로 걸어가 조심스럽게 바위를 내려놓았다.

그는 자신의 에너지가 과하게 넘쳐나고 있다는 것을 알아차렸다. 그래서 자신을 자신의 연결고리에 다시 안정화시키고 '나' 중심 대화법으로 전환해서 에너지를 뒤로 잡아끈 것이다. 안정을 되찾은 후 그는 체크인의 질적 수준에 진심어린 기여를 할 수 있었다. 그의 말은 다소 도전적이었지만 자신의 에너지를 움직였기 때문에 우리는 그의 이야기를 진심으로 들을 수 있었다.

활력 넘치는 서클을 위한 호스트와 가디언의 역할

서클의 사회적 컨테이너를 확보하는 데 있어 호스트와 가디언의 역할은 뫼비우스의 띠처럼 이음새가 없는 공동작업과 같다(뫼비우스의 띠는

면이 하나인 3차원 물체이다.).

호스트와 가디언은 각자 그룹 프로세스 내의 에너지를 쫓아가도록 서로를 돕는 역할을 한다. 뫼비우스 띠를 만들려면 종이 한 장을 길게 잘라 한 번 꼬아서 양쪽 끝을 붙이면 된다. 하나의 서클이다. 그리고 리더나 추종자 역할이 없는 하나의 환경이다. 이곳에서 호스트, 가디언, 참가자 모두가 움직인다.

서로 반대편에 마주 앉은 호스트와 가디언은 서클의 서로 다른 방향을 조심스럽게 지켜본다. 그들은 서클의 테두리에 둘러앉은 다른 사람들을 활성화시켜 그들도 그들 자신의 리더십을 발휘하도록 돕는다. 가디언의 벨 소리가 서클 내의 목소리인 것처럼 에너지 역시 서클 내에 자리를 잡고 있다. 호스트는 이를 불러들인다.

호스트의 역할

이는 호스트가 에너지를 책임진다는 의미가 아니다. 호스트는 그저 서클 내의 에너지에 접근해 그 흐름에 동참할 뿐이다. 호스트는 집단적 경험을 점검하기 위해 자신의 경험을 더 넓고 보이지 않는 연결고리에 자발적으로 맞춘다. 그리고 이렇게 말한다.

"제 생각에는 이 주제에 대해 충분히 다룬 것 같습니다. 동의하십니까?"

"휴식이 필요할 것 같은데 여러분은 어떠신지요?"

호스트는 그룹 프로세스가 방해를 받았을 때 가디언이나 그룹 전체에게 터놓고 도움을 요청할 수 있다. "다음에 어떻게 해야 할지 잘 모르겠습니다. 어떻게 생각하십니까?"와 같이 말이다. 서클에서 리더 역할 돌아가며 하기와 책임을 공동으로 지기, 총체성에 대한 신뢰 이 세 가지 원칙은 항상 서로 밀접하게 연결되어 있다. 우리의 동료 로 크는 호스트로서 에너지를 적절히 활용하는 방법에 대해 다음과 같 이 말했다.

"호스트일 때 저는 그룹의 경험을 위한 지표로 제 경험을 활용하곤 합니 다. 서클에 도움이 되지 않는 것은 최대한 숨기면서 저 자신의 연결고리 에 특별히 주의를 기울이죠. 그리고는 참여자의 몸짓과 어조 등을 통해 이들에게 무슨 일이 일어나고 있는지 머릿속에 새깁니다. 질문을 던지 면서 저는 제 자신이 얼마나 명확하게 알고 있는지 또는 그렇지 않은지 를 깨닫습니다. 그러면서 제 내공이 쌓이는 것 같아요."

"호스트로서 서클에서 어떤 일이 벌어질지에 대한 제 반응은 다른 참여 자들과는 다소 다릅니다. 때로 그것은 평소에 제가 참여하는 방식이 아 니기도 합니다. 예를 들어 마음으로 받아들여야 할 문제를 그냥 방치하 는 참가자가 있을 경우 저는 그룹의 나머지 사람들을 위해 예민하게 반 응하거나 분노를 표출하지요. 서클에 에너지의 불을 다시 밝힐 필요가 있으면 저는 맹렬한 태도를 선택하곤 했습니다. 이 분노는 화살이 되어 중심부를 향합니다. 이런 식으로 우리가 피하려는 것을 마주하고 서클을 돕기 위한 무언가를 밝혀 생산적 분노와 연결시키는 것이죠."

로크가 말한 것 중에서 중요한 점이 바로 이것이다. 호스트의 초점 은 의도를 보존하는 것이고, 때로는 그렇게 하기 위해 서클 내의 날씨를 변화시켜야 한다는 것이다. 그룹에 폭풍이 휘몰아치고 있다면 잦아들게 할 필요가 있다. 그룹이 햇빛 속에서 시들해지고 있다면 목표를 향해 나아갈 수 있도록 번개를 쳐야 한다. 서클을 활력 넘치게 진행하려면 편안함에서 벗어나 분위기를 바꾸고 에너지가 중심부에 연결되어 테두리를 따라 흐르도록 해야 한다. 가디언은 동반자가 되어야 하며 모든 참가자도 마찬가지이다. 모두가 뫼비우스의 띠를 따라 움직여야 한다.

가디언의 역할

가디언이 벨을 사용하는 것은 서클의 사회적 컨테이너 속 에너지를 조절하기 위해서이다. 그룹 프로세스의 활력 수준을 지켜보다가 상호작용을 일시 중단할 때 사용한다. 벨 소리가 울리면 모두가 멈춘다. 일시 중단의 목적은 바로 이 순간 자신의 내면에 무슨 일이 일어나고 있는지 살펴볼 수 있도록 모든 참여자에게 잠깐의 여유를 주는 것이다. 이는 각자의 감정을 조정하라는 요청사항이기도 하다. 동요하고 있는가? 침착한가? 자신의 마음속에 혼자 틀어박혀 있는가? 집중하고 있는가? 자신을 스스로 책임지고 있는가?

벨이 울리면 참여자는 동작을 멈추고 개인적인 연결고리를 점검한 뒤 자신의 존재가 다시 중심부를 향하게 한다. 얼마의 시간이 흐른 뒤 가디언은 두 번째 벨을 울려 일시 중단을 풀고 중단시킨 이유를 설명한다. 이때 가디언은 서클의 에너지가 필요한 이유에 대한 대변인이 된다. 누구든지 가디언에게 벨을 울려 달라고 요청하고 중단의 이유를 설명할 수 있다는 점도 기억하자.

서클이 원활하게 돌아가는 동안 역시 마찬가지이다. 서클에 문제가 없을 때도 일시 중단의 행동수칙은 유효하다. 이를 확립하기 위해 우리는 종종 체크인이나 말하기 도구 회의에서 4분의 1 정도가 지났을 때 벨을 울리고 다음과 같이 말하곤 한다.

"이제 4분의 1 정도 왔습니다. 잠깐 휴식을 취하시고 중심부를 그대로 유지하면서 남은 이야기를 들을 준비를 하시기 바랍니다."

이 작은 의식으로 사람들은 벨 소리에 개인적으로 반응하지 않는 법을 배운다. 그리고 자기를 조절하는 데 어떤 과정이 필요한지 알아차린다. 조금 놀라고 아마도 조금은 방해받는다고 느끼게 될 것이다. 그런 다음 다시 자신의 중심에 돌아올 것이다. 그렇게 자신의 중심으로 되돌아온 덕분에 우리는 자신이나 다른 사람에 대한 판단을 즉시 내리는 대신, 앞으로 무슨 일이 일어날지에 호기심을 가지기로 선택을 할 수 있다. 그룹은 벨 소리와 일시 중단의 경험을 때로는 기대하고 즐기게 된다. 게다가 한 라운드를 완료하거나 한 주제에서 다음 주제로 이동할 때와 같은 전환점에서 울리는 벨 소리는 이미 생성된 에너지를 존중하고 다음 화제로의 전환을 표시하는 것이다.

벨 소리는 우리에게 서클의 원칙과 사회적 컨테이너를 유지해야 한다는 것을 상기시킨다. 호스트 혹은 어떤 참여자가 "벨을 울려 주실 수 있습니까?"라고 요청할 때는 모두에게 숨을 돌리고 스트레칭할 수 있는, 즉 다음 순서로 넘어가기 전에 휴식을 취할 기회를 주는 것과 다름없다. 주의 깊게 듣기, 의도를 담아 말하기, 그룹의 안녕에 동참하기 등에 깊이 집중했으므로 약간은 주의력을 이완시킬 필요가 있는 것이다. 교향곡의 악장 사이, 노래와 노래 사이에 청중들이 기침을 몰아서 하는 것과 마찬가지이다. 이런 이완(방출, 혹은 배출)의 시간을 간과해서는 안 된다. 이는 한 가지 사안에서 벗어나 다른 사안을 반갑게 맞아들이는 방식이라 할 수 있는 경계선을 긋는 작업이기 때문이다.

카약을 타고 물 위로 나아가다 보면 노를 젓는 시간도 있고 그냥 쉬는 시간도 있다. 벨 소리는 우리를 작은 소용돌이로 불러들인다. 그리고 하류로 빠르게 치닫거나 해류에 휩쓸리지 않도록 그 회오리 속에서 잠시 쉬게 해 준다. 가디언은 그 물을 바라보고 있는 사람이다. 나머지 참여자들은 물에서 노를 빼내어 주변을 둘러본 다음 스트레칭을 하고 긴장을 풀고 다시 원기를 회복해서 노를 저으면 된다.

위기 상황에서 서클의 사회적 컨테이너 유지하기

날씨를 막을 수는 없다. 날씨는 아주 자연스럽게 변화한다. 서클의 날씨를 되돌아보면 종종 필연적이라는 느낌이 들 때가 있다. 서클에서 나오는 에너지는 폭풍우처럼 급속히 증폭되었다가 가라앉았다가 한다. 그리고 서클의 구성원들은 마음속과 머릿속으로 서로 놀라우리만치 잘 연결되었다고 느끼다가 때로는 각자 산산이 찢어져 있다고 느끼기도 한다. 그래도 계속해서 서클의 대화 구조에 의지하며 사회적 공간을 돌보다 보면 결국은 고요한 바다로 돌아가는 방법을 찾게 된다. 서클은 진정으로 성장하는 경험이다. 서클은 자신의 내부에서 일어나는 충동을 관리하고 다른 사람의 충동과 반응을 다룰 수 있게 한다.

이 책은 대화의 기본 원칙에 초점을 두고 있다. 그래서 앞으로 발생할 일 앞에서 자신의 역량을 신뢰하는 법을 배우게 된다. 에너지는 서클 내에 존재하고 사람의 몸속에도 존재한다. 몸속 또한 하나의 공간이기 때문이다.

몇 달 동안 함께 했던 프로젝트 팀에서 있었던 일이다. 인사팀 담당자인 다이애나와 기술 전문가인 더그 사이에 긴장감이 정점에 달했던 순간이 있었다. 다이애나는 아이디어 도출 단계가 끝날 무렵 말하기 도구를 들고 있었고, 더그는 다이애나가 그녀의 주장을 관철하려 한다며 말을 끊고 들어갔다.

"알겠어요, 다이애나. 그러니까 이제 다음으로 넘어가도 되지요?"

다이애나는 당혹스럽고 놀란 듯했다.

"더그, 당신은 지난 일주일 내내 제가 말할 때마다 방해하네요!"

"아닌데요. 저는 그런 적 없습니다."

더그가 반박했다.

"글쎄요. 방금 또 그랬는데요. 이 서클의 목적은 방해 없이 자신의 생각을 마무리할 기회를 주는 것 아닌가요?"

그녀는 말하기 도구를 더그에게 흔들어 보였다. 그날의 말하기 도구는 호스트가 가져온 윤기 나는 마노^{agate} 덩어리였다. 얼굴이 벌게진 그녀는 몇 차례 크게 심호흡을 했다. 호스트와 가디언은 원을 가로질러 서로를 쳐다보았다. 몇몇 사람은 다소 표정이 굳어졌다. 그룹의 에너지는 '주황색 단계(경계 단계)'로 바뀌었다.

더그는 분위기를 눈치채지 못한 듯 이야기를 계속했다.

"왜 그렇게 깐깐하게 구는지 도무지 모르겠네요. 이 서클은 그것 말고도 다른 목적도 있잖아요!"

그는 서클의 테두리에서 빠져나가고 싶은 것처럼 의자를 뒤로 뺐다. 보이지 않는 화살은 이미 힘이 잔뜩 실린 채로 공간을 가로질러 서클 밖으로 벗어났다. 가디언와 호스트는 몇 초 동안의 심각한 언쟁에 완전히 말려들었다. 비로소 정신을 차린 호스트가 벨을 요청했다.

"저기, 수잔. 그걸 좀 울려 주세요."

수잔은 벨을 울렸고, 모두는 행동을 멈추고 호스트인 마이크의 안내를 기다렸다.

"좋습니다. 우리가 짚고 넘어가야 할 문제가 생긴 것 같네요. 그런데 저는 그것이 무엇인지 정확히 모르겠어요. 두 분은 논의하고 싶은 사항이 있으십니까?"

긴장감이 고조될 때는 속도를 높이는 대신 늦추는 것이 도움이 된다. 긴장감은 노란색 신호등이다. 모두가 교차로에 뛰어들면 충돌이 일어날 수밖에 없다. 행동을 중단하는 것은 모두에게 브레이크를 밟을 기회를 허용하고 안전하게 정지할 시간을 갖도록 하는 것이다. 에너지는 느슨하게 돌아다닌다. 사람들은 숨을 돌리고 자신의 연결고리 안에 자신이 위치하고 있는지를 확인할 필요가 있다. 그래야 서클의 테두리와 중심부를 유지하고, 다음에 무슨 일이 일어나든 해야 할 역할을 찾을 수 있기 때문이다. 마이크는 무슨 일이 일어날지 정확하게 알지 못했지만 갈등을 표면화해서 그 긴장감을 무언가로 전환할 만큼은 현명했다.

"저는 논의를 하고 싶어요."

다이애나가 말했다. 감정이 섞여 목소리는 떨렸고 불안해 보였다.

동요된다는 것은 많은 에너지가 누군가를 통해 흐르고 있다는 신호이다. 다이애나는 더그가 방해하기 전부터 이미 동요되고 있었을 것이다. 아무도 눈치채지 못했을 수도 있다. 지금은 집단 치료 요법으로서의 서클이 아니라 비즈니스 상황이다. 보통 이럴 때 우리는 다이애나가 되었든, 더그가 되었든, 혹은 그 집단의 다른 누구가 되었든 그 사람의 내면에서 벌어지게 될 무언가를 개인적인 연결고리에서 끄집어내어 편하게 털어놓아서 그 다음에 예상되는 주제에 관해 이야기를 진행할 수 있게 되리라는 기대를 갖기 마련이다. 그 기대처럼 될 때도 있지만, 어떨 때는 그렇게 되지 않기도 한다.

다이애나 바로 옆에 앉았던 메리가 손을 뻗어 그녀의 팔을 부드럽게 잡았다.

"괜찮아요. 이제 진정해요."

메리는 다이애나가 실제로 괜찮은 상황인지 아닌지 알지 못한다. 그저 다이애나가 마음을 안정시킬 수 있도록 편안함을 주는 행동과 말을 한 것이다.

더그는 마이크를 바라보며 "이 이야기를 5분 이내로 할 수 있을까요?"라고 말했다.

"노력해 봅시다."

마이크는 잠시 멈춰서 자신의 생각을 정리했다.

"우리는 지금까지 원활하게 서클 프로세스를 진행해 왔습니다. 저는 사실 무엇이 두 분을 자극했는지 모르겠습니다. 그것은 우리가 생각하는 것보다 더 큰 문제일 수도 있고, 서로의 생각과 행동의 차이에서 빚어진 긴장감(일종의 갈등, 오해)일 수도 있습니다. 그러니 먼저 다이애나가, 그리고 더그가 차례로 무슨 일인지….”

그러나 마이크의 말은 다이애나의 외침에 의해 중단되었다. 그녀는 지금 진행되고 있는 서클의 편향적인 방식과 지극히 제각각인 구성원 각자의 성향, 그리고 그녀 자신이 하찮게 느껴지는 이유와 남자들이 모든 공간을 차지하는 방식 등에 대해 폭발하듯 신랄한 비판과 분노를 터트렸다. 사람들은 충격을 받아 무엇을 해야 할지 몰라 했다. 경고 단계는 이제 빨간색으로 바뀌었다. 벨을 쥐고 있던 수잔의 손이 씰룩거렸다.

‘언제 울려야 할까? 그녀의 발언을 멈추게 해야 할까?’

마이크가 수잔에게 동조하듯 고개를 끄덕였다. 그녀는 벨 소리를 크게 울렸다. 다이애나는 이야기를 멈추고 울음을 터트렸다.

“휴우~”

마이크는 탄식했다.

“여러분, 저는 도저히 모르겠습니다.”

그룹은 그 자리에 얼어붙은 채로 다이애나의 울음소리를 아주 불편하게 듣고 있었다. 그래도 서클은 유지되고 있었다. 모든 일에는 인과관계와 전후순서가 있는 법이다. 사람들의 마음과 몸속에 온갖 종류의 충동이 솟구쳐도, ‘투쟁이냐 도주냐*fight or flight*’ 식의 반응이 솟아올라도, 사회적 컨테이너를 복구할 방법을 찾는 노력을 포기하지 않는 동안에는 서클은 그대로 유지된다.

잠시 후 다이애나의 급작스러운 폭주는 진정되었고 대화는 진행되기 시작했다. 사람들은 알지 못하는 것은 위협적이라고 느낀다. 이 상황을 회복할 지혜는 아직 도출되지 않았다. 그룹의 곤경은 사람들이 판단의 잣대를 들이댈 때 일어난다. 다이애나의 무너진 모습과 더그의 무심함, 마이크의 미숙함과 자신들의 서툰 대응, 그리고 서클 자체에 대해 비판적이 될 때가 위험한 순간이다.

가디언은 부드럽게 다시 벨을 울렸다. 그리고 몸을 기울여 그룹 전체를 돌아보았다. 그녀를 쳐다보지 않는 사람들과도 차례차례 눈을 맞추며 단호하게 말했다.

"서클 내의 모든 사람에게는 임무가 있습니다. 중심부를 유지하고 서클에서 자신의 자리를 지키는 것입니다. 우리는 그렇게 할 것이고 모두가 함께 해결할 것입니다."

참가자들은 가디언의 안내를 통해 스스로를 진정시켰다. 서클 내의 에너지는 눈에 띄게 변화했다. 한편 다이애나는 무릎에 얼굴을 파묻고 마음을 추스르려고 노력했다.

"정말 미안해요. 너무 창피하네요. 정말 미안합니다. 그렇게 쳐다보지 말아 주세요."라고 그녀는 중얼거렸다.

"이런, 다이애나. 이런 상황을 만들려던 것이 아니었어요." 더그는 외쳤다.

"등에 손을 좀 대어도 될까요?"라고 마이크가 물었다. 다이애나는 고개를 끄덕였고 메리가 다이애나의 뒷목 부근에 손을 대고 속삭였다.

"이제 괜찮습니다. 정말로 괜찮아질 거예요. 당신의 감정 속에 우리에게 공유해 줄 이야기가 있나요?"

메리의 말에 다이애나는 고개를 끄덕였지만 고개를 푹 숙이고만 있었다. 메리는 말을 계속 이었다.

"서클을 함께 정상으로 되돌리려면 당신의 도움이 필요해요. 다이애나, 속에 담긴 이야기를 우리에게 말해 줄 수 있겠어요?"

마이크에게서 메리로 리더십이 돌아갔고, 책임을 모두가 공유하고 있었으며, 구성원 모두는 총체성이 복원될 것임을 신뢰하고 있었다. 호스트와 가디언 그리고 구성원들이 아직 자리를 지키고 있었다. 다이애나의 동요는 사그라지고 있었고, 전자기장의 방전 상태처럼 되었던 서클의 에너지 수준을 끌어올리기 위해서는 충전이 필요했다. 그래서 가디언의 일시 중단 선언은 마치 중심부에 번개를 내리치는 것과 같은 유용한 수단이 되었다. 더 이상 타격을 입지 않기 위해서 말이다.

처음에 다이애나와 더그는 자신의 화살을 중심부에서 가져와 서로에게 던졌다. 다이애나가 폭발했을 때는 다른 참여자들도 자신의 화살을 가져다 공중에 뿌렸다. 마이크와 수잔은 자신의 화살을 가지고 있다가 중심부에 다시 연결했다. 수잔의 안내로 각 참여자는 자신의 화살을 붙들었고 바퀴의 안정성을 재확립했다. 다이애나의 화살은 아직 그녀의 무릎 위에 부러진 채 있다. 더그의 화살 또한 아직 그의 등 뒤에 있다. 그는 자신이 가해자가 아니란 사실을 확인하기 전까지는 서클에 돌아갈지 말지 결정을 내리지 않은 상태였다.

마이크는 재차 심호흡을 하고 중심부에서 자신을 끌어내어 몸을 가누었다. 그는 그룹을 돌아보며 말했다.

"좋습니다, 여러분. 1분 정도 자신의 에너지를 점검할 시간을 드리겠습니다. 메리의 의견이 맞다고 생각합니다. 이야기를 듣는 것은 이 서클을 정상 궤도로 되돌리는 일이 될 것입니다. 소리만 지르지 않는다면 다이애나가 무슨 이야기를 하든 듣고 싶습니다. 여러분은 선택하실 수 있습니다. 경청할 수 있다면 남아 주시고 그렇지 않으면 자리에서 벗어나셔도 됩니다. 이 서클의 테두리는 유지될 것이고 나중에 다시 불러 드리겠습니다."

모든 사람이 자리에 남았다. 호스트로서 참여자들에게 머무를지 떠날지를 선택하게 했던 마이크의 결정은 위험했다. 만약 모두가 자리를 떴다면? 그러면 그들은 서클을 되돌릴 수 있었을까? 하지만 그 선택 자체는 상당히 의미가 있었고 상황은 조금씩 안정되기 시작했다. 그들은 호기심을 갖게 되었고 이제부터 진행될 사항들을 지지하게 된 것이기 때문이다.

만약 이런 사건이 자신이 속한 서클에서 벌어진다면 당장은 그곳에서 벗어나고 싶다고 생각할 수도 있다. 이런 일은 어디에서든 발생할 수 있다. 하지만 감정이 다치고, 오래 지속된 관계가 깨지고, 적개심이 쌓여서는 절대 해결되지 않는다. 이를 해결하지 않고 시간이 흘렀다면 5년 후 더그와 다이애나는 그들 사이의 적개심이 어디에서부터 시작되었는지 기억하지 못할 수도 있다. 대화를 위한 공간이 없었다면 그들은 회사 내에서 파벌을 조성하고 반목했을지도 모른다. 그러다 보면 그들의 능력은 갈수록 맡고 있는 직책에 어울리지 않게 됐을 것이고, 회사에서 왜 그들을 교체하지 않는지 동료들의 뒷말이 무성해질 수도 있다. 서클은 이런 분란을 일으키지 않는다. 문제를 공개적으로 다루고 그 시간을 통해 핵심적인 무언가를 제거한다.

폭풍우와 같은 갈등을 극복하면서 사람들은 존재감을 유지하고 상황에 말려들지 않는 법을 배운다. 그들은 서클에서의 경험을 자신의 경험으로 체화했기 때문에 삶의 다른 영역에서도 이를 적용할 수 있게 된다. 다이애나는 폭발했지만 아무도 맞서 싸우지 않았다. 다이애나는 무너져 내렸지만 아무도 그녀를 교정하려 들지 않았다. 그녀의 정서가 불안정한 상태에서도 메리와 마이크는 다이애나를 동료로서 대했고, 사회적 컨테이너의 안정을 이끌고, 찢어진 부분을 수선하고, 그녀의 이야기를 끌어내서 나머지 사람들이 이해하고 다음으로 넘어 갈 수 있도록 했다.

"한 번 더 숨을 돌립시다."라고 수잔이 말했다. 그녀는 벨을 부드럽 게 울렸다. 일종의 안도감과 준비된 분위기가 그룹 전체에 안착됐다. 에너지 경고의 단계는 점차 낮아졌다. 벨이 다시 울렸다.

다이애나는 자세를 고쳐 앉고 중심부를 응시했다. 그녀는 고등학교 시절 배구팀 코치가 개인의 복종을 유도하기 위해 선수들을 어떻게 이 용했는지를 이야기했다.

"우리는 그 코치의 부하들 같았습니다. 그가 요구하는 것은 무엇이 든 해야 했어요."라고 그녀는 말했다. "너무 무서웠습니다. 그는 우리 에게 절대적인 존재였어요. 그의 말 한마디에 우리의 인생이 걸렸으 니까요. 전 지옥에 갈 거라고 생각했습니다. 그는 우리가 높은 곳으로 갈 거라고 했지만요."

메리는 계속해서 다이애나의 등에 손을 얹고 있었다.

이는 평소의 비즈니스 상황이 아니었다. 긴장감과 혼란스러움, 의 제 진행 중의 휴식, 한 인간의 고통을 지켜보는 것 등을 예상하고 그 날의 회의에 참석한 사람은 아무도 없었다. 하지만 그런 일들이 벌어 졌다. 그런 일들이 발생할 정도로 서클이 강력했기 때문이다. 사람들 사이의 연결 상태는 다른 사람과 관계를 맺기 위해 용기를 낼 때 더 욱 강해진다. 서클은 그 자리에 참석해서 각자의 마음속에 쌓인 문제를 바라보게 해 준다. 문제를 바라볼 준비가 되면 구름이 몰려오고 천둥이 울리고 비가 내리고 폭풍우가 중심부로 휘몰아치더라도 결국 무지개가 나타난다.

폭풍이 중심부로 들어갈 때 호스트와 가디언은 당장 무엇을 해야 할지 모를 수 있다. 그래도 괜찮다. 여기에는 공식이 없다. 속도를 늦추거나 일시 중단하거나 중심부에 초점을 두면 된다. 그리고 도움이 될 만한 동작을 취한다. 공간 속의 지혜를 신뢰함으로써 나아갈 길을 발견하는 것이다.

더그의 방해에 이은 첫 번째 에너지의 교란에서부터 다이애나의 이야기가 끝나기까지 10분이 지났다. 그제야 다이애나는 중심부에서 고개를 들어 더그의 얼굴을 바라보았다.

"당신은 그 코치와는 다른 사람이에요. 당신의 잘못이 아닙니다. 제가 흥분했어요. 미안합니다."

더그가 숨을 내쉬었다. "음, 그 사람과 똑같지 않다고 생각하다니 기쁜 일이군요. 하지만 저도 통제를 과하게 하는 편이기는 합니다. 제 막내딸의 야구팀 코치를 맡고 있기도 하지요. 저는 참을성이 없는 편입니다. 무언가 일이 마무리되는 것을 좋아해요. 휴대폰에 오늘의 할 일 목록을 만들어 놓고 마치 스피드광처럼 항목들을 처리해 나가면서 하루를 보냅니다. 이 서클 프로세스는 제 기존 상식과는 동떨어진 방식입니다. 이런 상황을 기대했던 것은 아니었어요."

"저도 마찬가지예요." 다이애나가 말했다. "제가 가진 모든 것이 이 일을 망치고 있네요. 남은 제 인생에 어리석음을 남길 것 같아서 저는 이 팀에서 빠져야겠어요."

그러자 메리가 말했다. "그럴 수는 없어요. 우리는 당신이 필요합니다. 그리고 이 서클 내에 있는 사람들 또한 저마다 지금까지 마음속에 숨겨 둔 이야기들이 있을 거예요. 지금 당장에도 두 명이나 떠오르는데요."

모두 고개를 끄덕였다.

"당신은 방금 우리 모두를 위해 세탁을 해 준 겁니다."

"그럼 이제 괜찮은 거지요, 다이애나?"

마이크가 물었다.

"10분간 휴식을 갖겠습니다. 창문을 열어 환기를 해 주세요. 스트레칭도 하고 음료도 드세요. 그런 다음 돌아와서 다음에 해야 할 일이 무엇인지 확인해 보도록 하겠습니다."

"한 가지만 더 말해도 될까요?"

다이애나가 손가락을 펼쳐 부드럽고 둥근 돌을 보였다.

"제가 아직 말하기 도구를 들고 있거든요."

이번에는 웃음을 지어 보였다.

"우선 감사합니다. 제 이야기를 잘 들어주셔서, 그리고 이상한 느낌을 덜 들게 해 주셔서 감사합니다. 그리고 더그, 우리 사이에 긴장감이 계속될 거라 생각하진 않지만 만약 제가 또 당신을 불편하게 한다면 가디언에게 벨을 울려 달라고 해 주실래요? 저도 요점만 간략하게 말하겠다고 약속할 게요."

더그는 웃으며 말했다. "그렇게 하겠습니다."

기다렸던 휴식을 위해 모두가 자리에서 일어났다. 이제 그들 모두는 같은 시간, 같은 장소에 있게 되었다.

  서클 프로세스에서 난관을 돌파하는 방식은 매우 신선하다. 모든 사람이 존중되는 상태를 유지하니까 말이다. 휴식 시간 동안 긴장감은 안도감으로 바뀌어 동료애를 되살릴 방법을 찾을 것이다. 하지만 과도한 농담이나 요란한 에너지는 상황을 재자극하거나 축소화할 수 있으므로 주의해야 한다. 다이애나에게는 당분간 사람들이 여전히 그녀를 서클의 구성원으로 여기고 있는지 재확신이 필요할 수 있다. 그렇지 않다면 다이애나는 수치스러운 감정이 들 수도 있을 것이다. 이를 위해 그룹 구성원들은 개인적인 느낌을 말할 필요가 있다. 하지만 활력 있는 날씨가 다시 정착되면 서클은 더 잘 진행될 것이다.

  호스트로서 마이크는 계획된 대화를 진행할 것이다. 모든 사람이 참석하고 과업은 더욱 원활하게 진행될 것이다. 그는 "이번 시간에 얻은 가장 중요한 교훈은 무엇입니까?"라는 일반적인 질문이 평소보다 더 깊은 반성을 끌어낼 수 있다는 것을 깨닫고 체크아웃을 위해 약간의 시간을 더 할애할 수도 있다.

9장

회피되고 있는 문제,
그림자 돌보기

서클의 힘은 다양한 인간의 상호작용을 가능하게 하고 그 과정에서 참가자들이 역량을 강화하고 통찰을 얻을 수 있는 강력한 구조를 제공한다는 데 있다. 서클을 통해 우리는 무의식에 잠재되어 있는 갈등도 치유할 수 있다. 경험이 쌓임에 따라 우리는 서클을 통해 인간의 태생적 복잡성과 다양성을 유지하고 통합할 수 있다.

모든 것이 빠르게 돌아가는 현대에서 사람들은 중요하다고 생각하는 일에 주로 초점을 맞춘다. 그러나 서클에서 하듯이 속도를 늦춰 보자. 바쁜 일상 속에 가려져 있던 문제들이 표면으로 드러날 것이다.

때로 이는 온화한 과정으로 이루어진다. 마치 친구들과 서클을 하면서 '와, 우리는 서로를 잘 챙기는구나.'라고 생각하는 것과 같다. 서로의 마음이 열려 있고 여러 가지 이야깃거리가 체크인 라운드에 있다고 느낄 수 있다.

하지만 때로는 사람들 사이에서 충격적인 일이 벌어지기도 한다. 서클에서 동료들이 하는 부정적인 이야기를 들으면서 '오, 이런! 벌써 지친 것인가? 아니면 뭐지? 우리는 서로에게 희망적인 말을 할 수조

차 없는 것인가?'라고 생각하며 어쩔 줄 몰라 할 수도 있다. 이때 속도를 늦추고 자신의 내면과 주변의 이야기를 듣기 시작하는 것이다. 그러면 주변을 둘러보게 되고 서클에 누가 함께하고 있는지 분명히 알게 된다. 때로는 과거의 인물을 회상하거나 표현한 적 없었던 자신을 느낄 것이다. 혹은 흐릿하고 불편해 보이는 환영歡迎을 느낄 수도 있다. 개인의 과거와 현재에 드리워진 심리적 덮개는 앞에서 다이애나와 더그의 이야기를 통해 설명한 바 있다. 이런 양상들은 모두 '인간의 그림자'이다.

'그림자shadow'라는 용어는 칼 구스타프 융Carl Gustav Jung과 마리—루이제 폰 프란츠Marie-Louise von Franz의 연구에서 기원한다. 그들은 이 단어를 '우리가 예전에는 알 수 없었던 우리 자신의 일부분'을 칭하는 데 사용했다. 융과 폰 프란츠의 이론은 모든 사람이 '알려진 자아'와 '알려지지 않은 자아'를 발전시키며, 햇빛이 비추면 그림자가 생기듯 알려진 자아는 그림자 자아를 만들어 낸다는 이론이다. 이 개념은 심리학적 사고에 통합되어 폭넓게 활용되어오다가 최근 들어서는 사람들이 모였을 때 자연스럽게 발생하는 혼란스러운 문제에 대해 이야기하는 방식이라는 조금 더 일반적인 의미로 알려졌다.

여기서 핵심은 '사람들이 모일 때마다 문제가 발생한다'는 점이다. 최초의 이방인이 불빛을 쫓아 방황하다가 자리를 잘못 찾아 앉고 중대한 결례를 범한 이래로(부족 단위로 불 주위에 몰려들던 시절, 다른 부족의 불 주변 서클에 실수로 들어가 앉았다가 문제를 일으킨 다른 부족 사람 누군가를 말한다. — 옮긴이) 우리는 이런 사실을 충분히 인지하고 있다. 모두가 불완전하다면 어떻게 해야 공동체를 지속할 수 있을까? 어떻게 해야 인간의 심리적인 기복과 취약성을 극복하고 그룹의 목적에 초점을 맞출 수 있을까? 이런 의문점들을 해결하기 위해 우리는 다음과 같은 가설에서 출발하고자 했다.

'대부분의 사람은 대부분의 시간에 그룹의 경험을 위해 최선을 다하려고 한다. 그 과정에서 의도치 않게 실수가 생기고 우왕좌왕하게 되고 망치게 되더라도.'

서클의 테두리에서 리더 역할 돌아가며 하기는 이러한 역학 구조가 어떻게 나타나는지 인식하게 해 주고 구성원들이 힘든 지점을 통과해서 비전과 의도, 서로의 존재에 대한 고마움에 도달하도록 돕는다. 서클은 성취감을 경험할 수 있게 해 준다. 마음을 움직이는 이야기 방식, 서로에게 불러일으키는 용기와 진정성, 잘 진행된 과정에 대한 깊은 만족감과 성취에 대한 축하 등이 그것이다. 이런 모든 경험은 자신에게 그림자가 드리워질 때도 서클이 자신의 마음을 붙잡아 줄 수 있다고 믿는 데 도움이 된다.

그림자는 어떻게 나타나는가

래리 목사는 암으로 죽어가고 있었다. 한 교회를 책임지고 있는 그는 맡은 소임을 계속하면서 홀로 시간과의 전쟁을 이어갔다.

그는 자신의 이야기를 다른 사람에게 하는 것을 극도로 꺼리는 사람이다. 자신에게 무슨 일이 일어나고 있는지 신도들에게 말한 적이 단 한 번도 없다. 일부 사람들은 래리 목사가 체중이 감소되고, 활력이 떨어지고, 완성되어야 할 것들을 더욱 강압적으로 지시하는 등 예전과 달라진 모습을 알아챘다. 하지만 일부 사람들은 그가 평소와 다름없다고 여기기도 했다. 그의 증세를 알았던 운영 위원회 사람들은 이를 기밀로 하기로 맹세했다.

래리의 아내 로레인 역시 엄청난 압박을 받고 있다. 그녀는 방사선 치료와 주치의와의 정기 검진을 위해 남편을 병원에 데려다 주었고, 자신만의 안식처도 없이 슬픔을 이겨내고 일상에서의 변화에 대처했다. 그녀는 래리가 신앙과 의지력으로 암을 극복할 수 있다고 믿기도 했다. 때로는 래리의 상황을 공개해 사람들과 함께 대처하고 도움을 받기를 바랐다. 그래서 어른이 된 자녀들이나 친구 몇 명에게만이라도 알리자고 래리에게 간청했다. 그러나 그의 대답은 항상 똑같았다.

"이에 관해 기도하고 있소. 이것이 내가 행하고 싶은 방식이라오. 하나님께서 그러라고 하실 때 신도들에게 말할 것이오. 그때까지는 내 노력과 기도를 신뢰하며 곁에 있어 주기를 바라오."

이는 그림자가 가득 들어찬 상황이다. 의식적으로든 무의식적으로든 모두가 래리의 바람을 존중하기 위해 그리고 공동체를 함께 유지하고 앞으로 일어날 미래를 준비하기 위해 최선을 다하고 있었다.

우리는 그림자를 '그룹 내에 존재하는 은밀한 에너지', 다시 말해서 토의할 수 없는 사안^{undiscussables} 이라고 정의한다. 여기서의 '은밀한^{covert}'은 '가려져 있다'는 의미로 숨겨진 상태라는 말이다. 다음은 서클 프로세스에서 그림자를 찾을 때 유용한 질문들이다.

- 사람들이 특정 주제를 회피하고 있는가?
- 특정 가설이나 행위가 다루어지지 않고 있는가?
- 서클 내부에 아직 밝혀지지 않은, 하지만 문제가 될 소지가 있는 권력 관계가 존재하는가?
- 모든 사람이 순차적으로 맡는 그룹의 리더 역할을 자신이 수행해야 하는 차례가 되었을 때 이를 무시하고 자신의 권리를 행사하지 않는 이는 누구인가?
- 자신은 이런 행동이나 반응에 어떻게 연관되어 있는가?

그림자 문제를 다루는 목적은 그것을 명시적으로 만들기 위해서이다. 명시적^{overt}이라는 뜻은 '공개한다'는 의미로, 완전히 드러낸 상태의 것들을 말한다. 다음은 그림자를 인정할 때 유용한 질문들이다.

- 서로에게 진정성을 담아 말할 용기를 어떻게 강화시키고 있는가?
- 신뢰에 관해 무엇을 알고 있으며 보존하고 싶은 것은 무엇인가?
- 어떻게 하면 완전한 자신이 되어 자신을 드러내고 싶어질까?
- 이를 함께 다룰 수 있으려면 서클 프로세스의 어떤 기본 구조를 도입해야 하는가?

무언가에 이름을 붙이고 살펴보는 동안 그룹은 '은밀한' 에너지에서 '명시적인' 에너지로 이동한다. 이런 변화는 그림자를 개인적 차원에서, 그룹 차원에서, 그리고 국가나 종교 차원에서 다루는 작업의 본질이다. 그림자 문제를 해결함으로써 우리는 의식의 범위를 넓히고 의식하지 않는 범위를 좁힐 능력을 키워 나간다. 모든 존재를 공정하게 대하려면 이러한 의식의 범위 확장은 필수적이다. 이때 서클은 의식을 확장하는 능력에 중대한 역할을 한다. 사람들이 성장하는 동안 서로를 연결해 주고 함께하도록 유지시켜 주기 때문이다.

래리 목사는 자신의 죽음에 관한 그림자 문제가 있다는 것을 알지 못했다. 그는 '사람들이 알아야만 할' 때까지 미뤄 두는 것이 신도들을 돕는 일이라고 생각했다. 교회의 운영과 자치위원회, 취미 및 연구 모임에서 서클 프로세스를 실행하고 있었으므로 그가 그림자의 존재를 알아차리기만 한다면 서클은 신도들에게 도움이 될 수 있었다. 침묵의 장막이 걷히기만 한다면 말이다.

래리 목사는 서클 대화에서 한 번도 퍼실리테이터의 역할을 벗어 던지고 자신의 진실된 생각과 감정을 솔직히 표현해 본 적이 없음에도 불구하고 자신을 사려 깊은 호스트이자 가디언이라고 생각했다. 목사로서 그는 자신의 역할이 다른 사람들과 다르며 신도들에게 스트레스를 줄 만한 그 어떤 것도 드러내서는 안 된다고 믿었다(이를 그의 '내부의 그림자'라고 한다.). 자기 조절에 대한 이러한 래리의 가치관은 '그룹에서 공간을 많이 차지하거나 에너지를 빨아들이는' 사람을 아주 비판적으로 보게 한다(이를 그의 '투사된 그림자'라고 한다.). 래리는 주교에게 자신의 상태를 설명하는 것을 어려워하고 있으며 교회에서 그를 아는 사람들이 래리의 이러한 소극적인 자세를 안다면 매우 놀랄 것이다(이를 그의 '재생된 그림자'라고 한다.).

내부의 그림자Interior shadow는 자신이 하고 있는 모습을 보지 못하고 무언가를 하는 것이다. 예를 들어 한 교회 장로가 말을 할 때 다른 사람들은 이를 공격적이라고 인식했다고 하자. 하지만 그는 자신의 말투를 스스로 듣지 못하므로 그에 관해 언급이 되면 방어적이 된다.

"뭐지요? 이 정도는 가족끼리 평소에 그냥 하는 말투에요. 우리는 이탈리아 사람들이라고요!"

오르간 연주자는 래리와 같은 남성 권위자가 말할 때는 고개를 끄덕이고, 여성이 말할 때는 눈을 굴리는 경향이 있다. 누군가 그것을 지적하자 그녀는 깜짝 놀라 이렇게 말했다.

"저는 절대 그러지 않아요. 그것은 저답지 않아요. 제가 왜 그런 짓을 하겠어요?"

허용된 자아와 금지된 자아 모두를 지니고 있다는 융의 이론적 근거에서 말한 그림자의 정의로 돌아가 보자. 이런 은밀한 행동은 진정한 자아가 무엇인지 알아내려고 최선을 다하던 어린 시절에 주로 형성된다. 교회 장로의 큰 목소리는 이탈리아 대가족들이 모일 때 테이블에서 자기 자리를 잡는 방법이었다. 오르간 연주자에게 있어 아빠의 의견에 동의하고 엄마를 무시하는 일은 폭력적인 아버지 밑에서 안전하게 지내기 위해 터득한 방식이었다. 세 아들 중 막내였던 래리에게 있어 요구하지 않고 말하지 않는 것은 가족의 규범이었다. 래리의 아버지는 테이블 상석에 앉아 날마다 아이들에게 잘 한 일을 보고받기를 기대했다. 그는 "어떻게 지냈는지 말해 보거라."라고 말하곤 했다. 그것이 래리의 아버지가 듣고 싶은 전부였고 래리와 그의 형제들이 아버지 앞에서 말했던 전부였다. 그에게 탁월하지 않았던 분야는 모두 금지된 자아로 흘러 들어갔다.

물론 교회 장로는 소리를 지르듯 말을 한다. 오르간 연주자는 남성의 말은 잘 따르고 여성들과는 거리를 둔다. 래리는 신도들에게 그가 얼마나 잘 지내는지만 말한다. 이는 매우 자명한 일이다. 사람은 누구나 다른 사람의 그림자를 볼 수 있다. 그리고 마음을 차분하게 하고 서클의 원칙과 행동수칙을 준수한다면 그들 스스로가 자신의 그림자를 볼 수 있도록 도울 수 있다.

투사된 그림자Projected shadow는 자신도 해결할 방법을 모르는 내면의 특성을 다른 사람에게 대입해서 판단하는 것이다. 이런 심리적 투사는 긍정적일 수도 부정적일 수도 있다. 긍정적으로 투사된 그림자는 래리 목사가 실수가 없는 완벽한 사람이므로 그의 결정에 도전해서는 안 된다고 가정한다. 부정적으로 투사된 그림자는 래리의 판단이나 행동에 어떤 결함이 보이면 그를 따를 가치가 없다고 간주한다.

긍정적인 투사는 리더십과 책임을 다른 누군가에게 넘겨 주고 안전함을 느끼고자 하는 욕망에서 기인한다. 또한 다른 사람은 무엇이 최선인지 알고 있고 항상 옳은 일을 빠르게 한다는 등의 가정을 한다. 이는 때로 '내 금화를 다른 사람에게 얹어 주는' 것과 같다.

부정적 투사는 집단 내에서 나쁜 행동을 한다거나, 사람들을 적절하게 보살피지 않았다거나, 협조적이기보다는 경쟁적이 되거나, 자기중심적인 행동을 한다거나 등과 같은 일을 저질렀을 때 돌아올 실망의 두려움에서 벗어나려는 욕망에서 기인한다. 이는 때로 '내 쓰레기를 다른 사람에게 얹어 주는' 것과 같다. 긍정적인 투사가 반드시 좋다는 의미는 아니며, 부정적인 투사가 반드시 나쁘다는 의미 또한 아니다.

분별력의 문제는 여기에서 발생한다. 투사한 내용 중에는 진리의 한 단면이 있기 때문이다. 예를 들어 우리의 리더가 건강한 리더일 때, 우리는 각자의 역할을 성실히 수행함으로써 그 사람을 의식적으로 지지할 수 있어야 한다. 또 반대로 어떤 사람이 경쟁적으로 행동할 때 어떻게 하면 자기 자신이 경쟁적이 되지 않으면서 그의 협력 정신을 회복시키고 리더로서 자신의 역할을 수행할 것인가에 대해 조심스럽게 생각해 보아야 한다.

투사에서의 해방은 자신이나 다른 사람들의 행동을 변화시키는 것이 아니라 그에 수반되는 접근의 방식을 변화시키는 것으로 이룰 수 있다. 그룹 내의 주요 인사 내지 높은 사람의 말이나 행동이나 뜻을 무조건적으로 따르지 않을 수 있으면 된다. 그룹 내 누군가의 말을 절대적으로 맹종하거나 반론을 제기하거나 대화를 붙여 보지 못하는 방식으로 접근하지 않을 수 있으면 된다.

재생된 그림자Transference shadow는 과거의 누군가와 끝내지 못한 관계를 현재의 누군가에게 투사하는 것이다. 예를 들어 한 남자가 방안으로 들어서면서 머리를 슬쩍 돌릴 때 그 모습을 보면서 불현듯 할아버지와 자신의 추억이 생각난다거나 따사로운 햇살이 비치는 창가에 서 있는 어떤 여인을 보면서 문득 고등학교 때 사귀었던, 지금은 떠나간 자신의 첫사랑인 것처럼 느껴지는 것을 말한다. 보통 전이는 무언가를 완성시킬 만큼 아주 많은 에너지와 강력한 추진력을 생성한다. 그런데 전이는 무의식의 상태가 유지되는 한 완성될 수가 없다. 따라서 그 에너지는 (전이에 사용되지 못하고) 그대로 축적된다.

래리의 가족 이야기를 다시 언급하자면, 그의 아버지는 아들들이 각각 의사와 변호사, 목사가 되어야 한다고 결정해 버렸다. 래리는 직업을 어떻게 선택했는지 정확하게 기억하지 못한다. 그저 항상 그렇게 결정되어 있었다. 자신이 직접 선택했다고 생각할 뿐이다. 그리고 주교처럼 아버지와 유사한 인물이 자신의 삶에 들어오면, 그는 선택을 내리는 동시에 그의 권위에 대항하기 위해 그 사람을 찾는다.

그림자에는 할머니의 벽장처럼 온갖 종류의 주인 없는 재료가 뒤죽박죽 먼지가 쌓인 채로 들어 있다. 그리고 그 오래된 것들을 그냥 붙들고만 있다. 투사와 전이는 다른 누군가에게 잘 어울리는지 알아보기 위해 한 번도 입지 않았던 자신의 옷을 입혀 보는 것이다. 금이 가고 벗겨진 거울을 통해 보이는 반사체가 다른 사람이 아니라 자신이라는 사실에 대처하는 방법이라고도 볼 수 있다. 투사와 전이를 통해 그림자를 변화시키는 작업은 시간이 지나면서 사람을 더욱 전체적으로 살필 줄 알고 인간의 삶의 양상에 대해 동정심을 갖는 더 좋은 리더를 만들어 낸다. 서클에서 전체 구성원을 대상으로 이야기함으로써 그런 자신의 존재가 드러날 수 있다. 자신이 가진 그림자는 자신이 직접 걷어낼 수 없다. 대수롭지 않게 생각했던 금지된 자아를 실토하게 만들기 위해서라도 서로가 필요하다.

일상생활에서 나타나는 그림자

그림자가 있으면 서클에서 일어나는 사람 간의 관계에서 생기는 문제를 깔끔하게 처리하기가 어려워진다. 그림자가 없는 갈등은 훨씬 해결하기가 쉽다. 그렇지만 그것은 드문 일이다. 한 교회 간사는 대형마트에서 물품을 구입한다. 반면 또 다른 간사는 동네 문구점에서 물건을 구입한다. 한 명은 돈을 절약하려 하고 다른 한 명은 소규모 상인을 보호하려 한다. 이럴 때 만약 그들이 서로의 동기를 인지하고 양쪽의 가치에 동의하며 공정하고 편안한 동료애를 지녔다면 절충안을 쉽게 찾을 수 있을 것이다. 그러나 더 깊은 주제의 대화(예를 들어 한 간사의 할아버지가 대공황 시절에 작은 가게를 어떻게 운영했는지 또는 이산화탄소 배출량이 교회의 구매 결정을 어떻게 유도해야 하는지 등과 같은)에 돌입한다면 그들은 그림자를 주의 깊게 살펴야 한다.

우리는 어떤 문제에 봉착했을 때 우리의 무의식에 들어 있는 무언가를 꺼내온다. 래리 목사의 교회가 건물 보수공사를 할 때 밀드레드는 주요 후원자 중 한 사람이었다. 그녀는 교회 공동체에서 나고 자라고 결혼까지 했다. 자녀도 그곳에서 양육하고 남편의 장례도 거기서 치렀다. 80대 중반임에도 여전히 활기차고 사려 깊었던 그녀는 교회 보수공사 추진위원회에 참석해 다양한 문제의 해결책을 서클 프로세스로 찾는 것을 즐겼고 디자인적인 면에도 기여했다. 그런데 보수공사가 시작된 직후부터 그녀는 갑자기 전부 그만두었다. 공사비 기부 약속을 취소하고 회의에도 참석하지 않았다. 위원회 사람들은 크게 난감해 하며 무슨 일이 있는지 그녀와 이야기하려고 했지만 그녀는 감정적인 반응으로만 일관했고 좀처럼 말을 하지 않으려 했다.

어느 날 위원회의 젊은 여성 중 한 명이 밀드레드가 위원회 회관에 새로 설치한 문을 잘 열지 못하는 모습을 보게 되었다. 밀드레드는 손에 관절염을 앓고 있었다. 그녀는 밀드레드에게 다가가 "밀리, 문에 무슨 문제라도 있나요?"라고 물었다.

밀드레드는 난감하다는 표정을 짓더니 울음을 터뜨렸다.

"난 막 이런 생각이 들었어요. 더 이상 내가 들어가는 것조차 원치 않는 교회를 위해 어째서 내가 돈을 기부하고 기여를 해야 하죠? 그 느낌을 떨쳐 낼 수가 없어요."

그녀는 밀드레드를 팔로 감싸 안았다.

"우리 모두 밀리 당신을 사랑해요. 문고리는 바꾸면 돼요!"

밀드레드는 자신의 불편함에 대한 실질적인 근원을 발견할 수 없었기 때문에 그림자로 들어갔고, 이는 인간관계의 파괴를 불러오는 무의식적인 행동과 투사로 이어졌다. 문제의 그림자 부분을 밝은 곳으로 가져오자마자 해결책은 명백해졌다.

"아, 나는 정말 바보 같다는 생각이 들었어요."

밀드레드는 나중에 서클에서 고백했다.

"난 문고리에 문제가 있을 거라고는 생각도 못했어요."

모두가 환호했고, 젊은 사람과 나이든 사람 그리고 어린 아이들까지 편하게 사용할 수 있도록 하는 보수공사의 감독자 역할을 그녀에게 맡겼다.

'그림자 돌보기'는 서클의 세 번째 행동수칙과 원칙인 그룹의 안녕에 동참하기와 총체성에 대한 신뢰와 같은 맥락이라 할 수 있다. 그림자 돌보기는 서클의 원칙을 토대로 행동수칙을 지키기만 한다면 그리 어려운 일이 아니다. 다시 말해 중심부에 말하기와 중립적인 언어 사용하기, '나'를 중심으로 한 문장 만들기, 책임을 공동으로 지기, 그룹의 정신을 신뢰하기 등을 통해 누구도 자신의 말에 부끄러워하지 않아도 되며, 자신의 경험을 토대로 말하면 된다는 점을 모두가 지킨다면 말이다.

교회 재정 위원회는 교회의 예산과 신도들의 관리를 위해 의제 기반 서클 프로세스를 사용하고 있었다(이들은 래리의 병을 인지하지 못하고 있다.). 가디언은 때로 벨을 울려 일시 중단하고 사람들에게 요청했다.

"우리가 함께 해야 할 일들이 더 있을까요?" 혹은 "이것들을 처리할 또 다른 방법이 있을까요?"

말하기 도구가 전달되면 참여자들은 각자 그것을 신중하게 잡는다. 이번에는 래리가 말했다.

"최근에 저는 말을 그리 많이 하지 않았습니다. 저는 그 침묵이 잘못 이해되기를 원치 않아요. 그런데 교회와는 무관하게 제가 아직 말할 준비가 되지 않은 일들이 일어나고 있는 것 같더군요. 제가 피곤해 보이거나 혼란스러워 보일 수 있다는 것은 알고 있습니다만, 섣부른 오해는 하지 않았으면 좋겠습니다."

몇 분 후, 한 여자가 말했다.

"그렇게 말해 주셔서 정말 기뻐요, 래리. 당신을 계속 걱정했거든요. 당신이 말을 하지 않는 게 저와 관련이 있다고도 생각했어요. 어떻게 도우면 될지 알려 주세요."

문제가 마무리된 것은 아니었지만 은밀한(닫힌) 주제에서 명시적(열린) 주제로 변화되었다. 그리고 래리의 발표는 그와 그룹 내의 다른 사람들에게 해당 주제를 다시 불러올 방법을 안겨 주었다. 아마도 몇 번의 모임 후에 누군가는 이렇게 말할지도 모르겠다.

"래리, 당신이 피곤하고 혼란스러워 보일 수 있다고 말한 거 기억하세요? 저는 우리가 그에 대해 조금 더 이야기할 수 있을지 궁금합니다. 계속 걱정이 되어서요."

혹은 래리 스스로 이렇게 말할 수도 있다.

"이제 제게 무슨 일이 일어나고 있는지 말할 시간이 된 것 같습니다."

래리가 말하지 않더라도 서클의 어느 구성원이 중립적인 언어와 탐구적인 '나'의 진술로 그 문제를 언급할 수도 있다.

융의 이론에 따르면 그림자는 아이들이 자신이 속한 가족이나 문화와 부합하지 않는 자아를 버릴 때마다 축적된다. 승인되지 않거나 인정받지 못한 것은 무엇이든 금지된 자아로 빠져들 수 있다. 예를 들면 화가 난 90킬로그램짜리 성인의 앞에서 18킬로그램의 아이가 감정을 안전하게 표현하는 방법을 알 수 없다면, 그 아이의 분노는 어디론가 감춰진다. 그 결과로 나타나는 인격은 자신의 분노를 다른 곳에서 분출하는 고분고분한 성격의 아이다. 그 아이는 아마도 동생들을 괴롭히거나 나중에 부모가 되면 자신의 자녀들에게 지나치게 관대할 것이다. '어울리지 않음'으로 분류된 것 중에는 원래의 상황에서 제대로 발현될 수 없었던 재능도 포함된다. 예를 들면 예술에 별 가치를 두지 않는 집안에 음악 혹은 예술적 재능을 가진 아이처럼. 혹은 '여자는 얌전해야 해.' '남자는 우는 게 아니야.'와 같은 전통적인 역할을 강조하는 환경에 놓인 자기주장이 강한 여자아이나 우유부단한 남자아이도 이에 해당한다. 누구에게나 그림자는 있다. 그리고 잃어버린 내면을 복구하도록 돕는 것은 삶의 여정에서 중요한 부분이다. 이 복구를 위한 탐색 과정은 모든 의미의 상호작용에서 일어난다. 잃어버린 내면을 복구하고 싶다고 생각하는지 아닌지는 중요하지 않다. 그것들은 그냥 나타난다. 자신이 그것들을 스스로 볼 수 없다면 다른 사람들에게 투사하게 될 테니 말이다.

그림자 돌보기 작업은 자신의 은밀한 생각과 행동을 명백한 생각과 행동으로 변환하는 것에서 시작된다. 서클 프로세스에서 그림자 돌보기 작업의 첫 번째는 자신에게 스스로 묻는 것이다.

'내게 나타나고 있는 일 중에서 그림자일 수도 있는 것은 무엇인가?'

크리스티나는 다음과 같이 말했다.

"어렸을 때 저는 가족 사이에서 마치 낯선 사람처럼 느껴지곤 했어요. 그래서 (내가 속한) 집단에 해당하지 않는다고 생각되는 사고의 패턴이 무엇인지 유심히 살펴보아야만 했지요. 또한 오래된 불안감을 현재 상황에 투사하지 않으려면 어떻게 해야 하는지도 연구했어요. 물론 그 경험에서 비롯된 긍정적인 측면도 있어요. 사람들이 소속감을 갖고 함께 성장하도록 돕는 서클 프로세스를 만들게 되었으니까요."

상처는 종종 선물이 되기도 한다. 앤은 이렇게 말했다.

"저는 비판에 극도로 민감해요. 의도한 것보다 훨씬 더 크고 날카롭게 들을 때가 많아요. 그럴 때면 자연을 산책하고 돌아와 저 자신을 중심에 두고 그 이야기의 의도를 다시 생각하죠. 그러면 한정된 공간 안에서의 내 모습이 아닌 모든 것이 허용되는 자연 안에서의 내 모습을 파악할 수 있게 돼요.”

리더십을 발휘하는 데 있어서 첫 번째 단계는 자신의 취약점과 강점, 즉 감정의 지뢰밭에 들어가게 되는 원인을 제대로 아는 것이다.

서클 프로세스를 활용하여 모임을 진행하는 많은 조직이 참여자에게 일지 쓰기를 요구한다. 자신의 경험을 서사(서술)의 형식으로 꾸준히 적으라는 것이다. 공책이나 노트북, 휴대용 기기에 저장된 각자의 일지들은 그들이 그룹에서 역동적으로 활동하기 전에, 혹은 활동하는 동안에 그림자를 걷어 낼 방법을 제공한다. 모든 구성원이 자신만의 그림자를 갖고 있을 수는 있지만 그룹 프로세스와 의도, 활동의 근간을 약화시키지 않도록 자신의 의식을 유지하려고 노력해야 하는 것이다.

래리가 재정 위원회에서 말을 한 후 그곳에 있던 한 구성원은 그의 일지에 다음과 같이 적었을 수도 있다.

래리가 우리에게 말하지 않은 것은 무엇일까? 나는 그것이 중대한 일이라고 본다. 아니라면 그는 그냥 계속 말했을 것이다. 그것은 가족의 비밀에 대한 나의 오래된 두려움을 불러일으켰다. 내 마음 한편에서는 래리의 옷깃을 붙들고 말하라고 하고 싶었다. 지금 당장에 말이다! 내 예감은 점점 증폭되고 있다. 하지만 숨겨진 사실을 알게 되더라도 나는 나의 긴장감을 관리할 수 있을 것이다. 그가 마을을 떠나려 한다면? 자녀에게 약물 문제가 있다면? 그나 로레인이 아프다면? 이혼한다면? 좋다. 이런 것들은 재앙 목록이다. 이제 문제는 "내가 어떻게 그들을 돕도록 지도력을 발휘할 것인가? 우리 위원회가 그 도움에 함께할 것인가?"가 된다.

그림자는 그룹 프로세스에 필수불가결하다. 그룹이 얼마나 과업에 집중하고 있든, 또는 특정 상황에 존재하는 그림자가 얼마나 이질적인 개념이든, 사람들이 모여 집단을 형성했을 때, 총체성과 치유에 대한 욕구는 집단 내의 인간관계와 서클, 조직, 공동체 등에 의미를 부여하는 근간(배경, 원동력)이 된다. 누구도 이를 피할 수 없다. 서클 내에서 리더십의 일부는 그림자가 서클과 함께한다는 사실을 알고, 필연적으로 나타날 그림자 요소에 이름을 붙이고, 대응하고, 작업하는 건강한 방법을 개발하는 것이다. 예를 들면 이 교회 남성 신도 그룹에서는 중심부에 검은 돌을 두고 이따금씩 '돌을 뒤집어서' 건넨다. 중심부를 향해 하고 싶은 이야기를 그 뒤편에 숨겨 두었다가 본다는 의미이다.

한 여성 그룹에서는 질문을 할 때 건네는 작은 코끼리 인형이 있다. "이 방에서 더 크게 자라기 전에 이야기해 보고 싶은 코끼리가 있습니까?"

이들은 그림자 요소를 코끼리에 비유해서 질문을 던진다. 물론 누군가 대화를 시작해야 할 것이다. 그림자를 해결할 때는 언제나 긴장감이 돈다. 그리고 일단 문제가 제기되면 그룹은 이를 되돌릴 수 없다. 그룹 구성원 모두에게 그 문제를 다룰 개인적인 권한과 집단에서의 권한이 주어지고, 그 과정에서 각자 그 문제에 관해 뭔가를 배우게 된다. 개인의 능력과 준비성과 의지력의 수준은 참가자마다 다를 공산이 크다. 대부분의 사람에게 그림자 돌보기 작업은 불편함에서부터 두려움에 이르기까지 광범위한 반응을 일으킨다. 그래도 이를 극복하는 것은 아주 짜릿한 경험이다. 그림자 돌보기 작업은 사람들에게 일종의 심리적 연금술을 경험할 기회를 준다. 알지 못했던 것을 지식으로 변환하는 과정이기 때문이다. 8장의 더그와 다이애나의 이야기가 보여주듯 그림자를 해결하고 그것을 극복해 내는 그룹은 아주 강력해진다.

은밀함에서 명백함으로 그림자 문제 해결하기

그림자 문제의 해결책은 서클에 있다. 서클은 그룹 내 구성원들의 견해 차이를 분명하게 드러내고, 그런 서로 다른 관점과 과도한 열의 속에서도 항상 최고의 공동선을 목표로 한다. 의도가 중심부에서 명확하고 가시적으로 표현되고 구성원 서로가 존중하는 분위기를 유지하는 한, 관점 차이로 인한 갈등은 해결되고 궁극적으로 신뢰를 구축할 수 있게 된다. 서클 내에서 그림자가 나타날 때 그냥 모른 체하고 넘어갈 수 있는 사람은 아무도 없다. 호스트와 가디언이 함께 작업할 것이고 모든 사람이 참여해야 한다. 반드시 구두로 참여하라는 것이 아니라 어려움의 순간에도 서클의 기본 구조에 대한 확고한 신념을 가지고 서클의 공간을 유지하라는 것이다.

교회 사례로 돌아와서, 운영 위원회는 래리 목사의 병을 비밀로 유지해 달라고 부탁받은 것에 대해 사람들이 불편함을 느낀다는 점을 줄곧 이야기해 왔다. 결국 위원장 행크는 회의를 소집했다. 여섯 명의 위원 모두가 모였다. 행크는 교회 책자 한 권과 그와 래리가 골프를 치는 사진 그리고 양초 하나를 커피 테이블 가운데에 놓았다. 발레리는 가디언 역할을 자원했고 그녀의 가방에서 차임 벨을 꺼냈다. 서클의 시작점으로 행크는 안내를 위한 개회 기도를 하고 래리와 그의 가족, 교회를 위해 회의를 진행했다. 그는 이 회의의 의도를 언급하면서 서클을 열었다.

"우리 몇몇은 래리가 참석하지 않은 이 회의를 불편해하고 있습니다. 그리고 래리가 그의 병을 신도들에게 비밀로 해 달라고 한 부탁도 불편해하고 있습니다. 래리의 병세는 악화되고 있고 그의 침묵으로 우리 교회는 곤경에 처한 모습을 보이기 시작했습니다. 때문에 저는 현재와 같은 상태를 유지하기 어렵다고 생각합니다. 그래서 우리 자신의 감정을 공유할 장소와 시간을 가지기 위해 이 회의를 소집했습니다. 우리의 평소 합의사항은 그대로 적용합니다. 특히 비밀 유지에 대해서는요. 체크인 라운드를 진행하는 동안 서로 경청하면서 우리가 어느 방향으로 나아가야 할지 찾아봅시다."

발레리는 "가디언 역할을 수행하는 데 집중할 수 있도록 제가 체크인을 먼저 하겠습니다. 우리가 무엇을 결정할지 모르지만 그래도 이 대화에 참여하게 되어서 안심이 됩니다. 저는 벌써 남편에게 두 번이나 아무런 문제가 없다고 거짓말을 했습니다. 그게 너무 싫습니다! 저는 래리를 아주 좋아합니다. 하지만 그가 우리를 이런 곤경에 처하게 해서 속상합니다."라고 말했다.

다음 회원이 말을 이었다.

“래리는 목회자입니다. 그에게는 그렇게 해달라고 할 만한 이유와 그런 결심을 뒷받침하는 신념이 있습니다. 저는 제 자신이 동의하는지 아닌지 자문하느라 시간을 낭비하지 않으려 합니다. 저는 그가 부탁한 일을 할 것입니다. 그게 제가 앞으로 계속할 일이고 오늘밤 이 자리에 온 이유이기도 합니다. 기본적으로 우리가 이런 대화를 하지 말아야 한다고 이야기하기 위해서요. 하나님께서 우리를 지켜보실 겁니다. 래리가 더 좋아지고 모든 상황이 무사히 지나갈 가능성은 여전히 있습니다.”

그 다음 회원은 실제로 말하기 도구를 집어 들었다.

“그는 전혀 나아지지 않고 있어요. 오히려 더 나빠지는 중이지요. 래리는 곧 신도들 앞에 서 있을 체력조차 유지하지 못할 거예요. 우리에게도 계획이 필요합니다. 래리가 우리 곁을 떠난 후에도 이 교회를 함께 유지해 나갈 수 있도록 준비를 해야 해요.”

말할 차례가 오기도 전에 모린이 울기 시작했다.

“그가 죽게 되나요? 누가 그가 죽는다고 말하나요? 왜 하나님은 그를 우리에게서 데려가려 하시는 걸까요? 우리에게는 그가 필요해요. 우리 모두가 그를 위해 기도해야 해요. 그리고 기적을 믿어야 해요. 그런 게 바로 믿음이잖아요.”

발레리는 차임 벨을 울렸다. 모두가 하던 일을 잠시 멈췄다. 그녀는 벨을 다시 울렸다.

행크는 “고마워요, 발레리. 우리 모두가 계속해서 중심부에 초점을 두고 경청할 수 있으려면 서로의 반응들을 그냥 그대로 내려놓아야 한다는 점을 상기했으면 좋겠어요. 이것으로 체크인 라운드를 마치고 이 상황에서 우리의 리더십을 어떻게 발휘하면 좋을지 이야기해 보도록 합시다."라고 말했다.

이제 그들 자신의 그림자와 차이점을 바탕으로 회의를 진행해야 한다. 침묵이 깨지기 전으로 되돌아갈 수는 없다. 행크가 서클 프로세스를 진행하는 방법 중 하나는 사람들이 중심부에 자신의 감정을 내어 놓도록 요청하고, 다양한 반응과 관점이 분출되는 동안 참여자에게 주의 깊게 듣기를 상기시키는 것이었다.

운영 위원회에 그림자의 존재와 리더십의 문제는 점점 더 명확해졌다. 그리고 현명하게도 행크는 사람들이 과정에서 이탈하지 않고 자신의 이야기를 명료하게 말할 수 있을 때까지 공간과 시간을 마련해 주었다.

우리는 나중에 행크에게 그날 저녁 서클의 진행이 어땠는지 물어보았다. 그는 다음과 같이 대답했다.

"당신이 말했던 '빠져나갈 유일한 방법은 통과하는 것'이라는 이야기가 정말 맞더군요. 체크인이 끝났을 때 저는 일시 중단을 알리는 벨 소리를 들으며 앉아 있었어요. 그리고 '이게 뭐지? 우리는 서로 완전히 다른 장소에 있잖아.'라고 생각했습니다. 그때 두 분께서 프로세스를 믿으라고 말했던 것이 기억났습니다. 그래서 저는 모두에게 정직하게 말해 준 것에 감사했고, 우리가 아직 명확하지 않다는 사실을 느꼈으며, 말하기 도구 회의를 한 바퀴 더 시행하자고 요청했지요. 저는 우리에게 필요한 지혜가 그룹 내에 있다는 것을 참가자들에게 계속해서 상기시켰습니다. 그 지혜가 도착했을 때 우리는 알게 될 것이며, 우리가 해야 할 일은 인

내심을 갖고 경청하며, 래리와 서로에게 동정심을 갖고 그 과정을 신뢰
하는 것이라고 말했지요."

이 민감한 순간 운영 위원회가 래리의 병에 계속 초점을 맞추었다
면 내부적으로 싸우며 분열되었을지도 모른다. 하지만 행크와 발레리
의 주의 깊은 호스트와 가디언의 역할, 그동안 내부적으로 좋은 관계
를 유지해 온 그룹의 공적, 그리고 회의 본래 의도로의 회귀 등이 이
를 저지시켰다. 그날의 저녁은 매우 감정적이었고, 발레리가 호흡을
가다듬고 다음과 같이 말했을 때는 위원회가 결정을 내리지 못할 것
처럼 보이기도 했다.

"저는 우리에게서 일어나는 모든 감정과 반응이 래리 목사님의 마
음속에서도 일어나고 있으며 신도들도 그렇게 될 거라고 생각합니다.
래리에게 의식이 있는 한 저는 그와 함께 있을 만큼 충분히 강하며, 어
떤 일이 일어나더라도 우리 교회와 함께할 거라고 각오하고 있습니다.
오늘 밤 저 자신에 관해 배운 것은 다가올 아픔에 기꺼이 참여할 수
있다는 것입니다. 제 말은 우리는 슬픔을 피할 수 없으며 여러분과의
대화 이후에도 이에 맞서는 것을 두려워하지 않을 거라는 겁니다. 시
시각각 다가오는 죽음에 직면한다는 것이 얼마나 힘든 일인지 상상조
차 할 수 없겠죠. 하지만 저는 래리와 함께 받아들이고 싶습니다. 그의
이야기를 듣고 그에게 우리를 신뢰하도록 격려하고 싶어요. 로레인과
그 아이들을 위해 이 자리를 지키고 싶습니다. 그리고 무엇보다도 교
회와 함께하는 우리의 삶 속에서 이 시간이 우리의 믿음을 더욱 성숙
시키는 성장의 과정이라고 생각하고 싶습니다."

모린은 몸을 앞으로 기울여 발레리의 무릎 위에 놓여 있던 차임 벨을 울렸다. 그리고 이렇게 말했다.

"제 생각에 지금 막 우리의 지혜가 도착한 것 같네요. 신이시여, 감사합니다."

잠시 동안 그룹은 앉은 채로 침묵했다. 발레리가 차임 벨을 다시 울렸다. 행크가 말했다.

"발레리가 말하는 동안 저는 끝에서부터 시작하는 것이 어떨까 하는 생각을 했습니다. 우리가 이 시간을 되돌아볼 시점으로 가 보는 것이지요. 그 미래 시점에 우리 공동체가 갖추어야 할 모습이 되려면 지금 어떤 대화와 경험이 필요한지 살펴보면 되지 않을까요?"

그들 중 한 명이 말했다.

"훌륭한 생각이지만, 오늘 밤 저는 거기까지 갈 수 없겠네요. 너무 지쳐서요. 하지만 어쩌면 이것이 우리가 래리에게 이야기할 수 있는 방법인지도 모르겠습니다. 우리도 그가 남길 업적의 일부라고 생각해 달라고 그에게 부탁해 봅시다. 우리에게 그의 상황을 공유해도 괜찮고 무슨 일이 생겨도 우리는 감당해 낼 거라고 그에게 확신을 심어 줄 수도 있을 거예요."

사흘 뒤, 위원회는 래리와 로레인을 만났다. 먼저 위원회 구성원들은 래리 부부의 이야기를 들었다. 그런 다음 그들은 진심을 다해 모두의 의견을 전했다. 일주일 후, 래리는 연단에서 그의 병에 관해 이야기를 했고, 위원회는 그 자리에 함께 서서 사랑과 동정심으로 하나가 된 공동체를 위해 새롭게 출발하자는 성명을 발표했다. 이로써 공동체 스토리의 새로운 장場을 여는 사회적 컨테이너가 만들어졌다.

위원회는 그 다음 주 화요일 저녁에 세 부분으로 구성된 교회 전체 회의를 진행했다. 사람들은 먼저 생각과 감정을 공유하기 위해 테이블 주위에 모였다. 그런 다음 디저트와 커피를 나누며 휴식 시간을 가졌다. 그러고는 다음 질문들을 해결할 세 라운드짜리 회의로 넘어갔다. 질문은 세 가지였다.

"우리 교회가 이 시간을 어떤 식으로 되돌아보기를 원하는가?"
"이 상황에 우리는 무엇을 기여할 수 있을까?"
"우리에게는 어떤 도움이 필요한가?"

쉽지 않은 과정이었지만 강렬하고 성숙한 시간이었다. 신도들은 감정에 휩싸여 불안에 떨었다. 교회는 그 프로세스에 머물지 않기로 결정한 몇몇 구성원을 잃었고, 이런 형태로 그룹의 그림자를 관리하는 데 힘을 보태기로 한 몇몇 구성원을 새로 얻었다. 구성원 모두에게는 슬픔에서 얻은 교훈을 말하고 그 상실을 통해 새로 만들어진 자신들의 신념을 목표로 삼는 소규모 서클과 간간이 열리는 신도 전체가 모이는 서클에 참여할 기회가 주어졌다.

사람들이 그림자 돌보기를 피하는 이유

그림자는 스스로 드러내는 것을 두려워하게 만드는 내재된 위협에 의해 무의식의 한 귀퉁이에 박혀 있다. 이 위협은 우리가 스스로에게 무의식적으로 '만약 그렇지 않다면'이라고 말하게 만든다.

"가족들과 대화할 때는 큰소리로 말해야 해. '만약 그렇지 않으면' 네 의견은 무시당할 거야."
"아빠의 말을 따라야 해. '만약 그렇지 않으면' 구타를 당하게 될 거야."
"사람들에게 내가 얼마나 잘하고 있는지 말해야 해. '만약 그렇지 않으면' 그들이 너를 좋아하지 않을 거야."

'만약 그렇지 않으면'은 내부화된 경고이다. "감히 이 행동을 함부로 바꾸지 말라!"는 의미이다. 그 위협은 행동들을 무의식으로 몰아가며, 혹여 그 행동들이 지적당하기라도 하면 방어나 수치심, 분노, 공포 등 상대를 놀라게 하는 반응이 촉발될 수도 있다. 속삭이듯 조용히 말해도 다른 사람들이 내 말을 경청해 줄 것이라고 믿는 것, 그리고 그룹 토의에서 여성의 편을 들어도 비난 받지 않을 것이라고 믿는 것은 심리적으로 볼 때 신뢰의 큰 도약이다. 마찬가지로 도움을 요청할 수 있으며 다른 사람의 도움을 요청해도 여전히 그가 능력있는 사람으로 인식될 것이라고 믿는 것은 래리에게 엄청난 도약이었다.

다른 누군가가 당신의 '만약 그렇지 않으면'을 자극하거나 반대로 당신이 누군가의 '만약 그렇지 않으면'을 자극하는 순간은 누구나 쉽게 알아차릴 수 있다. 물론 그 순간에 실제로 발생하는 일은 사소할 수도 있다. "저기, 조르지오, 목소리를 낮춰 주시겠습니까"와 같이 말이다. 그래도 그때 발생하는 굴욕의 내적 반응은 감정적으로 쉽게 타오르는 성질을 지니고 있어서 충동 조절에 애를 먹을 수밖에 없다. 그래서 합리적인 요청을 받고 비합리적으로 반응했다 하더라도 그림자가 생기는 것이다.

그림자의 경험은 종종 폭발적이다. '만약 그렇지 않으면'의 순간은 그 사람을 오랫동안 내리누른다. 그리고 엄청난 영향력을 동반한다. 분노를 표출하고, 눈물을 쏟아내고, 공포에 울부짖으며, 뒤로 물러서는 판단을 하게 한다. 이런 에너지는 관리하기가 어려우며, 서클의 공간이 유지될지 산산이 부서질지 여부는 구성원들이 에너지의 폭풍 한가운데에서 서클의 기본 원칙을 안전하게 유지하느냐 아니냐에 달려 있다.

8장의 다이애나 이야기에서 전이의 그림자가 그녀를 완전히 짓눌렀을 때 그녀는 중심부에 자신이 할 수 있는 최선을 쏟아냈고, 그러자 그녀의 예전 이야기에 의식적으로 접근할 수 있었다. 서클의 호스트는 테두리의 유지를 도왔고, 다이애나 옆에 앉아 있던 메리도 도움이 되었다. 더그 역시 마찬가지였다. 혼란스러워했고 방어적이긴 했어도 그는 다이애나와 맞서기 위해 속도를 높이지 않았다. 과거 속으로 빠져들었다가 완전한 자아가 되어 현재로 돌아오는 다이애나의 능력에 모든 구성원이 어떤 방식으로든 기여했다. 폭력적이지 않은 방법으로 감정을 분출할 수 있다면 서클은 그림자의 갑작스런 분출을 저지할 수 있다. 또한 서클이 그 공간을 유지해 주기만 해도 그 사람은 변화할 수 있다.

그러나 영상 매체 등에 등장하는 그림자 행동은 사람들에게 공포감을 준다. 대개 그림자와 그 행동을 통제할 수 없는 것으로 형상화하기 때문이다. 영화나 드라마를 통해 온순한 사람이 분노하면 헐크로 돌변하는 모습을 본 적이 있을 것이다. 혹은 예측할 수 없는 자기애(나르시시즘)와 악의로 가득 차서 자기 마음대로 행동하고 무고한 사람들을 괴롭히는 드라마 주인공을 본 적도 있을 것이다. 이는 자제력이 결여된 극단적인 그림자이다. 우리가 수년간 서클 프로세스를 교육하면서 경험해 온 그림자의 대부분은 용기를 내고 치유의 돌파구를 만드는 사람들의 능력에 의해 저지되었다. 하지만 스스로 포기하거나 서클의 행동수칙과 합의사항을 꾸준히 고수하지 않으면 서클의 공간은 산산이 조각날 수밖에 없다는 것도 사실이다.

모두가 서클의 원칙을 유지한다는 조건만 지킨다면 서클은 혼란스러운 가운데에서도 그림자의 활동과 노여움을 저지할 수 있다. 여기에는 그룹의 다른 구성원에게 투사될 수도 있는 통제되지 않은 분노도 포함된다. 격렬한 감정 또한 저지할 수 있다. 우리 둘은 오랫동안 그림자가 분출되고 사람들이 창의성과 집단의 힘으로 대응하는 모습을 보아 왔다. 그리고 그 힘은 서클이 유지되고 개선되고 치유 의식을 시작하고 누군가를 떠나보내야 한다는 사실을 깨닫게 해 주었다. 래리 목사의 장례식에는 은총이 가득했다. 그가 아팠을 때 시작되었던 대화는 계속되고 더 깊어졌다. 사람들은 내부 서클 회의에서 중대한 경험을 했다. 발레리는 나중에 이에 관해 이렇게 말했다.

"우리는 정말 진정성 있는 대화를 나누었어요. 영혼이 뚜렷하게 보일 정도였지요. 우리는 열정적으로 변했어요. 그것을 어떻게 설명해야 할지 모르겠군요. 설령 제가 그 이야기를 해 드리더라도 우리가 했던 것처럼 변화를 가져오진 못할 거예요. 그것은 마치 우리를 통해 나타나 각자에게 돌아간 총체적이고 신성한 무언가와 같았습니다.”

그런 다음 그녀는 미소를 지으며 다음과 같이 덧붙였다.

“지금 저희는 어떻게 하면 우리가 지내왔던 과정을 경험해 본 적 없는 새로운 구성원에게 그 과정을 가벼이 여기지 않도록 할 것인가에 관한 그림자에 직면해 있어요. 그리고 새로운 목회자를 찾는 일은… 와아, 그것이야말로 그림자로 가득한 여정이었습니다! 목사님 추대 위원회는 우리의 생각과 잘 어울리는 분을 아주 오랜 시간 찾았어요. 우리는 래리의 업적을 계승하면서도 그와 똑같지 않을 사람을 원했죠. 마침내 한 여성분께 연락을 했고, 이제 연단에는 신선한 목소리가 울려 퍼집니다.”

그림자에서 회복하는 힘은 정형화될 수 없다. 인간 자체가 정형화될 수 없는 존재이기 때문이다. 그림자의 본질은 매번 다르고 사람마다 다르게 나타난다. 그러므로 우리도 매번 다르게 처리해야 한다. 서클의 공간 속으로 더 많은 장애물이 들어올수록 우리는 더욱 강하게 합의사항을 지킬 책임을 유지하고 격한 감정을 서클의 중심부로 향하게 할 필요가 있다. 또한 가디언에게 일시 중단을 요청하고 진행 속도를 늦출 필요도 있다. 그 자리에 앉아 있는 모든 참가자가 강력한 의지를 가진 리더로 활약할 필요도 있다.

10장

조직과 그룹에 내재된 그림자 치유하기

서클은 가족과 공동체, 사회의 문제를 해당 집단에 이야기하는 방식을 통해 변화를 꾀할 수 있다. 이 장에서는 가족 세대 간의 문제와 미국 남부 한 도시에서의 인종 및 성 차별 문제 그리고 사회적 혼란으로 상처 받은 시민들을 서클이 어떻게 변화시켰는지를 보여줄 것이다.

인류의 조상이 언덕에서 내려와 불을 중심으로 서클을 만들었을 때 그들은 공동의 집단으로 사회화되었고, 서클은 인간의 의식을 각성시키는 가장 깊이 있는 대화를 위한 공간이 되었다. 불길을 바라보고 수렵과 채집의 고된 하루를 무사히 통과했다고 안도하는 동안 그들에겐 의문이 떠올랐고, 그들 세상의 근간이 되는 이야기를 하기 시작했다.

'우리는 누구일까? 어떻게 여기까지 왔을까? 누가 또는 무엇이 우리를 위해 이 세상을 만들었을까? 우리는 어떻게 연결되어 있을까? 우리의 아이들을 어떻게 교육해서 부족에 편입시킬까?'

그들이 '내부인의 정체성'을 발달시키는 동안 외부인의 정체성 또한 발달했다. 다시 말해서 어떤 사람들은 부족에 소속되고 어떤 사람들은 그러지 못했다.

'이 사람들은 누구일까? 그들은 어떻게 여기까지 왔을까? 우리의 영양을 사냥하는 그들에게 무엇을 해야 할까? 그들을 밀어내야 할까? 그들이 이겨서 우리가 밀려난다면? 우리가 알아야 할 것들을 그들도 알고 있을까? 우리 부족과 동맹을 맺고 서로 통혼하면 더 좋을까?'

협력이냐 지배냐, 전쟁이냐 평화냐, 교류냐 장악이냐, 자비냐 학대냐 등은 언제나 대화의 일부이자 인간 현실의 일부가 되어 왔다. 무자비한 폭언부터 전쟁에 이르기까지 폭력성의 수준을 어디까지 허용할 수 있는가는 내부자와 외부자의 정체성을 구분하는 능력과 직접 연관되어 있다(내부자냐 외부자냐로 판단하는 정도에 따라 상대의 폭력 수준의 허용 범위가 정해진다는 의미이다. — 옮긴이).

인간의 역사는 세상을 '우리'와 '그들'로 구분해서 바라본 결과에 의해 형성되었다. 이것이 바로 인류라는 '집단의 그림자'이다. '그들'이 '우리'가 아니라면 우리와 동일하게 배려해 줄 필요가 없다는 것이다. '그들'이 '우리'가 아니라면 우리는 그들을, 즉 '다른 사람들'을 회피하고 약탈하고 희롱하고 죽이고 파괴할 수 있다. 그런 행위는 우리에게 하는 것과 똑같은 행위가 아니다. '우리'는 문명화된 사람들이고 '그들'은 야만인이다. '우리'는 하나님에게 선택받은 자들이고 '그들'은 이교도이다. 이런 식의 사고는 집단의 그림자를 축적해 나간다. 무의식적인 행동과 투사, 전이가 대단위 수준에서뿐만 아니라 미세한 수준에서도 발생한다.

서클 프로세스에서 우리는 나누고 싶은 대화의 유형과 소집하고 싶은 서클의 구성을 통해 이런 크나큰 문제들을 일부나마 치유할 수 있다. 이 장에서는 서클이 가족과 세대 간의 그림자, 공동체와 사회적 역사의 그림자, 전쟁의 그림자를 치유하는 방법을 살펴볼 것이다.

그림자를 치유하는 이야기의 힘과 서클의 공간

우리는 인류를 위태롭게 하는 불의와 고통, 폭력의 그림자를 포함한 이 세상 모두를 있는 그대로 창조하고 지속하는 이야기를 만들고, 그 이야기를 기반으로 해서 행동해왔다. 크리스티나가 《이야기를 찾는 사람들》에서 기술했듯이 "이야기의 힘이 공간으로 들어올 때는 연금술처럼 사람들에게서 특별한 반응을 끌어낸다. 예를 들면 사랑이나 증오, 존재의 발견이나 고립, 전쟁이나 평화 등은 그 단어만으로도 사람들을 자극할 수 있다. 이야기의 힘을 제대로 이해한 사람은 권력자들이었지만, 권력과 가장 거리가 먼 우리 또한 이야기의 힘을 갖고 있다. 학자와 정복자들의 말대로 역사가 '발생한 일'을 말하는 것이라면 이야기는 그야말로 이 땅 위에 살아 숨 쉬는 것과 같은 일이다."

인간은 서클 프로세스에서 옛날의 경험을 치유하고, 다른 행동을 끌어내고, 다른 세상을 창조할 새로운 이야기를 만들어 왔다. 이는 현 시대에도 꼭 필요한 작업이다! 이야기의 힘과 서클의 공간을 이해한다는 것은 잠재된 변화를 이끌 삶의 기술을 얻는 것과 같다. 이야기를 통해 우리에게 필요한 세상이 무엇인지 사람들에게 말할 수 있고, 우리의 가치관에 맞게 행동을 조절할 수도 있다. 이것은 조상들이 불 주위에서 했던 일이며, 현 시대의 인류가 미래 세대의 조상이 되려면 오늘 당장 해야 할 일이다.

개인의 그림자를 걷어내는 작업은 사회에 대한 무감각함을 조금 더 인간적이고 책임질 수 있는 행동으로 변화시키는 능력에 대한 우리 자신의 자신감을 높인다. 이는 신뢰에서 출발한다. 개인적인 수준에서 변화를 이루어 낼 수 있다면 그룹의 크기가 커져도 얼마든지 해결할 수 있다는 믿음이 생기는 것이다. 가족과 조직, 지역공동체와 더 넓은 세상의 변화를 도울 수 있는 리더가 되려면 그림자를 걷어내는 자신의 능력을 키울 필요가 있다.

서클의 실행 원리가 조직과 공동체, 그룹과 가족 내에 확실하게 자리 잡으면 숨겨진 대화를 밖으로 끌어낼 만큼 강력한 사회적 컨테이너를 창조할 수 있다. 각자의 발언 속에 숨은 호기심과 행동에 대한 욕구, 체크인 라운드 속에 담긴 이야기와 자신감 속에 담긴 혼란스러움은 집단적 상처를 치유할 가능성을 제공하는 은유적 형태의 불빛이다.

가족 구성원이 경험한 과거의 그림자 치유하기

지역 공동체 개발 컨설턴트로 일하는 루벤 카스티야 에레라는 진심어린 대화가 필요한 대가족 구성원들이 서클을 진행하는 데 도움을 줄 수 있는지 아트오브호스팅으로 이메일을 보냈다. 이에 아트오브호스팅 네트워크 커뮤니케이션 컨설턴트였던 스티브 라이만이 회신을 보냈고, 두 사람은 전화와 이메일로 서클 모임을 설계했다.

루벤의 여동생 루스 마리는 48세의 나이에 유방암으로 죽어 가고 있었다. 그들은 19명의 손주와 12명의 증손주를 거느린 히스패닉계 대가족의 8남매 중 가장 어린 두 사람이었다. 그들의 가족은 여러 지역에 흩어져 살았기 때문에 수십 년 동안 한 번도 같이 모인 적이 없었고, 가족으로서의 정체성이나 주요 사건들이 그들에게 미친 영향력 등을 대화해 본 적도 없었다. 루벤은 나중에 다음과 같이 설명했다.

"저희 어머니는 루스 마리를 임신했을 때 유방암에 걸렸고 의사에게서 아기를 낳지 말라는 권고를 받았습니다. 하지만 어머니는 유방 절제술을 받고 루스 마리를 낳았죠. 결국 어머니는 2년 뒤에 돌아가셨습니다. 그래서 저희 형들과 누나들은 어머니를 기억하지만, 저희 둘은 어머니에 대한 기억이 없습니다. 갓난아기와 네 살이었던 저를 비롯해 여덟 명의 아이를 돌봐야 했던 아버지는 재빨리 재혼하셨습니다. 자세히는 모르지만 아버지는 우리가 살던 동네에서 손가락질을 받았어요. 그래서 텍사스 주에서 오리건 주로 이사했죠. 모든 식구가 새로운 도시와 새엄마에게 서로 다른 방식으로 적응했고, 얼마 후 나이가 많은 형제들은 독립해서 뿔뿔이 흩어졌습니다. 온갖 종류의 비밀들은 어둠 속에 숨겨졌고요."

"우리는 가족 간의 동질감이나 고향이 없는 가족이 되었습니다. 특히 아버지가 돌아가신 뒤에는 더욱 그렇게 됐죠. 우리는 모두가 모여 본 적이 없습니다. 아무래도 텍사스 시절과 어머니에 대한 기억이 없었던 탓이겠죠. 그럼에도 루스 마리와 저는 가족의 뿌리를 찾기 시작했습니다. 저는 옛 동네로 돌아가서 사람들과 인터뷰했고, 모든 것을 루스 마리와 공유했습니다. 루스 마리가 아프게 되자 우리 둘은 어머니의 경험을 재현한다는 느낌이 들더군요. 루스의 병이 그 경로의 일부인 것 같았어요. 동생은 이를 우리 가족이 재결합할 기회로 삼기를 간절히 원하고 있습니다.”

문화인류학자인 앤젤레스 아리엔Angeles Arrien은 아기가 태어날 때 그 조상의 영혼이 유아용 침대 위를 서성이며 “이 아기가 가족의 혈통을 치유할 사람이 될 것인가?”라고 질문한다는 믿음에 관해 언급한 바 있다. 루스 마리와 루벤은 그들의 가족에게 그런 사람이 되기 시작했다.

루벤은 그의 가족 서클의 소집자가 되었고 루스 마리는 의도의 소유자가 되었다. 그들은 3시간짜리 서클 프로세스를 실행할 가족의 재회 날짜를 정하고 초대장을 보냈다. 루벤은 현명하게도 호스트와 가디언의 역할을 스티브에게 넘기고 나머지 가족들과 함께 서클의 테두리에서 참가자로 앉아 있기로 결정했다. “형제자매 중에 제가 가장 젊은 남자예요.”라고 그는 말했다. “우리는 라틴 아메리카 출신 가족입니다. 제일 큰 형이 모임에 참석하겠다고 했으니 이 모임은 정말 일어날 거예요.”

가족의 그림자는 점점 변화하기 시작했다. 문화적 규범에 대한 암묵적 동의와 이미 정해진 형제자매의 역할, 누가 주도권을 쥘지에 관한 생각 등은 가족을 다시 모이게 한 ‘아가들’에 의해 모두 헝클어졌다.

“그들은 우리가 하자는 대로 따라 주었어요. 루스 마리가 암에 걸렸기 때문이지요. 그녀의 마지막 소망을 어떻게 부정할 수 있겠어요?”라고 루벤은 말했다. 스티브는 이 일이 끝난 후 자신의 역할에 대해 말해 주었다.

"루벤을 제외하고 아무도 서클을 경험해 본 적이 없었습니다. 35명의 사람들이 왔고 대화가 격렬해질 가능성이 아주 많았죠. 루벤과 루스 마리는 대화를 위한 장소가 그들의 집이 아니었다는 점 때문에 형제들에게 비판받았습니다. 그럼에도 모든 가족 구성원이 참여했지요. 이 생각에 크게 반대했던 나이든 형제들 일부는 늦게 도착했지만요. 그중 한 명은 우리가 이미 절반 정도 진행했을 때 왔습니다. 그들을 서로 엮어 주는 일은 어색했지만 우리는 대화의 수준을 더욱 깊은 단계에 머물도록 해서 집안의 가장들을 진솔한 대화로 끌어들였습니다. 저는 수차례 벨을 울렸고 우리는 실제로 중심부를 활용했습니다. 중심부는 대화가 어색해지거나 감정적이 되었을 때 초점을 맞추기에 훌륭한 장소였습니다."

"제 심금을 울렸던 한 가지는 감정과 맞서 싸우는 그들을 지켜보는 것이었어요. 정중한 사과가 몇 차례 오갔습니다. 몇 년 동안 보지 못한 또 다른 형제가 늦게 도착했는데 가족들은 그 사람이 올지도 몰랐던 것 같았어요. 그분은 가족들에게서 얼마나 멀리 떨어져서 자랐는지와 얼마나 간절히 무언가를 원했는지에 관해 말했습니다."

우리는 스티브에게 그 공간의 유지자 자격으로 앉아 있던 외부인으로서의 경험을 평가해 달라고 부탁했다.

"저는 처음부터 끝까지 거기에 앉아 주의 깊게 들었습니다. 온몸으로 이야기를 들은 것이나 다름없어요. 그 공간에는 너무나 많은 감정이 차 있어서 저를 통해 그들이 감정을 씻어 낼 수 있도록 마음을 열고, 말하는 사람과 눈을 맞춰 주는 것이 제 역할이라고 생각했지요. 때로는 그들이 열린 마음으로 더욱 깊숙이 들어갈 수 있도록 제 호흡마저도 조절할 정도였어요."

이는 극적인 사건이 없는 그림자 씻어내기였다. 스티브는 그 공간을 유지하는 것만으로 가족 구성원들이 동정심과 슬픔에 도달할 수 있게 해 주었다. 스티브는 그들의 가장 근본적인 염원이 그 공간에 안착할 수 있도록 했다. 스티브는 다음과 같이 결론지었다.

"서클의 시간이 끝난 후 루벤은 제게 감사하다고 하더군요. 하지만 우리는 서클 프로세스 자체에 대한 성찰을 그리 많이 하지는 않았습니다. 우리 관심의 초점은 가족의 역사에 관한 것이었으니까요. 제 역할은 눈에 띄지 않는 것이었어요. 가족은 사진을 찍으면서 다시 이야기를 나누기 시작했어요. 저는 슬쩍 빠져나왔고 사실 그 이상 더 필요한 것은 없었습니다. 그들이 재회하는 데 증인이 되었다는 점과 참가자 수준으로 진행을 맡을 수 있는 제 능력을 체험했다는 점이 제게는 수확이었죠."

"제가 얻은 교훈은 그들이 함께 치유될 수 있는 지점에 도달했다는 것입니다. 서클에서 치유의 관문이 열리면 또 다른 유형의 시간이 필요합니다. 그들은 큰 그룹이었고, 늦게 시작했으며, 호텔 회의실에 앉아 있었습니다. 루스 마리는 그녀의 인생 이야기와 병력에 관한 이야기를 오랫동안 했습니다. 몇몇은 늦게 도착했습니다. 말하기 도구를 돌리기 시작했을 때 저는 시간이나 준비가 부족하지 않을까 걱정되었죠. 하지만 저는 곧 그런 것들이 중요하지 않다는 것을 깨달았습니다. 준비된 영혼이 그곳을 장악했기 때문이죠. 가족은 그 순간을 잘 이해했고 기회를 포착했습니다."

영혼들 간의 교감은 거의 모든 관련자가 특정 사건이 일어나게 할 준비가 되어 있을 때 발생한다. 서클 내에서 모든 준비가 완료되었을 때 연결하고자 하는 욕구는 단절을 만들어 내는 무의식적인 행동과 투사, 전이를 극복한다. 이것이 항상 나타나지 않을 수는 있지만 실제로 발생했을 때 모든 참가자는 그 발현된 은총 속에 있다는 것을 인지하게 된다. 루벤은 다음과 같이 기억했다.

"서클을 마치고 루스 마리와 함께 집으로 돌아가는 동안 일체감과 안도감이 강하게 들더군요. 우리 가족의 숨겨진 이야기와 사건에도 불구하고 우리는 함께 모여 그것을 극복했습니다. 우리는 왜 더 빨리 모이지 않았을까요? 누가 오든 그 자리에 적절한 사람이었습니다. 지금 우리 모두는 우리 가족에게 무언가 중대한 일이 발생했다는 느낌으로 살고 있습니다. 그것이 무엇인지 정확하게는 모르지만요."

서클을 소집한 것은 루벤과 루스 마리가 그들 자신의 치유를 위해 약속했던 절정의 순간이었고, 그들 가족을 대표하는 무언가가 되었다.

"우리를 사랑해 준 어머니가 있었지만 루스 마리와 나는 너무 어렸기에 어머니를 기억하지 못합니다. 어머니를 기억할 수 있는 사람들은 어머니에 대해 결코 이야기하지 않았지요. 그래서 우리는 우리가 할 수 있는 일들을 했습니다. 텍사스에 갔을 때 저는 사람들에게 이렇게 물었습니다. '제 어머니 이야기를 해 주세요. 제 아버지 이야기를 해 주세요. 그분들과 저희와의 관계에 관해 말씀해 주세요.' 저는 이 인터뷰에서 공통된 것들을 골라 루스 마리에게 전달해 주었고, 우리는 함께 삶의 조각을 맞춰 갔습니다."

1년 후, 루스 마리는 사망했다. 그녀의 마지막 순간에 루벤과 가족들은 그녀의 손을 꼭 잡아 주었다. 루스 마리의 마지막 2주 동안 가족들은 병원에 찾아와 그녀 주위에 둥글게 모였다. 그녀는 항상 혼자가 아니었고, 많을 때는 25명이 그녀를 둘러싸기도 했다. 루벤은 다음과 같이 기억한다.

"저는 오하이오 주에 있을 때 연락을 받았어요. 제게 최대한 빨리 와달라고 하더군요. 그녀가 저를 기다리고 있다고요. 이틀 후, 저는 가족들이 루스 마리 침대 주변을 둘러싸고 조용히 기도하고 있을 때 도착했습니다. 이번에는 중심부에 루스 마리가 있었죠."

"루스 마리가 세상을 떠나기 전 이틀 동안, 우리 가족에 관한 많은 이야기가 나왔습니다. 제일 큰형이 제게 한 번도 들려준 적 없었던 어머니에 관한 이야기를 해 주더군요. 루스 마리가 사망하던 날 오전에 큰형은 울면서 루스 마리에게 부드러운 목소리로 이야기했습니다. 그것은 마치 형이 어머니에게 이야기하는 것만 같았어요. '엄마'라는 단어를 말하는 형의 목소리가 계속 들렸습니다. 47년이 지난 뒤에야 큰형은 여동생을 통해 어머니를 잃은 슬픔을 애통해한 것이죠. 예전에 루스 마리와 저는 그 일에 관해 이야기한 적이 있습니다. 루스 마리는 이것이 어머니가 우리에게 남겨 준 선물이라고 하더군요. 그것은 진정한 선물이었습니다. 마치 제 질문에 대한 답을 찾은 것만 같았고 그동안 제가 찾아다녔던 것을 비로소 찾은 느낌이었어요. 이는 제가 서클의 힘, 대화의 힘, 그리고 의도와 목적이 함께하는 힘이라는 사실을 알았던 순간입니다."

이야기는 계속되었다. 루벤은 다음과 같이 회상한다.

"루스 마리가 가족 서클 모임에서 자신을 칭찬해 줄 것인지 물었던 적이 있어요. 그녀가 병원에 입원하기 전 그녀를 다시 방문했을 때 저는 그녀에게 제가 뭐라 말해 주기를 원하는지 물었습니다. 그녀는 '서클에서 함께 의논해 보지 그래?'라고 말했습니다. 우리는 그녀의 삶을 축하하는 자리에서 정말로 그렇게 했습니다. 이번에는 제가 서클을 진행했지요. 새로운 가족과 아이들도 많이 참석했습니다. 우리는 이제 그 공간을 유지하는 방법을 알고 있었어요. 저는 이전에 들어본 적 없었던 루스 마리에 관한 새로운 이야기를 들었습니다. 지난번에 했던 몇 마디를 용서해 달라는 형제도 있었고, 루스 마리의 삶이 자신에게 어떤 의미가 있는지 이야기했던 11세 조카의 발표도 있었습니다. 침묵의 순간도 수차례 있었고요."

"그날은 아무도 서클에 관해 이야기하지 않았습니다. 우리는 그냥 서클 프로세스를 함께했을 뿐이었어요. 몇 달 후 저는 그 과정이 얼마나 강력했는지 느꼈습니다. 사람들 사이의 연결고리와 대화는 우리 사이에서 스스로 단단해집니다. 우리는 이제 서로 이야기하고 더 많이 듣습니다. 때로 시간이 오래 걸리지만요.”

루스 마리는 루벤이 그녀를 만나기 위해 오던 날 비행기에 타기 직전에 전화로 마지막 이야기를 전했다. “그 서클을 기억해 줘.”

루스 마리는 죽었지만 가족들은 가능한 한 큰 그룹으로 모여서 그들의 상처를 치유하는 일을 계속해 나갔다.

인종 차별을 받은 지역공동체의 그림자 치유하기

몇 년 전 우리는 노스캐롤라이나대학 예술과학학부 부학장이었던 메리 케이 샌포드 박사에게 초대 받은 적이 있다. 그녀가 소장으로 있던 연구소에서 1년 동안 서클 프로세스를 도입하려 했기 때문이다. 메리 케이는 우리에게 연락해서 “이 연구소는 인종 차별과 성 차별적 행동으로 물의를 일으킨 교수들을 대상으로 일종의 재교육을 위한 여름학교 역할을 해 왔습니다. ‘나쁜’ 언행을 저지르면 학장이 나머지 공부 대상에 올리는 식이었지요. 그러나 저는 반성문을 쓰는 듯한 교육은 하고 싶지 않았습니다. 그 방법은 별 효과가 없으니까요.”라고 말했다.

메리 케이는 미래지향적 사고를 지닌 교수들을 뽑아 소규모 그룹을 만들었고 ‘인종 및 성 차별 문제 연구소’에서 할 수 있는 일과 대학 및 지역공동체에 공헌할 수 있는 방법을 연구하기 시작했다.

"두 가지로 정리되었어요. 연구소를 재편하고 대학 교육 위원회를 재설계하는 일이었죠. 우리는 1년의 학사 일정 동안 이 두 가지를 인종 및 성 차별 문제에 관한 교육 프로그램으로 하기로 했습니다."

메리 케이와 연구소는 이러한 주제에 관심을 보일 것이라고 기대했던 20명의 교수를 초청했다. 그리고 우리 두 사람에게 두 차례에 걸쳐 열릴 예정인 이틀짜리 워크숍에 와달라고 요청했다. 우리는 그들이 그룹으로서 대면하게 될 첫 번째 위험 요소를 받아들이는 모습과 대학과 지역공동체를 치유하기 위해 그림자를 확장하는 아주 대담하고도 창의적인 방법을 참관할 특별한 기회를 얻었다.

여기에 합류한 교수에게는 강의 업무 이외에 추가적인 책임이 따른다는 점을 명확히 전달했다. 회의실에 들어가 원 대형으로 배치된 의자에 앉을 때까지 그들은 매우 조심스러워했다. 이틀 동안 그들은 서로에 대한 선입견에서 자유로워야 하며, 인종 및 성 차별 인식에 관해 자신의 내면에 있는 개념, 즉 고정관념과 직면해야 했다. 이 서클은 정직함(자기 내면을 솔직히 드러내는 경험)을 통해 참가자들 개인의 그림자와 집단의 그림자를 치유하고, 그들이 앞으로 배워야 할 부분(영역)을 늘려 나갈 방법을 찾기 위해 의도적으로 구성되었다.

우리는 서클 프로세스가 그들만의 방식으로 진행될 거라고 설명한 후 그들에게 작은 메모장을 지급했다. 그리고 다른 사람들과 지금까지 공유하지 못했던 자신의 경험을 써 달라고 요청했다. 그들은 그 내용을 봉투에 넣어 밀봉한 채 꼭 쥐고 있었다.

이는 첫 번째 그림자의 이동이다. 사람들은 공유할 의도가 없었던 이야기를 서클로 가져온다. 그 이야기들 중에서 무엇을 어떻게 공유할지와 무엇을 어떻게 보류할지에 따라 해당 그룹 내에는 그림자가 구축되거나 줄어들게 된다. 즉 차별 문제에 관한 긴장이 고조되거나 그 반대로 대화와 화해의 장이 되거나 이와 동시에 사람들은 각자 편안함과 위험의 수준 그리고 진정성 있는 상호작용에 헌신할 의지가 있는지의 여부를 지속적으로 평가하는 것이다.

그런 다음 그들은 신뢰감이 충분히 조성된 사회적 컨테이너의 속성은 무엇일지 목록으로 만들었다. 서로에게 할 이야기를 보류하지 않고 자유롭게 할 수 있도록 하기 위해서였다. 호스트와 가디언, 기록자가 자리한 뒤 우리는 이슈의 중심에서 리더십 역할을 수행하는 자신의 모습을 상상할 수 있도록 합의사항과 의도를 만들었다.

'인종 및 성 차별 문제 연구소'가 채택한 합의사항

○ 우리는 이 프로세스와 '이 자리'에 헌신적으로 참여한다.

○ 우리는 편안하고 판단을 유보하는 분위기를 유지하도록 노력한다.

○ 우리는 그룹의 구체적인 핵심 주제들과 활동계획들을 정의한다.

○ 우리는 수업과 일상생활에서 얻은 경험, 그리고 구성원들과 함께한 시간 동안 얻은 교훈(결과)을 서로 공유한다.

○ 우리는 사람들의 개인적인 이야기에 경의를 표하고 서클 내에 보관한다.

○ 우리는 모르거나 완전히 틀릴 자유를 갖고 있다.

○ 우리는 자발적으로 월간 회의를 계획하고 조직하고 촉진하도록 회원들에게 요청하는 방식으로 리더 역할을 돌아가면서 수행한다.

○ 우리는 의제를 설정할 때 모든 구성원이 책임을 공동으로 진다.

저녁 식사 후, 우리는 체크인 라운드를 위해 다시 모였다. 의도와 합의사항은 벽에 게시했다. 회의실은 더 조용한 공간으로 변했다. 낮은 테이블에 양초 하나를 올려 놓았고, 좌식 의자와 쿠션으로 원 대형을 만들었다. 학구적인 환경과는 아주 거리가 멀었다. 대부분의 참가자들에게 이는 일상적이지 않은 배치였지만 그들은 기꺼이 그 실험적인 자리에 앉았다. 이미 사람들은 중심부에 놓을 물건 하나를 가져오라는 부탁을 받은 상태였다. 해당 물건은 인종과 성 차별에 관한 각자의 생각을 명확하게 표현하는 것이어야 했다. 어떤 사람은 합의사항을 읽고 잠시 멈춰서 그 중요성을 이해하려 했다. 다른 어떤 사람은 가디언의 벨을 울렸다. 그룹은 진심에서 우러나오는 긴 호흡을 했고, 울고 웃으며 정직함 속으로 뛰어들었다.

다음날 오후, 아프리카계 미국인이 크리스티나에게 말했다.

"저는 이곳에 9개월간 참여하겠다는 생각으로 온 것이 아니었어요. 그저 90분 정도만 참여해 보자고 생각했지요. 저는 '백인들에게 피부색의 현실에 대해 교육하는' 시간에는 다시는 참여하지 않겠다고 스스로 다짐했었거든요. 그런데 합의사항을 보고 생각을 바꿨어요. 체크인 라운드가 어떻게 진행되는지 90분만 더 있어 보자는 의욕이 생기더군요. 저는 맨 마지막에 발표했습니다. 그 순간 저는 이 활동을 1년간 같이 할 수 있겠다는 느낌을 받았지요. 이 서클 활동이 아니었다면 이런 일은 제게 일어나지 않았을 거예요."

두어 달 후, 서클은 참여자 중 한 명인 연극과 교수 마샤 팔루단과 그녀의 학생들이 에밀리 만의 연극《그린스보로: 진혼곡》을 제작할 수 있도록 지원했다. 메리 케이는 "이 연극은 1979년 11월 3일 그린스보로 시의 시가지에서 행진하던 시위자들에게 총기를 난사했던 쿠클럭스클랜Ku Klux Klan(일명 KKK단이라 불리는 백인 우월주의자들의 테러 단체—옮긴이)에 관한 것입니다. 마샤가 인종 및 성 차별 문제 연구소에서 진행했던 서클의 정직함 속에 앉아 있었듯이 학생들은 마샤와의 서클에 앉아서 각자의 역할을 준비했었어요. 그들은 인종주의에 관한 아주 강력한 작품을 공연했습니다. 무대 위에서 다양한 인종과 백인 우월주의자들을 모두 묘사했죠. 실제 총격 사건이 일어난 지 20주년이 되는 해였기 때문에 마을에는 초초한 기운이 가득했습니다. 연극 개막일 저녁에 KKK단이 나타나서 다시금 폭력을 행사하는 것이 아닐까 하는 우려도 있었고요."

공동체 의식을 변화시키고자 서클을 사용할 때는 많은 변수가 작용한다. 서클을 소집한 사람은 이런 반응들을 예측하거나 제어할 수 없다. 하지만 참여자들이 외부에 명확한 메시지를 전달하려는 생각에 집중하게 되면 서클 원래의 의도를 명확하게 유지하고 서클의 에너지 수준을 강한 상태로 유지할 수 있다. 그러므로 참여자들은 필요한 도움을 구하는 연습과 다른 참가자에게 의도를 담아 말하기와 주의 깊게 듣기, 그룹의 안녕에 동참하기 등을 요청하는 연습을 해야 한다. 시기적절한 대화는 강렬한 긴장 상태도 완화시킬 수 있기 때문이다.

연극의 초연을 두어 주 앞두었을 때, 비러브드 문화센터가 '천 마디 대화의 밤'이라 불리는 합동 행사를 주최했다. 여기에서 1979년에 방영된 15분짜리 TV 방송을 생존자 및 목격자 진술과 가스펠 음악, 사회적 논평 등과 함께 상영했다. 그리고 100개의 사본을 만들어 자원봉사자 100명에게 주고, 최소 10명 이상 집으로 초대해서 함께 그 비디오를 보고 당시와 현재에 미친 영향력에 관해 이야기를 나누도록 요청했다. 또한 시민으로서 그들의 삶에 어떤 영향을 미쳤는지도 물어보았다. 2주 뒤 연극이 공연되었다. 메리 케이는 그날을 다음과 같이 설명했다.

"1979년 경찰들은 사람들이 행진하는 동안 나타나지 않았어요. KKK단의 발포 이후에도 대응이 늦었죠. 그런 경찰에 대해 당시 엄청난 비판이 쏟아졌습니다. 그래서인지 연극 개막일 저녁, 경찰들은 출입구 앞에 순찰차를 배치하고 통로마다 인력을 투입하는 등 포위되어 있다는 생각이 들 정도로 존재감을 보여 주었지요. 저는 공연이 시작되기 전에 인류학자의 모자를 쓰고 무대에 서서 문화적 치유에 대한 희망을 이야기했습니다. 연구소의 모든 사람이 그곳에 있었어요. 마샤가 출연진과 함께 일하고 있었기 때문에 우리는 연극이 끝난 뒤 배우, 극작가, 연출가, 그리고 다수의 생존자를 포함한 관람객과 서클의 분위기를 만들 수 있었습니다."

"시위 도중 칼에 찔렸던 시위대의 지도자 넬슨 존슨 목사의 딸이 일어나 '신념을 지키기 위해 나섰던 저희 부모님을 제가 얼마나 자랑스러워하는지 이렇게 공개적으로 말할 기회가 없었다'고 말했습니다. 캘리포니아 출신의 한 학생은 '여기 남부 지역 사람들이 실제로 어떤 일을 겪었는지, 그리고 우리가 언젠가는 극복해야 할 일이 무엇인지 예전에는 알지 못했는데 이제는 잘 알게 되었다'고 말했습니다. 그 후로도 수개월 동안 사람들은 식료품 가게에서 나를 불러 세우고 그 총격 사건에 관한

　　기억과 그들의 삶에 미친 영향, 지금 고민하고 있는 것들을 말해 주곤 했지요. 제가 마치 걸어 다니는 서클의 공간이 된 듯한 느낌이었습니다.”

　　그해 인종 및 성 차별 문제 연구소가 했던 일들은 장기적인 성과를 거두었다. 서클에 참여했던 연구소의 참여자들은 강의실과 회의에서 서클을 사용하기 시작했다. 전통적인 회의에서도 그들은 서로 마주 앉아 회의의 에너지를 유지하는 호스트—가디언의 구성을 도입했다. 그들이 후원한 프로그램은 ‘아프리카계 미국인에 관한 연구’가 대학에서 전공 분야로 확립되는 데 중요한 역할을 했다. 그해 말 대학의 교무처장은 그간 성과물들의 경이로움에 대해 말했고, 서클의 중심적인 역할을 인정했다. 그 후 더욱 활발한 지역공동체의 치유를 위해 ‘진실과 화해 프로젝트’와 ‘진실과 화해 위원회’가 설립되었다. 넬슨 존슨 목사는 메리 케이에게 “당신이 인종 및 성 차별 문제 연구소를 통해 진행했던 일들이 없었다면 아무런 일도 일어나지 않았을 겁니다.”라고 말했다.

　　연구소는 토론과 실행 그리고 궁극적인 치유를 위해 서클에 그림자 문제를 의도적으로 집어넣을 수 있다는 것을 증명해 냈다. 이밖에도 폭발할 가능성이 있는 주제들을 더 다루었지만 서클의 참가자들은 그들의 경험을 토대로 그룹이 스스로 서술해 두었던 참여의 규칙 아래 모든 것을 대화할 수 있었다. 억압당했던 것은 아무것도 없었고 서클의 구조에서는 폭력도 각본도 전혀 필요하지 않았다.

　　서클의 참가자 중 일부는 여전히 노스캐롤라이나대학에서 강의하고 있다. 다른 일부 참여자들은 경력을 바꾸거나 은퇴했다. 그래도 그 서클은 사라지지 않았다. 서클의 참여자들 자체적으로도 그랬지만 학생과 주민들, 연극 공연날 경비를 섰던 경찰들, 갈등의 양쪽 편에 속했던 생존자들, 강연 참석자들, 그들이 무엇을 풀어 놓을지 확신하지 못했던 대학 관계자들, 그리고 그저 그들의 이야기를 공유만 했던 식료품 가게의 낯선 사람들까지 그 한 해 동안 무언가를 경험했던 사람들은 여전히 그 영향을 받고 있다. 이는 서클을 통한 신뢰의 위대한 도약이다. 우리의 말하기와 듣기가 개인적 피드백이라는 작은 테두리를 넘어 세상에 쏟아낸 영향력은 결코 측정할 수 없을 정도였다. 메리 케이는 창문 밖을 응시하면서 마음속으로 뭔가 할 말을 정리하고 있었다. 그리고는 이렇게 말했다.

"콜로라도 주 볼더의 대학원생이었을 때 저는 그 총격 사건을 뉴스 영상으로 접했어요. 그때 이렇게 생각했죠. '그들은 어떻게 그곳에서 살 수 있었을까?' 나중에 사회 정의에 관련된 일을 하게 될 줄은 전혀 모르던 채로 말이죠. 구 미국 남부^{Old South} 시절의 고질적인 병폐가 1979년에도 여전히 일어나고 있었다는 것을 알게 되었을 때 저는 소름이 끼쳤어요(버지니아, 델라웨어, 메릴랜드, 조지아, 노스캐롤라이나, 사우스캐롤라이나 등 1776년 미국 건국 당시 노예제가 유지되었던 주를 '올드 사우스'라고 한다.). 저는 투표권 보장이나 인종 차별 철폐, 오바마 대통령 당선 등과 같은 어떤 획기적인 사건이 일어나더라도 우리가 계속 깨어 있고 행동할 필요가 있다는 것을 깨달았습니다. 우리 사회가 과거의 상처를 치유하고 계속 앞으로 나아가도록 우리는 인종 및 성 차별에 관한 대화를 지속할 필요가 있어요. 이는 아직 끝나지 않았고 인간이 당연히 가야 할 여정이기도 합니다."

격려가 필요할 때마다 우리는 인류학 분야에서 메리 케이의 전임자였던 마가렛 미드가 이야기했던 논평을 기억하곤 한다.

"사려 깊고 헌신적인 소규모 시민 그룹 하나가 세상을 바꿀 수 있다는 것을 의심하지 말라. 이는 그렇게 할 수 있는 유일한 방법이다."

조직적 폭력으로부터 생긴 그림자 치유하기

베브 릴러는 짐바브웨의 백인 시민이다. 짐바브웨는 실업률이 90퍼센트에 육박하고 생산 시스템이 무너졌으며 국가의 사회 기반이 완전히 파괴된 아프리카 대륙 중앙 남부에 위치한 나라이다. 국가 전체를 통틀어 고용인에게 돈으로 임금을 지불하는 곳은 정부가 유일했다. 2002년에는 내국인의 토지를 약탈하는 정부 정책이 시행되어 농촌 경제의 붕괴를 불러오고 농촌 지역에서 수만 명이 강제 이주되었다. 치료되지 않은 HIV/AIDS 전염병과 일상화되다시피 한 빈곤, 일정하지 않은 작물 재배량 등으로 1,100만 명에 달하는 국민의 기대수명이 33세까지 급락했다. 한때 '아프리카의 곡창 지대'로 알려졌던 국가였지만 권력에의 접근과 투표를 통제하기 위해 체포와 고문, 암살 등이 점철된 수년간의 격렬한 정치 투쟁으로 황폐화되었다. 그림자의 사자는 짐바브웨를 집어삼켜 버렸고, 국민들 개인의 영혼은 이를 견뎌낼 방법을 찾고 있었다(짐바브웨의 상징이 사자이다.).

이러한 조건에서 베브는 치유의 서클을 소집하는 데 전념했다.

2004년부터 '생명의 나무 서클Tree of Life Circles'은 계속되는 폭력과 공포에 떨고 있는 시골 구석구석에서 개최되었다. 베브는 그들을 '어둠 속에서 빛나는 희망과 사랑의 작은 불꽃'이라고 불렀다.

짐바브웨의 쿠펀다 마을에 방문했을 때 우리 두 사람은 베브를 만나 그녀의 서클 활동에 관해 들었고, 지금부터 들려줄 이야기의 대부분은 그녀가 사랑하고 고통 받는 국가에서 무슨 일이 벌어지고 있는지에 대해 그녀가 쓴 글을 통해 전달하는 것이다.

3일 동안 짐바브웨의 주요 부족민인 쇼나Shona족 사람들은 미암보의 삼림 지대에 숨어서 집채만 한 크기의 화강암 바위에 기대어 이야기를 나누었다. 정치적 폭력으로 인해 그들의 삶은 산산이 조각났고, 집은 불탔으며, 지역 사회는 갈가리 찢겨졌다. 3일 동안 그들은 전에는 말한 적 없던 내면의 이야기를 공유했다.

그들의 모든 이야기는 말하기 도구를 통해 서클 내에서 공유되었다. 첫 번째 서클에서 참가자들이 자신을 소개했을 때 그들은 어떻게 함께 살고 함께 일할 것인지에 관한 합의사항을 정했다.

'생명의 나무' 서클이 채택한 합의사항

○ 서로를 사랑과 존중으로 대할 것

○ 서클 내의 모든 사람을 동등하게 대할 것

○ 평가하거나 논평하지 않고 들을 것

○ 서로를 믿고 서로에게 믿음을 줄 것

○ 서클에서 나눈 이야기는 비밀로 유지할 것

햇살 속에서 그들이 함께한 시간의 질적 수준은 이 합의사항들을 제대로 유지하느냐에 달려 있었다. 사회정치적 폭력의 그림자로 되돌아간 뒤의 삶 역시 이 합의사항들을 유지하느냐 아니냐에 달려 있었다.

'서클 내에 앉는 것은 간단한 행동'이라고 베브는 말한다. "그러나 이는 현 세상에 대한 경험과 완전히 모순됩니다. 이런 방식으로 시간을 함께 보내는 것은 그 자체만으로도 혁명이죠. 서클은 숨통을 옭아매는 두려움과 불신, 고립 등을 깨트리는 방법이라서 우리 자신의 멋진 부분을 현실로 드러나게 합니다."

"우리는 조부모와 증조부모가 짐바브웨로 오게 된 이야기부터 시작했습니다. 그러다가 쇼나족 중에 많은 사람이 서클 내의 다른 사람들과 똑같은 부적(토템)을 공유하고 있다는 것을 알게 되었죠. 동물이나 새의 토템 같은 것 말이에요. 그들은 그들의 조상이 모잠비크나 말라위, 탄자니아 등지에서 왔거나 동일한 농촌 지역 출신이라는 것 또한 알게 되었습니다. 그들의 전통적인 신앙 체계가 여전히 가족 내에 유지되고 있거나 새로운 신앙 체계로 나뉘어져 있다는 것도요."

베브는 자신의 가족이 걸어온 여정에 관해 이렇게 말했다.

"제 증조부는 이곳에 최초로 온 도시 건축가였고, 우리 가족은 이 나라에서 건축가와 기술자로 일을 하며 5대째 살고 있습니다. 하지만 무엇보다 중요한 것은 우리가 아프리카 땅에 깊이 뿌리를 내리고 이 놀라운 사람들의 일부가 되었다는 것입니다."

생명의 나무 서클에서 베브와 다른 참가자들은 치유의 과정을 아주 조심스럽게 구성했다. 자연의 존재와 그를 이용한 은유는 참가자들이 자신과 타인의 이야기에서 고통을 받을 때 도움을 주는 매개체였다. 베브는 사람과 자연의 연결을 자신의 역사와 다시 연결하는 방법으로 여겼다.

"우리가 공유한 휴머니티는 우리와 자연이 어떻게 연결되어 있는지 관찰하는 동안 더욱더 명확해지죠. 원형 흙집 밖에서 숲속 나무들의 줄기를 바라보고, 구부러진 곳과 꼬인 곳, 화재와 가뭄의 흔적을 찾아내고, 나무의 성장을 성숙함으로 표현해서 그 흉터들을 자신의 어린 시절과 비교하여 이야기합니다. 시련과 어려움, 슬픔과 기쁨, 그리고 그들을 사랑한 사람들의 이야기를 합니다. 그들의 이야기가 어떻게 같은 주제를 가지고 있는지 듣고, 그들이 모두 연결되어 있다는 것을 깨닫습니다. 생명의 나무는 이 서클에서 강력한 상징이 됩니다. 나무는 우리의 등을 받쳐 주고, 그늘과 열매를 제공하고, 요리를 하기 위해 불을 지필 때 잔가지를 제공하며, 우리의 혈통을 연결해 주는 살아 있는 참가자입니다."

"짐바브웨 사람들은 나무가 고대의 치유제라는 사실을 알고 있어요. 바람이 잎사귀를 흔들며 잊힌 이야기를 노래할 때면 오래된 지혜가 속삭입니다. 제브라노 나무 밑에 평화롭게 앉아 지구의 맥박 소리와 함께 호흡하다 보면 전쟁의 공포는 우리 몸에서 빠져나가기 시작하죠. 그러면 우리의 심장은 우리가 항상 알고 있었던 리듬에 맞춰 뛰게 됩니다."

"우리는 짐바브웨에서 삼림이 갖는 의미와 그것이 지난 몇 년간의 폭력 속에서 어떻게 훼손되었는지를 이야기했습니다. 이야기를 공유하는 동안 저는 그 테두리를 유지했죠. 한 나이든 목수가 얻어맞고 화형을 당한 일에 관해 이야기했습니다. 할머니와 손녀는 강간과 굴욕을 이야기했죠. 노동자와 상담사, 교사, 전도사는 고문당하는 것과 그들이 느꼈던 고통과 자포자기, 그들이 목격했던 죽음에 관해 말했습니다. 말하기 도구는 계속 돌아갔고, 경청하는 서클은 그들이 전에 말한 적이 없던 끔찍한 경험이나 목격담을 참아냅니다."

서클에 둘러앉은 사람들은 휴식의 장소인 숲에서 조용한 햇살을 맞으며 애도의 눈물을 흘렸다. 이 서클은 집단 그림자의 가장 깊은 층, 즉 조직적인 폭력과 그에 맞서 싸우는 인간의 역량을 해결하고 있었다. 의식과 종교와 과학과 기술을 만들어 내는 인류의 탁월함과 창의성으로 미루어 보건데, 우리는 사전에 주도면밀하게 설계된 잔인함을 감당해 낼 수 있는 지구상의 유일한 종족이다. 재앙이나 다름없는 삶의 파탄 속에서도 베브는 이에 대응하는 방법을 실행하고 있었다. 그것이 바로 서클이다.

생명의 나무 서클은 지역공동체에서 선정된 여덟 명의 활동가가 5일 동안 베브와 그녀의 팀과 함께 지내면서 시작되었다. 여덟 명은 모두 조직적인 폭력과 고문을 당한 희생자들이었으며, 모르는 사람과 숲속에 같이 있는 것을 당연히 불안해 했다. 하지만 큰 충격을 받았던 이들은 그 다음날부터 함께 생활하고 식사하고 경험담을 공유하며 희생자에서 생존자로 전환하는 첫 번째 단계를 밟았다. 이는 짐바브웨에서 열린 첫 번째 생명의 나무 워크숍이었다. 이 선택된 그룹의 구성원들은 이후 해당 프로세스가 전국에 퍼지기 시작했을 때 핵심 조력자가 되었다. 베브는 다음과 같이 말했다.

"최초의 서클에 참가했던 여덟 명 중 애비와 나무, 로저스는 여전히 생명의 나무 구성원이자 조력자입니다. 다른 이들은 돈을 벌기 위해 떠나거나 살아남기 위해 남아프리카 공화국으로 이주했지요. 하지만 여전히 연락하고 지내요. 그동안 이 세 사람은 치유에 전념하는 영적인 삶을 이끌었습니다. 어려운 과정이었어요. 모든 참가자가 정부의 표적이 되었거든요. 그들을 전국 각지로 이동시키고 만날 장소를 찾는 것 자체도 위험했어요. 수중에 얼마간 돈이 있을 때도 있었지만 그보다 더 오랜 기간을 자금 없이 보냈습니다. 적당히 그럭저럭 운영되던 기간도 있었고 근근이 운영되던 기간도 있었지요. 하지만 이 모든 시기를 거치면서도 조력자들은 새롭게 생겨난 생명의 나무 서클과 연결고리를 유지해 왔어요. 그들이 앉은 서클마다 여덟 명의 참가자가 있었습니다. 이렇게 서클에 앉았던 사람이 지금까지 300명이 넘습니다. 그들은 꾸준히 연락하고, 서클 구성원들의 죽음을 애도하며, 체포나 고문을 당하는지 계속해서 추적합니다. 그리고 그들의 생존과 성공을 축하해 주고 있습니다. 소규모이긴 하지만 생존자들의 네트워크가 전국 각지에 걸쳐 형성되었습니다. 이 서클 네트워크로부터 다른 두 명의 생존자 제인과 기프트가 2008년에 팀에 합류했고, 그들은 치유 작업에 스스로를 아낌없이 바쳤습니다."

"2008년 6월 톤데라이 은디라가 일곱 명의 활동가와 함께 살해당했을 때가 우리에게는 최악의 상황이었죠. 우리는 은디라의 친구였던 은하모에게 안전 가옥을 찾아 주었습니다. 설상가상으로 민주변화동맹(당시 짐바브웨의 야당) 소속이었던 기프트가 선거에서 자신의 의석을 잃었고, 집이 불탔으며, 옥고까지 치러야 했지요. 다른 조력자들도 계속 숨어 지내야 했어요. 기프트가 풀려났을 때 우리는 그를 안전 가옥으로 옮기고, 우리의 사기를 진작시키기 위해 다시 서클에서 만나기 시작했습니다. 우리의 결의는 다시 자라나기 시작했지요."

"우리 스스로 자금을 확보하고 이 과정을 계속 수행할 수 있다는 확신을 가져야 했습니다. 우리는 꿈을 꾸었고 이는 현실로 드러나기 시작했습니다. 호주 국제 개발처^{AusAID}가 우리에게 6개월간 단체를 지속할 수 있을 정도의 자금을 주었고, 연구팀과 자문팀, 우리의 파트너와 지지자들의 재정 문제가 해결되기 시작했습니다."

2008년 연말부터 그 다음해 4월까지 생명의 나무 서클은 여러 공동체와 시민들 그리고 인권 관련 단체를 대상으로 25차례의 워크숍을 제공하는 화합의 조직이 되었다. 베브는 말을 계속 이었다.

"국가의 정치적 위상이 모호했던 시기에 한 덩이로 뭉쳐 있던 어둠은 균열하기 시작했습니다. 빛의 화살촉이 그림자를 통과했죠. 그리고 우리는 갑자기 다른 방향으로 움직일 수 있게 되었습니다. 카톨릭정의 평화위원회와 국제 이주 기구, 학생 활동가들로 구성된 우후루 청년단, 하라레 시 시민 협의회, 대체 사업 협의회, 목회자 그룹인 UMA 등 모든 조직이 치유의 과정을 시작할 준비를 마쳤고, 새로운 조력자들이 그들의 조직에서 그 프로세스를 수행하도록 안내할 준비를 마쳤습니다. 그런 식으로 서클은 점점 더 퍼져 나갔습니다."

생명의 나무 서클은 서클 프로세스의 힘을 잘 보여 주었다. 서클은 점점 퍼지게 되었으며, 리더를 육성할 때만 훈련된 조력자의 일시적인 지원이 필요했다.

애도의 하루를 보낸 다음날, 수풀 바깥쪽에서 무언가 다른 일이 벌어졌다. 사람들은 북과 엠비라(나무나 금속 조각으로 만든 아프리카의 전통악기)를 가져와서 노래하고 춤추며 웃었다. 그들이 느꼈던 고립감은 사라진듯 보였다. 끔찍한 여행에서 길을 잃은 그들의 삶은 서클의 다른 사람들과 나무와 바위, 그들 내부의 영혼과 다시 연결되었다.

서클에서 함께한 마지막 날까지 사람들은 변화했다. 그들은 자신들을 숲으로 보거나 그곳에 함께 있는 나무로 보았다. 그리고 그들이 어떻게 상처받았고 살아남았고 다시 성장할 수 있었는지 알게 되었다. 모두가 가장 어둡다고 했던 순간에 그들이 가진 놀라운 자원이 무엇인지 발견했다. 그들은 필요할 때 그들을 위해 그곳에 있던 사람들의 이름을 말하고 때로 혼자 여행했을 때의 힘을 인정했다. 숲은 열매와 힘과 용기와 끈기로 가득했다. 베브는 서클에서 인상 깊었던 몇 가지를 이야기해 주었다.

"한 건장한 청년이 서클에서 말했습니다. 네 살짜리 딸이 친구들에게 옆집에 사는 마템바가 우리집을 불태웠다고 이야기하는 것을 들었다고요. 그는 그 문장을 '그런데 우리 아버지가 해결했어.'라고 끝나게 하고 싶었답니다. 그래서 아이의 친구들에게 마템바에게 복수할 거라 했고 실제로 칼을 준비했다고 하더군요. 하지만 서클에서 그는 딸에게 다른 방식으로 문장을 끝내게 하고 싶다고 했습니다. '우리 아버지가 있으니까 괜찮아'라고 말하는 것을 듣고 싶다고요."

"오늘 오후에는 권력에 관해 이야기했습니다. 그들의 삶에서, 가정과 학교와 교회에서, 국가와 역사에서 권력의 남용이 어떤 결과를 가져오는지에 대해서요. 이제 그들은 또 다른 종류의 힘, 즉 공통의 의도를 지닌 서클의 힘에 대해 이야기합니다. 함께 일하는 새로운 방법이 등장하기도 하고, 서클의 힘을 자신의 삶과 공동체에 가져올 수 있는 방법을 모색하기도 하며, 서클이 만들어 내는 연결고리의 힘을 느낍니다. 그들은 작은 불에다 떠나 보내려 했던 것들을 태우고 미래의 꿈을 공유한 바위가 있는 곳까지 조용히 걸어갔습니다. 화강암 바위는 그들의 노래와 기도, 꿈과 웃음을 울려 퍼지게 했습니다."

이 일에 관해 마하트마 간디는 다음과 같이 말했다.

"우리는 사랑의 법칙The Law of Love이 우리를 계속 지배하게 하거나 아니면 전혀 그러지 못하게 해야 합니다."

이는 생명의 나무 서클이 짐바브웨에서 하고 있는 일이다. 상처받은 마음을 서로에게 전달하고 복수를 넘어선 평화를 호소함으로써 사랑의 법칙이 지배하도록 선택하는 것이다.

생명의 나무에서 뿌려진 씨앗은 다른 짐바브웨 사람들의 손에 건네지고 있다. 조직적인 폭력을 당했던 이 특별한 사람들은 복수보다 치유와 강화의 과정을 수행하는 데 동의했다. 어떤 어려움에 직면해도 화해하고 스스로 배우고 위험을 감수했던 모두의 헌신적인 노력을 통해 서클의 그물망은 사람들을 지탱해 주기 시작했다.

4부

어떤 조직이든
서클은 제대로 돌아간다

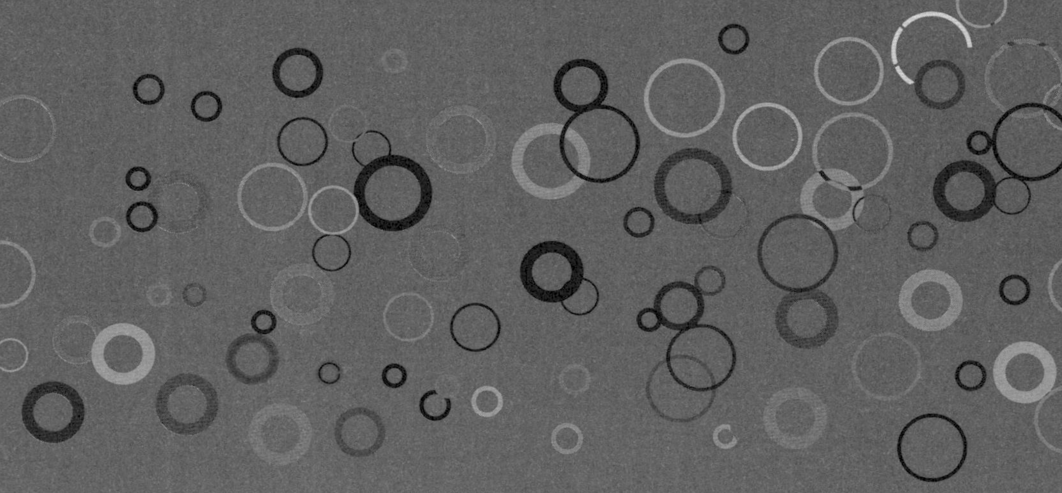

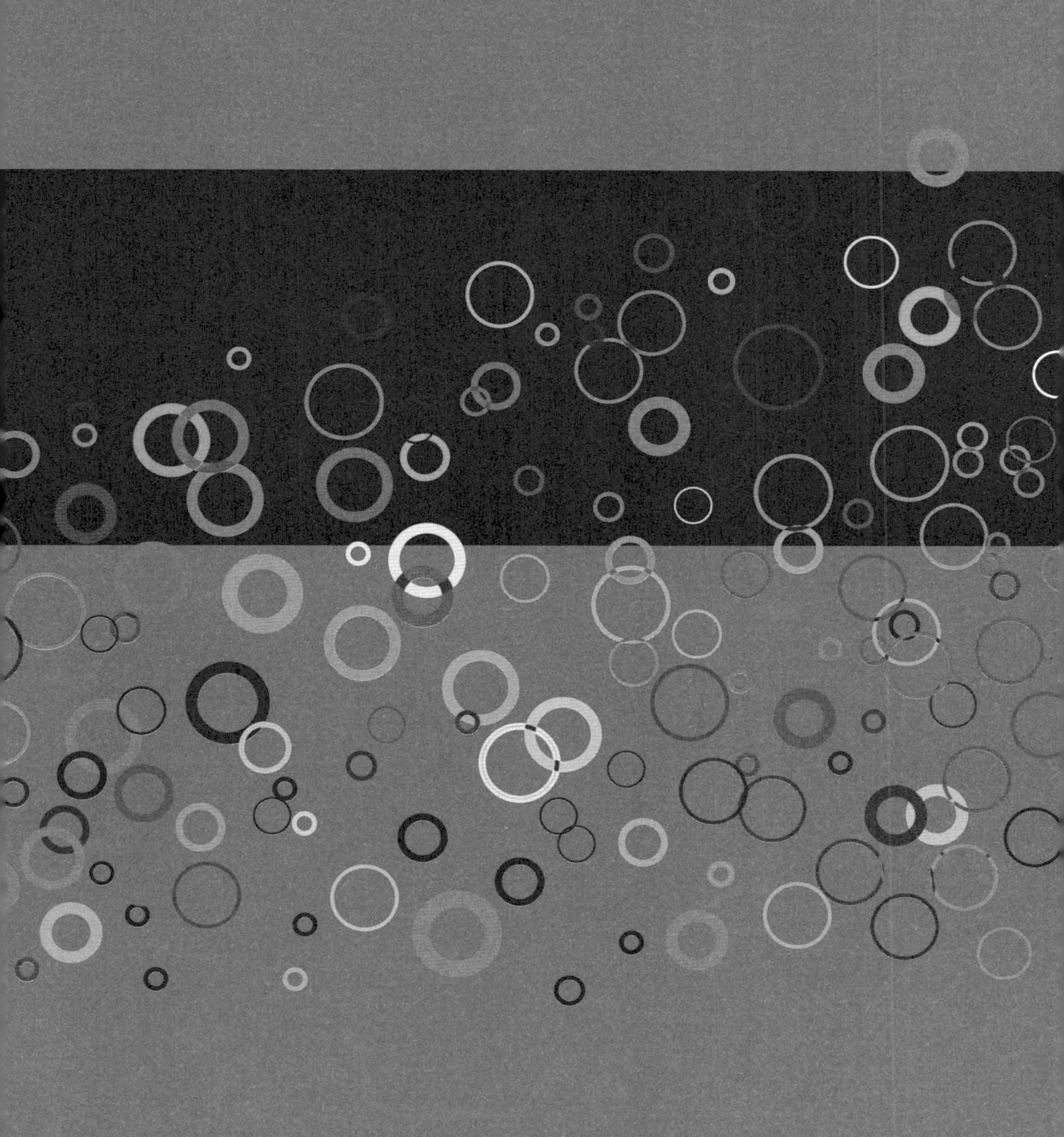

11장

변화의 순간
함께 이루어지는
인식의 전환

서클은 빠르게 진화하고 있으며 세계를 변화시키는 역동적이고 긍정적인 영향력으로 활용되고 있다. 따라서 체계적인 변화와 대안적 구조에 몰두하는 조직은 서클을 의사결정 수단으로 활용한다.

크리스티나는 가톨릭 여성 수도회의 후원으로 평화와 사회 문제를 다루는 이틀간의 컨퍼런스에 참석했다. 여기에서 잡지 〈예스!〉의 편집자 프란 코튼이 반영해 달라고 제시한 질문은 세 가지였다.

- 15년 전까지는 사회의 비주류였으나 지금은 주류가 된 것들은 무엇입니까?
- 현재는 비주류지만 향후 15년 사이에 주류로 옮겨갈 거라고 생각하는 것들은 무엇입니까?
- 그 일에 기여하기 위해 하고자 하는 일은 무엇입니까?

크리스티나는 15년 동안 서클 활동에서 이루어 낸 변화에 관해 말하기 시작했다. 이를 통해 사회에 다시 복귀하는 비주류 운동으로서의 서클에 관해 이야기했다. 그런 다음 그녀는 서클 프로세스가 현재 교육과 종교, 의료, 그리고 비영리 분야에서 어떻게 활용되고 있는지에 관해 이야기했다.

"그것은 저희의 목표였습니다. 우리는 서클이 그 주변까지 효과를 준다는 사실을 알게 되었어요. 뿐만 아니라 주류 분야에서도 필요하다고 믿었죠."

워크숍이 끝나고 사람들은 각자 무리지어 그들만의 서클 경험에 관해 흥미롭게 이야기했다.

서클을 통한 비주류에서 주류로의 전환

15년 전에는 사회의 비주류였으나 지금은 주류가 된 것들에는 무엇이 있을까? 지금부터 하려는 이야기는 레흐 바웬사와 몇몇 동료가 그단스크 부두 주변에서 비밀리에 회의를 열기 시작했던, 1970년에 발발한 폴란드 연대 투쟁의 기원으로 거슬러 올라간다.

그들은 회의를 통해 그들의 정부를 접수하고, 저항을 통해 폴란드의 내정에 간섭하는 소련에 대처할 준비를 했다. 1980년 9월, 연대는 비폭력 원칙을 기반으로 한 국가적 파업을 선언했다. 1년 후, 연대는 자체적으로 국회를 소집하고 대안 정부인 '자치 공화국'의 대통령으로 바웬사를 선출했다. 1989년에 연대가 주도한 연합 정부는 바웬사를 폴란드의 국무총리로 선출했다. 그리고 그는 1990년부터 1995년까지

대통령이 되었다. 드디어 비주류에서 주류로 옮겨 온 것이다.

‘케냐 나무들의 어머니’ 완거리 마타이가 식량과 땔감, 쉼터를 위해 여성들에게 나무를 심자고 제안하며 농촌 여성의 어려움에 대응하기 시작했을 때 그녀는 대학의 생물학 교수였다. 1977년 그녀는 문화적 변혁을 추진하기 위해 그린벨트 운동을 시작하며 “나무를 심는 일은 생각을 심는 일이다. 땅을 파고 나무를 심는 간단한 일부터 시작하여 우리 자신과 미래 세대에 대한 희망을 심는다.”라고 말했다.

처음 심었던 100그루의 나무 중에서 28그루만이 살아남았지만 그녀는 그 일을 끝까지 계속했고, 나무 역시 계속 자라났다. 2004년 그녀는 노벨평화상을 수상한 최초의 아프리카계 흑인 여성이자 환경 운동가가 되었다. 2008년까지 그린벨트 운동을 통해 3,800만 그루의 나무를 심었고, ‘새로운 나무 10억 그루 심기’라는 새로운 목표를 세웠다. 20여 개의 묘목에서 녹색 지대로의 변화였다. 이 또한 마찬가지로 비주류에서 주류로 옮겨 온 것이다.

마가렛 위틀리는 청중에게 자발적으로 조직된 그룹의 힘을 상기시키기 위해 10장에서 소개한 세 조직의 몇몇 핵심 리더들의 이야기를 이야기하곤 했다. 그 결과 재무설계사 협회, 릿지앤밸리 공립학교, 진북부 통합 보건진료소는 탐구의 근거가 된 다음과 같은 질문을 수용할 수 있었다.

◉ 전국 이사회가 자산관리에 대한 고정관념을 깨고 이에 관한 통합 콘셉트를 개발하기 위해 기반이 튼튼한 두 개 기관의 합병을 추진하는 방식을 결정할 때 서클 프로세스를 사용한다면 어떨까? (재무

설계사 협회)

- ◉ 학교와 교육의 본질을 재구성하기 위해 우리 학교부터 서클을 사용하기 시작한다면 어떨까? (릿지앤밸리 공립학교)
- ◉ 의료 서비스 제공자와 수혜자 간의 관계에 관한 대화에 서클 프로세스를 활용한다면 어떨까? (트루노스 헬스케어센터)

위 세 조직은 점진적 발전이 빠른 도약으로 가는 길이라고 생각하며 경영 방식의 운영 형태로 서클을 활용했다. 재무 협회의 전체 이사회가 서클 프로세스로 회의할 때마다, 릿지앤밸리 공립학교에서 교사들에게 아이들의 학습을 위한 지침으로 서클 프로세스를 언급할 때마다, 보건소 운영을 서클로 진행할 때마다 새로운 방식이 조금씩 만들어졌다. 이역시 비주류에서 주류로 옮겨 온 것이다.

서클을 도입한 재무설계사 협회의 변화

2000년 국제 재무설계사 협회와 공인 재무설계사 협회는 자산관리의 촉진과 재무설계 분야의 발전을 위해 '재무설계사 협회'로 합병했다. 처음에는 각 협회의 대표이사가 공동 대표가 되고, 두 이사회는 구성원의 수를 줄이지 않은 채 통합했다. 전 이사회 의장인 엘리자베스 제튼은 그 합병을 다음과 같이 회상한다.

"당시 두 조직은 '하나의 협회 출현'이라는 이름하에 그냥 붙여 놓았을 뿐이에요. 하나의 공동체로 통합할 만한 과정이 없었습니다. 우리의 첫 회의는 대형 회의장에서 로버트의 토의 절차 규칙에 따라 의장석이 이사들과 직원들을 마주보고 있는 채로 진행되었지요. '우리는 이제 어떻게 되는 것입니까?'라는 질문이 쏟아졌지만 그 회의 형태로는 이야기를 할 방법이 없었습니다. 아주 고통스러운 한 해였지요. 수많은 퍼실리테이터들을 고용해 봤지만 효과가 없었고, 응집력을 발휘하기 위해서는 어딘가로 떠나서 서로 이야기하고 들을 필요가 있다고 생각했죠. 그래서 2001년 이사회의 여름 워크숍을 그랜드 타아기 리조트에 간 것입니다"

그 당시 이사회 의장은 가이 컴비, 대표이사는 자넷 매캘런이었다. 가이와 자넷, 그리고 몇 사람의 상임이사들은 재무설계사 협회를 하나의 공동체로 발전시킬 방법을 찾기 시작했다. 하지만 공동체에 대한 내부적인 생각은 아직 하나의 의견으로 굳어지지 않았다. 제튼은 말을 이었다.

"어떤 이유인지는 모르겠지만 우리가 타아기의 회의실에 갔을 때 의자가 원 대형으로 놓여 있었고 맥 위틀리가 와 있었어요. 이사회 워크숍을 진행하기 위해 왔다더군요. 우리에게는 서클의 기술이 전혀 없었고 원칙이나 지침도 없었어요. 아무도 그 변화를 준비하지 못했던 거죠. 우리 중 일부는 새로운 의자 배치가 대화의 장을 열게 될 거라고 느꼈지만 서클 프로세스가 '오늘의 특별 프로그램'인지 계속 유지될 것인지에 대해서는 전혀 감을 잡지 못했습니다. 심지어 어떤 사람들은 서클 안으로 입장하지 않으려고 했어요. 저항이라도 하려는 듯이 그냥 의자 뒤에 팔짱을 끼고 서 있더군요. 그때 맥은 우리의 강력한 조력자이자 꼭 필요했던 다리가 되어 주었습니다. 어째서 우리 모두가 리더인지, 이런 방식으로 대화를 하는 것이 어떤 면에서 좋은지에 관해 이야기했죠. 플립차트와 다양한 해결책에 스티커 투표를 아주 많이 활용했던 기억이 납니다."

사려 깊은 리더와 혁신적인 직원들이 있긴 했지만 재무설계사 협회는 뚜렷하게 달랐던 두 협회의 문화를 통합하는 데 필요한 준비 작업을 과소평가했다. 이사회는 처음으로 산 정상을 등반했고, 이사회 구성원들은 집단적 대화를 서클로 시도했지만, 그들의 실험이 전체 구조를 통합할지 확신을 가지지 못한 채 타아기를 떠났다.

2001년 9월 12일, 재무설계사 협회의 연례 회의를 샌디에이고에서 대규모 월드 카페로 진행하려고 했다. 그러나 계획대로 실행되지 못했다(911 테러가 발생한 다음날이었기 때문이다.).

샌디에이고에 미리 도착한 이사회와 직원들, 회의 기획자들은 9월 11일 아침, TV를 통해 뉴욕과 펜타곤에 가해진 테러 공격을 보았다. 제튼은 말했다.

"우리는 함께 감정을 추슬렀습니다. 혼돈과 비극에 직면한 사람들에게 봉사하기 위해서였지요. 때마침 그런 충격의 순간에 열리기로 했던 이사회 시기, 타아기에서의 경험, 그리고 새로 만들어진 공동체 전략 팀의 활약 덕분에 이사회는 새로운 방향으로 나아가기 위한 아이디어를 받아들일 수 있었어요. 그 시기에 발생한 신뢰감과 유대감은 의미심장한 것이었죠."

그 이후로 이사회의 리더들은 수차례의 월드 카페 모임을 소집해 지역 본부와 대규모 그룹 대화를 진행했다.

우리는 그들이 이미 서클 프로세스를 도입했고, 서클을 진행하는 데 어려움을 겪고 있다는 사실을 몰랐다. 이사회 구성원들은 서클 프로세스를 안정화시킬 수 있는 기본 구조에 도달하려면 어디로 가야 할지 이해하지 못한 채 힘든 과업을 계속하고 있었다. 함께하는 동안 그들은 기본 구조를 새로 만들고자 노력했다. 그들은 합쳐진 두 협회 직원들 간의 협업과 서클 프로세스를 이용해 업무를 수행할 수 있는 역량을 개발하고 싶어 했다.

2002년 여름, 맥 위틀리는 여름 워크숍을 진행하기 위해 다시 초청되었다. 자넷이 도움이 필요하다고 말했을 때 맥은 크리스티나를 퍼실리테이터로 초대했다. 맥과 크리스티나는 이사회의 목적과 기능을 재정의할 수 있도록 도왔다. 서클 프로세스의 합의사항도 적절히 집어넣었다. 크리스티나는 가디언 역할을, 맥은 호스트 역할을 수행했다. 그리고 그들(맥과 크리스티나)은 이사회의 업무와 그 업무를 수행할 그룹 프로세스가 구체화되도록 했다. 크리스티나는 이사회의 프로세스에 대해 쌓여있던 이사회 구성원들의 불신감을 경청했다. 이사회 구성원들은 서클에 전념하기 전에 효율성에 관한 특정 조건이 충족되기를 원했다. 명확한 합의사항이 없다 보니 신뢰는 서서히 무너지고 있었다. 왜냐하면 그들은 위원회와 소그룹의 의사결정 순간마다 그리고 전체 이사회에 그 내용이 공유되지 않을 때마다 그림자를 급격히 축적해 왔기 때문이었다. 결국 11월 초에 있을 차기 이사회에 크리스티나가 서클 프로세스를 코칭하기로 했다. 그 후에 그들은 서클 프로세스를 계속 진행할지 포기할지를 결정하기로 했다.

크리스티나는 창문이 없는 대형 회의장에 40명의 사람들(절반은 이사회 구성원이었고 절반은 직원이었다)과 함께 서클에 앉았다. 서클의 중심부에는 커피 테이블이 놓여 있었고, 그 위에는 산을 상징하는 인공 소나무 매듭이 달려 있었다. 그들의 말하기 도구는 휴대용 마이크였다. 중심부에 참고가 될 만한 물건을 가져온 사람은 아무도 없었다. 사람들이 오랫동안 변죽만 울리거나 테두리에서 힘겨루기를 할 때 개입하는 방법 역시 아무도 몰랐다. 그들은 의자를 둥글게 배치했지만 서클의 역동성을 만들어 내지 못했다. 그들은 먼저 사회적 컨테이너나 중심부로의 접근, 강력한 합의사항, 가디언의 활용, 의제를 통한 명확한 진행, 의사결정이나 행동의 시작을 위한 합의된 방식 등과 같은 용어를 이해하고 합의할 필요가 있었다. 크리스티나는 다음과 같이 회상했다.

> "우리는 모든 것을 멈추고 서클의 기본 원칙부터 작업했어요. 소그룹을 나누어서 합의사항과 핵심적인 가치, 호스트와 가디언, 기록자의 역할 등을 작성해 오기로 했지요. 저는 내용을 작성할 때의 주의점으로 언어가 관념적이어서는 안 되고, 내용이 참가자들에게 와 닿아야 한다는 것을 강조했어요."

그룹은 일관된 느낌을 얻거나 의사결정 준비가 되었다는 점을 확인하는 방법으로 엄지손가락 투표를 도입했다. 그리고 곧 구성원들은 소그룹 작업에 관해 투표했다. 크리스티나는 그녀의 옆 자리를 비워 놓고 그 자리에 사람들을 초대해 회의가 진행되는 동안 차임 벨을

> ### '재무설계사 협회' 이사회의 합의사항
>
> ○ 우리는 서클 프로세스와 '이곳'에 헌신한다.
>
> ○ 우리는 그룹 프로세스의 다양한 양식을 적용해 대화하는 문화를 만든다.
>   서클은 우리의 집이다.
>
> ○ 우리는 서로가 좋은 의도를 가졌다고 가정하며, 서로를 존중하는 환경을
>   만든다.
>
> ○ 우리는 개인 자료를 비밀로 유지하며, 이사회의 결정 또한 문제에 따라 적
>   절하게 기밀로 유지한다.
>
> ○ 우리는 그룹 가디언을 선정해 필요 사항과 적절한 시기, 서클의 에너지를
>   주의 깊게 살피도록 한다.
>
> ○ 우리는 가디언의 신호에 일시 중단하고, 중단이 필요하다고 느끼면 일시
>   중단 신호를 요청할 수 있다.

울려 일시 중단시키거나 행동 순서를 교정하기 위해 개입하는 역할을 훈련시켰다.

다음날, 의제는 순조롭게 진행되었다. 충분한 논의가 이루어진 후 투표가 시행되었을 때 이사회 구성원들은 중심부 방향으로 그들의 의자를 돌렸고, 직원들은 서클의 테두리를 유지하고 관찰자 역할을 수행하기 위해 의자를 뒤로 밀었다. 서클을 위한 단단한 토대가 자리 잡혔다.

전체 이사회는 서클을 공식적인 의사결정 방식으로 채택했다. 그 다음 회의부터는 도움이 될 만한 서클의 개념들을 플래카드에 기록하고 서클의 테두리 뒤편에 세워 놓았다. 2005년 5월, 마브 터틀은 대표이사에 내정되었고 이사회는 구성원을 18명 이하로 축소할 것인지에 관

해 투표를 진행했다. 마브는 그 변화에 관해 거리낌 없이 이야기했다.

"이전 협회와 지금 여기 재무설계사 협회에서 100차례 정도 이사회를 열었을 거예요. 저는 서클이 진정으로 우리 이사회의 문화가 되었다고 말할 수 있을 때까지의 변화를 지켜보았죠. 이사회 구성원들과 직원들은 서클에서 대화하는 것을 좋아했고 이 형식에 적응했어요. 전체 이사회 회의는 보통 이틀 반 정도 걸리며 회의는 반나절 단위로 진행되는데 격렬한 쟁점을 논의하는 회의는 경험 있는 사람이 가디언 역할을 맡도록 하고, 일상적인 회의는 새로운 사람이 그 방법을 배우도록 하는 방식으로 가디언 역할을 서로에게 훈련시켰습니다. 일반적으로 최대 다섯 명까지 가디언 역할을 할 기회를 갖습니다. 이사회 의장은 호스트이자 그룹의 지혜를 전수하고 우리의 과정을 지켜본 경험 있는 이사회 멘토입니다. 또 차기 의장은 의제를 통해 나아갈 수 있도록 돕는 대변인 역할을 하지요. 이렇게 의사결정 방식이 바뀌자 주제나 쟁점에 친숙해지고 대화의 내용을 이끌어가는 데 더 많은 자유를 가지게 되었습니다. 이 두 사람과 저는 전체 과정을 유심히 지켜볼 수 있도록 서클 내에서 동일한 간격으로 떨어져 앉습니다. 그 공간을 유지하는 것이죠."

"우리는 중심부에 지구본과 이전 이사회 구성원들의 생각과 의견이 담긴 일지, 영감을 줄 수 있을 만한 사람들의 인용구를 놓았습니다. 우리는 두 개의 말하기 도구를 이용했습니다. 체크인과 체크아웃은 물론 깊이 있는 회의를 위한 깃털과 진행 속도를 늦추면서도 말하기 도구를 이용하고 싶을 때 던지는 쿠쉬볼이었지요."

어느 조직이든 조직 내에서 서클의 의미와 그 프로세스에 대한 이해와 서클에 얽힌 이야기들, 그리고 조직에서 생각하는 중요성 등은 계속 유지되어야만 한다. 그런데 협회 환경에서는 이사회 구성원이 주기적으로 교체되는 것이 불가피하다. 그러므로 새로운 이사회 구성원이 그룹에 합류할 때 '서클에 기여하기'와 '동료 간의 교육'을 전파하는 일은 재무설계사 협회의 가장 큰 도전 중 하나가 되었다.

"새로운 이사회 구성원은 서클 프로세스를 실제로 보거나 경험한 적이 없기 때문에 잘 적응하도록 도와주어야 합니다. 완벽한 서클의 상태를 유지하려면 우리가 항상 이사회의 한 사람으로서 서클에 있다고 생각해야 하죠. 서클은 우리의 관계와 대화를 다루는 방식이니까요. 때로는 합의사항을 가지고 옥신각신할 때가 생깁니다. 이럴 때 구성원들은 우왕좌왕합니다. 몇 년 전 이사회 워크숍에서 복잡한 결정을 내려야 했을 때도 그랬어요. 우리는 말로 표현되지 않은 기대사항들을 겨우겨우 파악하는 것처럼 보였습니다. 그래서 전 이사회 의장이었던 닉과 저는 서클 프로세스의 기술과 그에 대한 주의력을 강화하기 위해 아트오브호스팅에 방문했죠. 그런 다음에야 우리는 재실행과 재다짐의 과정을 통해 이사회를 이끌 수 있었습니다."

마브는 정기적으로 다른 대표이사들이나 콜로라도 협회의 관리자들을 만나 재무설계사 협회의 서클 프로세스 활용에 관한 이야기를 한다.

"우리가 열린 공간에서 소그룹으로 사흘간의 이사회 회의를 하고, 수백 명의 회원과 월드 카페를 진행한다고 말하면 그들은 제대로 이해하지 못합니다. 보통 대표이사나 관리자 자리에 올라있는 기획자들은 대개 효율성 중심 사고에 익숙해서 서클 프로세스의 과정을 차근차근 밟아나가고 모두에게 수평적으로 동등한 기회를 주며 총체성에 기반한 집단적 능력과 느린 의사결정 방식에 대한 감이 전혀 없으니까요. 저는 서클이 명확한 의사결정을 하기 위한 장기적이고 지속적인 대화를 유지하는 방법을 가르쳐 준다고 설명합니다. 그리고 우리는 금융 서비스 업계의 표준에 관해 아주 실질적인 대화를 나눕니다. 예를 들면 증권 거래 위원회에 소송을 제기하는 것과 같은 거죠. 이 결정을 하기까지 5년이 걸렸습니다. 저희가 승소했고요. 우리가 서클 내에서 나누었던 길고 명확하고 제약 없는 대화 덕분에 확실하게 소송에 들어가게 된 거죠. 서로에 대한 노력을 이해하는 순간 때로는 깜짝 놀라기도 해요. 평소 회의에서는 그렇게 되는 일이 없거든요.”

마브는 우리에게 새로운 이사회와의 ‘서클 예행 연습’을 도와 달라고 요청했다. 우리는 전 이사회 구성원이자 서클 프로세스를 교육받은 마틴 시에스타를 보냈다.

또한 재무설계사 협회의 직원들은 주의 지역 본부들과 ‘듣기 여행’을 진행했다. 그들은 협회 전체에 ‘대화하는 문화’를 조성할 방법을 찾고 있었다. 그들의 목표는 서클이나 월드 카페, 오픈 스페이스 테크놀로지 등을 이용한 집단적 대화가 사용되는 곳마다 사려 깊은 리더십이 육성된다는 점을 구성원들에게 보여 주는 것이었다.

서클과 함께한 릿지앤밸리 공립학교 설립 과정

유치원부터 8학년(중학교 2학년)까지 가르치는 릿지앤밸리 공립학교는 2004년에 90명의 학생으로 개교했다. 무상으로 다닐 수 있는 이 공립학교는 뉴저지 주 북서부의 애팔래치안 산맥과 석회암 계곡 지역에 있다. 학년별 교과 내용은 통합 프로그램인 '지구 사용 능력Earth Literacy'을 통해 제공된다. 여기에는 환경과 생태에 대한 학습과 공동체에서 더불어 살아갈 수 있는 방법이 포함되어 있다.

2003년 헌신적인 학부모들이 학교 설립용 토지 매입과 주의 규정, 교사 선발, 교육 이념 등을 고심하고 있을 때 사라 맥두걸은 이곳 뉴저지 주로 날아와 학교 운영위원회의 주말 워크숍을 제안했다. 학부모를 비롯한 공동체 구성원 모두가 이미 상당한 에너지를 소모했다고 판단한 것이다. 사라는 그룹의 고갈된 에너지를 돌보고 나아가 그들이 전념하고 있던 서클의 리더십을 연마시키기 위해 그들과 함께 일했다.

부모이자 설립자이며 현 학교 운영 위원회 구성원인 케리 바넷은 다음과 같이 설명했다.

"사라가 처음 왔을 당시 우리는 이 학교를 설립하는 데 이미 5년을 보낸 상태였어요. 우리는 모든 회의에 서클 프로세스를 사용하고 있었습니다. 서클이 제공하는 열린 의사소통 방식은 우리가 아이들에게 알려 주려는 것의 일부였기 때문이죠. 지구를 착취하다시피 하는 현 인류의 모델이 지속 가능하지 않다는 전제하에 학교가 설립되었고, 우리는 아이들에게 지속 가능한 삶을 가르치고 싶었습니다. 우리의 교육 이념은 협력과 존중의 가치, 그리고 평생 학습의 정신을 포함하고 있어요."

처음 5년 동안 학부모 그룹은 교육 과정에서부터 주 정부에서 요구하는 교육 관련 기준과 부동산 법, 보조금 지원 관련 실무까지 공립학교 설립에 필요한 모든 것을 배워야 했다. 제네시스 농장 인근에서 대안적인 삶을 살고 있던 캐리는 자녀들의 교육을 위한 대안을 찾겠다는 목적으로 이 그룹에 합류했고, 또 다른 설립자 겸 현 학교 운영 위원회 구성원인 데이브 맥널티는 온라인 교육과 멀티미디어 분야에 종사하는 학부모였다. 데이브는 이렇게 말했다.

"우리가 학교에서 시도하려는 모델은 다른 데서는 거의 찾아볼 수 없는 거예요. 우리는 수직 구조가 없는 학교를 만들기로 결정했어요. 그리고 저는 우리가 서클 프로세스를 사용하고 있기 때문에 더 나은 의사결정을 해 왔다는 점을 전혀 의심하지 않고 있습니다."

여기에 대해 케리가 덧붙여 설명했다.

"하지만 우리는 이것이 얼마나 어려운 일인지 몰랐습니다. 얼마나 많은 분야를 배워야만 하는지도 몰랐고요. 그럼에도 우리 모두는 서클을 통해 인간관계를 이해하게 되었지요. 학교 운영자로서 우리는 서클 내에서 명확하고 투명하게 일처리를 했어요. 이는 학교가 완전히 개방되었기에 가능한 일이었지요. 모두가 믿는 가치를 이루어 내기 위해 우리는 열심히 일했고, 그런 가운데 서로에 대한 동정심, 공감, 사랑, 신뢰가 쌓였습니다."

자녀를 위해 공교육의 대안을 찾고 있던 트레이시 파뉴올로는 조금 늦게 학교 운영 위원회에 합류했다. 그녀는 다음과 같이 말했다.

"우리는 그저 시설 한 군데를 사들였을 뿐이에요. 모든 일이 정말 급하게 돌아갔죠. 인수 계획들이 실패로 돌아갔거든요. 우리는 첫 해 입학한 학생들을 가르칠 건물을 찾기 위해 부지런히 움직여야 했어요. 다행히 학교 시설이 완공될 때까지 지역 내 장로교 교회 수련장을 빌릴 수 있었지요. 유치원과 1학년은 통나무집으로 등교했고 윗 학년들은 객실을 개조해서 수업을 했습니다. 그 모든 일이 매우 흥미로웠고 믿을 수 없을 만큼 강렬한 경험이었어요. 그동안의 어려움은 큰 유대감을 만들어 냈지요."

"초기 학교 운영 위원회 회의에서 저는 경이로운 일이 우리 안에서 일어나고 있다는 것을 느꼈어요. 명확히 설명할 수는 없지만 서클의 영적 요소 중에서도 아주 조용하고 기본적인 것이었지요. 말하기 도구를 든 사람이 생각을 모을 수 있도록 일시 중단하고, 인용문으로 서클을 시작하고, 체크인과 체크아웃 시간을 갖는 동안 그런 생각이 든 거예요. 혼란스러운 가운데에서 그렇게 느꼈답니다."

이를 설명하기 위해 트레이시는 학교가 개교하기 바로 직전인 8월의 어느 새벽 2시에 있었던 이야기를 우리에게 들려 주었다. 학교 운영 위원회는 늦게까지 모여 새로운 정책들을 최종적으로 검토하고 있었다. 합법적으로 개교하려면 모든 것이 제대로 되어 있어야 했기 때문이었다.

"모두 녹초가 되었지만 충만한 느낌은 있었어요. 우리의 팀워크는 서클 활동의 결과로 나타났습니다. 긴장감과 마감 시간, 의견 불일치 등을 겪는 동안에도 서로에 대한 존중심과 성실함을 가지고 함께 일한 경험은 제게도 변화하는 계기가 되었습니다. 서클 프로세스는 우리를 계속해서 중심부의 목적, 즉 모두에게 속한 더 높은 목표를 추구하게 했습니다."

2005년 2월, 델라웨어 협곡의 아름다운 경치가 보이는 곳에 정식 학교 건물이 지어졌다. 교내에는 교실과 교무실, 유기농 정원, 운동장, 태양열 집광기, 온실과 천막집이 만들어졌다. 오래지 않아 학생들이 만든 새장과 쓰레기 수거장, 허브 정원, 모형 마을과 산책로, 캠프파이어용 서클, 퇴비통, 태양열 오븐, 각종 작품(벽화), 야외용 테이블 등이 학교 부지 이곳저곳을 채웠다.

낸시 드보르스키는 그 기간 동안 꾸준히 일했다. 그녀는 평생을 대안 교육과 친환경 정원 가꾸기 그리고 지속 가능성에 관해 탐구해 왔다. 그러다가 정식으로 학교 건물이 설립된 이후 릿지앤밸리 공립학교 운영을 위해 영입된 것이다. 2005년 여름, 트레이시 파뉴올로는 학교 운영 위원회에서 퇴임하고 파트타임 교과 과정 편성 담당자가 되었다. 인사 구조가 재정비되는 동안 서클의 역사와 기술, 경험을 지닌 이 두 명의 여성이 학교를 안정적으로 유지했다.

학교 운영 위원회는 행정 가디언과 교과 과정 편성을 맡는 학습 가디언을 주축으로 서클을 활용하여 학교를 운영할 생각이었다. 하지만 운영을 책임지는 전통적인 교장 중심의 인식 체계가 계속해서 튀어나왔다. 학교 운영 위원회는 학교의 헌장(교훈)에 공유된 리더십 모형을 더욱 직접적으로 반영하기 위해 새로운 리더십 팀을 다시 한 번 기획했다.

낸시와 트레이시를 영입한 것은 새로운 리더십을 발휘할 팀 구성을 위해서였다. 두 사람 모두 학교의 역사와 핵심에 깊이 관련되어 있었기 때문에 적임자라 할 만했다. 설립 멤버이자 유치원 교사인 리사 마리도 그 팀에 합류했다. 그는 통합 교과 과정과 학부모들과의 관계 문제를 동료 교사들에게 전하는 역할을 맡기로 했다. 팀의 네 번째 구성원인 로웨나 맥널티는 특수 교육을 담당하는 차별화된 학습 기획자였다. 교장도 없고 감독 기관도 없다 보니 집단적 대화를 진행하면서도 업무 책임에 대해 명확하게 정의를 내려야 한다는 의견이 계속해서 제기되었다. 낸시는 다음과 같이 회상했다.

"사라와 앤이 와서 우리의 서클 프로세스를 도와주지 않았다면 우리는 그룹 활동을 지속할 수 없었을 거예요. 서클에서의 작업에 초점을 다시 맞출 때마다 우리가 하는 일은 강화되었어요. 수직적인 훈련과 기대에서 벗어났기 때문에 우리는 빠른 속도로 서클을 받아들일 수 있었죠. 우리는 여전히 서클 초보자입니다."

"공립학교 설립 운동을 진행하고 있었지만 우리는 비주류였습니다. 뉴저지 주의 다른 공립학교 대부분은 도시에 있습니다. 도심의 아이들은 소비 지상주의와 매체 주도의 소통 방식에 의해 황무지처럼 되어 버린 문화 속에 삽니다. 그런 문화는 아이들에게 적절하지 않아요. 전통적인 방식으로 일하고 생활할 수 있는 아이를 키우지 못한다면 우리가 겪고 있는 인간의 위기는 끊임없이 계속될 것입니다."

데이브는 이에 전적으로 동의했다.

"우리가 하나의 조직으로 유지할 수 있는 이유는 학교에 오면 행복해 하는 아이들이 있기 때문입니다. 대부분의 학부모들은 자녀를 존중해 주는 학교, 더 큰 세상에서 성공적으로 살아가는 기쁨을 얻게 해 줄 학교를 만드는 일에 동참하고 있습니다. 지도 교사들은 학생들에게 놀랄 만한 일들을 하고 있어요. 함께 일하는 법을 가르쳐 주는 새로운 리더십 팀도 있고요."

트레이시와 케리, 데이브와 낸시는 아이들을 돕기 위해 시간을 쏟고 있다. 네 사람 모두 서클이 사랑과 신뢰, 존중에 관한 핵심적인 역동성을 만들었다는 점에 의견을 같이 한다. 이는 지금 당장 확인할 수 있는 인식의 변화이다.

전형적인 피라미드 구조의 환경이었다면 사람들은 더 나은 위치로 나아가기 위해 싸워야만 한다고 생각했을 것이다. 학부모들은 짜증난 상태로 싸울 채비를 하고 학교 이사회 회의에 참석했을 것이다. 릿지 앤밸리 공립학교에서도 만약 무언가가 간과되고 있었다면 사람들은 공격적인 태도로 돌변해서 '모두가 선한 의도를 갖고 있다고 믿는다'

는 원칙을 버릴 수도 있었다. 아이부터 학부모와 교사들, 리더십 팀과 학교 운영 위원회 구성원 모두가 서클 프로세스의 순환되는 리더십 방식을 이해하고 실행하기 위해 노력하고는 있었지만 그 학습 곡선이 항상 매끄러웠던 건 아니기 때문이다.

사라와 앤은 구성원들의 축적된 오해를 없애고 서클의 기본 원리를 새롭게 되새기도록 '상시 대기' 상담자의 역할을 수행했다. 사라와 앤이 서클을 코칭하러 릿지앤밸리 공립학교에 방문할 때면 보통 몇 가지 논점을 제시하곤 했다.

- 모든 사람에게 서클 기반의 의사결정 구조가 일관성 있는 태도와 실천이라는 것을 상기시켜 준다. 또한 일을 망쳤다면 어떤 부분과 연관되어 있는지 찾아본다.
- 현재의 필요에 알맞게 프로세스를 조정하도록 돕는다. 3년 전에 활용했던 합의사항이 현재에 잘 들어맞지 않을 수도 있다. 리더십 팀과 학부모들 간의 의사소통 경로를 강화할 필요가 있다는 점을 인정한다.
- 그들이 하는 일의 특성을 존중하고, 그들이 미래를 예측해 선택했던 범위 내에서 일상적인 시도가 이루어지도록 더 큰 관점을 유지한다.

서클이 교육 분야를 변화시킬 수 있는 방법을 조사해 박사 학위 논문을 쓴 바 있는 사라는 그들의 역할에 관해 다음과 같이 이야기했다.

"학교는 복잡하고 큰 조직처럼 보이지만 이해관계가 얽힌 거의 모든 사람이 결과에 대한 소유권과 이해득실을 따질 정도로 작은 곳이기도 합니다. 아이들은 그들의 교육 여정이 다양해지기를 열망합니다. 부모들은 자녀들에게 필요한 사항들을 대변하지요. 교사들은 교과 과정에 대한 지원이 늘어나기를 바랍니다. 행정 담당자들은 일상적인 운영 및 관리 업무를 처리하지요. 이 모든 일은 역할이 재정의되고 있는 동안에도 발생합니다. 집단적인 행정과 의사결정 구조는 쉬운 일이 아닙니다. 릿지앤밸리 공립학교가 이 변화를 더 오랫동안 깊이 유지할수록 사람들의 기대는 더욱 커질 것입니다."

낸시는 다음과 같이 말했다.

"개척자가 되고자 했을 때 가장 힘들었던 일 중 하나는 도움을 청할 만한 다른 학교를 찾지 못했다는 것입니다. 우리는 스스로 나아갈 방향을 만들어야 했습니다. 이제 우리는 꿈을 품은 다른 부모들과 교사들에게 다가갈 수 있을 만큼 충분히 갖췄으며 '우리가 만들어 냈어. 우리를 위해 한 일이야.'라고 말할 수 있게 되었습니다. 자연 속에 자리 잡은 훌륭한 교과 과정도 빼놓을 수 없고요."

최근 릿지앤밸리 공립학교 졸업생이 명문 사립 고등학교에 합격했다. 그 학생은 흥분을 감추지 못한 채 오리엔테이션에 참석했지만 곧 실망하며 집에 돌아왔다. 그녀는 하루 종일 강당에서 연설을 들었고, 단 한 명의 학생과도 서로에 대해 알 기회가 없었다고 말했다. 그녀는 그 학교에서는 상호작용할 수 있는 방식이 전혀 이루어지지 않고 있다며, 왜 둥글게 앉지 않는지 이해할 수 없다고 말했다.

장기적으로 이는 릿지앤밸리 공립학교에 커다란 난관이 될 것이다. 학생들이 전통적인 고등 교육기관에 진학하거나 직장에 들어갔을 때 이곳에서 배운 경험은 그들에게 어떤 영향을 미칠까? 부모와 지도 교사가 바라듯 학생들 스스로 리더의 역할을 찾고, 또 그 역할을 잘 수행해 낼 수 있을까? 가치있는 세상을 만들기 위해 릿지앤밸리 공립학교에서 경험했던 서클을 다른 곳에서도 소집할까?

서클을 활용한 트루노스 헬스케어센터의 의사결정 방법

메인 주에 위치한 트루노스 헬스케어센터True North Health Care Center(이하 TNHCC)는 간호사와 대체 의학 전문가, 의사, 가톨릭 수녀, 기술자 등이 연대하여 재정적인 이유로 거부되었던 대체 의료 서비스를 신설하는 계획에 앞장서기 위해 설립한 비영리 법인이다. 연대 모임은 4년 동안 모임을 가진 후 지역공동체에 통합적인 의료 서비스를 제공할 방법을 찾기로 결심하고, 2002년 서클 프로세스를 조직의 원리로 사용해 현재의 센터를 열었다.

TNHCC에는 내과 의사부터 마사지 치료사까지 다양한 분야의 전문가들이 8,200평방피트(약 762제곱미터)의 시설 안에서 일하고 있다. 이 시설에는 열 개의 진료실과 초고속 인터넷 접속이 가능한 의료 정보

구역, 강의 및 워크숍을 위한 두 개의 회의실, 주말 워크숍으로 활용할 수 있을 만한 교육용 주방이 하나 있다. 환자들이 이곳에 오는 이유는 이종 요법(일반적인 서양 의학)이나 특정 대체 요법으로는 고쳐지지 않는 건강 문제를 해결하고 싶어서이다.

개원 전, 소아과 임상 간호사인 캐서린 랜든 말론은 《서클 프로세스 소집하기》를 우연히 읽게 되었고 그 개념을 연대 모임에 소개했다.

"우리는 한 달에 두 번 병원 지하실에서 만났어요. '평행 성장 프로세스Parallel growth process'는 우리 삶의 많은 곳에서 진행되었죠. 초기 회의에서는 엄청난 에너지가 발생했습니다. 그저 체크인 라운드만 했는데도 우리의 하루 근무가 달라진 것을 느낄 정도였어요."

의료과장 베타니 헤이즈는 이렇게 말했다.

"우리는 이사회와 격월로 진행되는 전직원 회의, 주간 의사결정 회의 등 모든 모임에 서클을 사용했어요. 의료와 건강관리 분야에서는 인간관계가 가장 중요한데, 서클이 관계를 돈독히 한다는 것을 알게 되었죠. 인간관계는 공기와 물, 운동, 사랑, 음식만큼 필수적입니다. 의료 서비스 체계의 이상 역시 망가진 인간관계가 원인일 수 있어요. 서클이 이를 치유할 수 있다고 본 겁니다."

산부인과 전문의인 헤이즈는 TNHCC에서 30년 동안 진료 서비스에 종사했다. 그녀는 기능 의학 전문가로 기능의학은 증상을 낮게 하는 방법보다 1차 예방과 근본 원인에 초점을 둔다. 환자의 이야기를 진단과 치료의 핵심 도구로 사용한다.

TNHCC는 그들만의 경험을 기반으로 서클 프로세스를 도입하고 적용할 수 있었다. 크리스티나가 컨퍼런스에서 TNHCC의 이야기 치료

법narrative medicine에 관해 발표했고, 우리는 센터의 스스로 학습하는 능력을 널리 알렸다. 현재 일하고 있는 직원과 예전의 직원 몇몇은 다른 의료기관에서 서클 프로세스를 적용하고 있으며, 의료 환경 내에서의 서클의 효과에 관한 질적·양적 연구에 매진하고 있다.

TNHCC에서의 서클은 네 번의 깊은 심호흡으로 시작해서 회의 시기와 의제에 따라 적절한 시간을 할애하여 체크인 라운드를 진행한다. 호스트는 까다로운 쟁점이 아니라면 가디언을 지정하지 않는다. 그들은 말하기 도구와 열린 대화를 모두 사용하며, 모든 사람의 말을 듣기 위해 말하기 도구를 활용한다. 모든 의사결정을 엄지손가락 투표를 한 후 '만장일치 빼기 1'의 방식으로 한다. 베타니는 다음과 같이 설명했다.

"투표에서 반대 위견을 제시한 사람들의 의견을 듣는 것이 중요해요. 단 한 명만 반대한다면 우리는 그대로 진행합니다. 한 사람이 서클의 일을 마음대로 결정할 수는 없기 때문입니다. 하지만 다음으로 넘어가기 전에 우리는 반대하는 서클 구성원이 자신의 이야기를 충분히 전달했다고 느끼도록 합니다. 그의 이야기를 충분히, 주의 깊게 듣는 것이죠. 우리는 이를 수행하기 위해 서클을 사용합니다. 우리는 우리의 결정을 수호할 필요가 있습니다. 그래서 두 명 이상의 반대 표가 있으면 결론이 날 때까지 계속해서 논의를 합니다."

현재 TNHCC는 기 치료 전문가부터 가정 의학 전문의까지 23명의 의료 전문가를 두고 있다. 시간이 지나면서 센터 운영을 서클에서 전적으로 결정하기에는 무리가 따랐다. 특히 서클의 업무 범위와 업무량이 늘어나면서 더욱 그랬다. 그래서 전통적인 병원 관리 분야에서 경력이 많은 대표이사 톰 달보그는 서클이 어떻게 재설계되어야 할지에 대한 의견을 수렴하는 한편, '서클 프로세스에 대한 설문 조사'를 설계하도록 했다. 헤이즈는 다음과 같이 설명했다.

> "설문조사 결과, 다양한 의견이 도출되었습니다. '우리 시스템은 비효율적이고 번거롭다. 대장은 너무 많고 책임은 충분히 지지 않는다. 서클 프로세스는 이미 과부하가 걸려 있는 직원들에게 업무 부담을 가중시킨다.'라고요."

서클에 기반을 두었던 TNHCC는 서클의 '신성한 소^{sacred cow}'에 의문을 갖기 시작했다(신성한 소는 비판이나 의심을 허용하지 않을 정도로 과하게 받들고 있는 관습이나 제도 등을 말한다. — 옮긴이).

이는 조직 내의 협업하는 문화가 더욱 강화되는 계기가 되었다. 설립자들은 서클의 구조를 재설계할 수 있을 만큼 충분히 경험한 사람들이었다. 의사와 간호사, 기술자와 전문 마사지사, 영양사들까지 모든 실무자들을 지원해 왔던 톰 달보그와 마케팅 및 개발 부문 이사인 크리스 미크넬 마든은 오랜 기간 의사결정 서클의 구성원이었다. 설문 조사 결과를 정리하고 프로세스를 검토하기로 한 의사결정 서클은 곧 행정 부서 직원들과 의료 전문가들로 구성되었고, 이들은 주 단위 관리와 비밀 유지를 약속했다. 이 서클은 개인에 관한 의사결정을 처리하기 때문에 완전히 투명하지 않은 유일한 서클이 되었다.

"의사결정 서클의 핵심 인물 상당수가 오랫동안 함께했고 서로를 진심으로 믿는 사이였어요. 그래서 가장 스스럼없이 터놓고 대화할 수 있었지요."라고 크리스는 설명했다. 회의를 거치며 의사결정 서클은 다음과 같은 질문을 던졌다.

- 서클을 계속 사용하고 싶은가?
- 어떤 방법이 효과적인가?
- 어떤 방법이 비효율적인가?
- 무엇을 유지해야 할까?
- 무엇을 버려야 할까?
- 어떻게 하면 서클과 수직 구조를 함께 활용할 수 있을까?

캐서린은 많은 대화가 서클에서의 관계와 공동체 형성에 초점을 두었다는 점을 언급했다.

"서클을 통해 우리는 더 나은 의료 전문가가 되는 법을 배웠어요. 마음에서 우러나온 발언으로 서로의 관계를 발전시켰을 때 우리는 환자들을 공손하게 대할 수 있었지요. 이는 서클의 직접적인 결과물이에요. 우리는 기존 의료 체계와는 다르게 투자자들과 공급업체, 환자들과 다른 방식으로 협업합니다. 서클의 방식으로 일하는 것이죠. 우리는 관계 지향적입니다. 우리는 듣는 법을 알고 있습니다. 우리는 환자들에게서 병력에 관한 이야기를 끌어낼 수 있어요."

이는 의료 체계의 전형적인 언어 구사 방식이 아니다. 게다가 가치가 아무리 높다 해도 병원의 실무적인 면에서나 비즈니스 측면에서 환자를 관리하는 과정은 필요하다. 크리스는 다음과 같이 말을 이었다.

"우리는 능률적으로 돌아가는 프로세스가 필요했습니다. 이런 대화는 우리를 곧바로 그림자에 빠져들게 했거든요. 재미있지는 않아도 몇 가지 중요한 것들을 배웠습니다."

캐서린 랜든 말론과 베타니 헤이즈는 크리스티나가 몇 년 전 TNHCC의 컨퍼런스에서 발표했을 때 그녀에게 받았던 가르침의 중요성을 지적했다. 갈등에 대응하는 방법을 질문했을 때 크리스티나는 "서클이 동요한다는 느낌이 들더라도 그 골격을 포기하지 마십시오. 오히려 의지하고 신뢰하십시오."라고 말했던 것이다.

의사결정 서클에서 시간과 돈의 효율성을 의제로 하다 보면 시간 관리와 효율성, 재정적 책임 등과 균형을 맞출 방법을 찾기보다는 서클 프로세스를 비난하고 이를 희생양으로 만드는 것이 더 쉬울 수도 있다.

"갈등은 해결하기 아주 어려운 문제임을 알았습니다."라고 크리스는 말했다. "일부 회의에는 걱정을 잔뜩 안고 들어갔어요. 거의 항상 안도감을 느끼면서 나왔지만요. 개인적인 문제로 치부하는 대신 마음에서 우러나오는 진정성 있는 방식으로 갈등을 해결하는 것이 문제의 핵심에 신속하게 도달하는 지름길이라는 점을 깨달았지요."

그해 말 의사결정 서클은 매주 모였고, 반복되었던 주제는 어떻게 하면 서클의 관계 지향성을 희생하지 않고 질서와 효율성에 대한 필요를 충족하느냐에 관한 것이었다. 서클과 피라미드 구조 사이의 대척점을 풀어내는 핵심은 '원(서클)과 삼각형(피라미드 구조)은 함께 작동한다'는 생각을 심어주는 것이다. 서클에서 분리된 피라미드 구조는 고립된 리더가 제한적인 의견 수렴을 통해 의사결정을 하는 결과로 이어진다. 반면 서클과 결합된 피라미드 구조는 협력적 환경을 구축한다. 이런 구조에서는 집단의 구성원으로부터 영향력과 결과를 고려한 의견이 모인다. 또한 해당 집단의 리더는 조직이 자신을 리더로 활동할 수 있도록 권한을 부여해 주었다는 느낌을 받게 된다.

TNHCC의 서클 프로세스 개선을 위해 의사결정 서클은 수개월에 걸쳐 참여자들의 이야기를 주의 깊게 들었다. 그 결과 'TNHCC에서의 서클의 진화'라는 문서가 완성되었고, 이후 모든 직원과 의료 전문가들에게 승인을 받았다. 기존의 체계에서 다음 사항을 포함한 여러 가지 변동 사항이 발생했다.

- 연결고리 서클의 생성
- 이사회와 의사, 운영 이사로 구성된 리더십의 삼각형 확립
- 기존의 서클이 가진 책임과 회의 빈도에 대한 명확한 묘사
- 서클에서의 활동 시간과 핵심 업무를 수행할 업무 시간과의 균형을 맞추는 절차
- 직원의 독립성 장려

현재 TNHCC의 기존 아홉 개 서클에는 각자 지정해 둔 서클의 연결자가 존재한다. 서클 연결자들은 질문과 영감, 걱정과 의사소통을 위

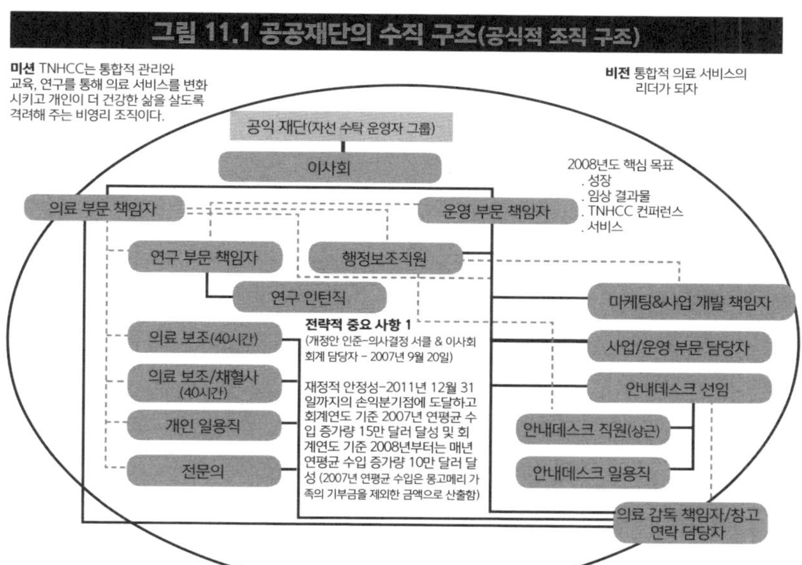
그림 11.1 공공재단의 수직 구조(공식적 조직 구조)
미션 TNHCC는 통합적 관리와 교육, 연구를 통해 의료 서비스를 변화시키고 개인이 더 건강한 삶을 살도록 격려해 주는 비영리 조직이다.
비전 통합적 의료 서비스의 리더가 되자
공익 재단(자선 수탁 운영자 그룹)
이사회
의료 부문 책임자
운영 부문 책임자
2008년도 핵심 목표
. 성장
. 임상 결과물
. TNHCC 컨퍼런스
. 서비스
연구 부문 책임자
행정보조직원
연구 인턴직
전략적 중요 사항 1
(개정안 인준-의사결정 서클 & 이사회 회계 담당자 – 2007년 9월 20일)
마케팅&사업 개발 책임자
의료 보조(40시간)
사업/운영 부문 담당자
의료 보조/채혈사 (40시간)
재정적 안정성-2011년 12월 31일까지의 손익분기점에 도달하고 회계연도 기준 2007년 연평균 수입 증가량 15만 달러 달성 및 회계연도 기준 2008년부터는 매년 연평균 수입 증가량 10만 달러 달성 (2007년 연평균 수입은 몽고메리 가족의 기부금을 제외한 금액으로 산출함)
안내데스크 선임
개인 일용직
안내데스크 직원(상근)
전문의
안내데스크 일용직
의료 감독 책임자/창고 연락 담당자

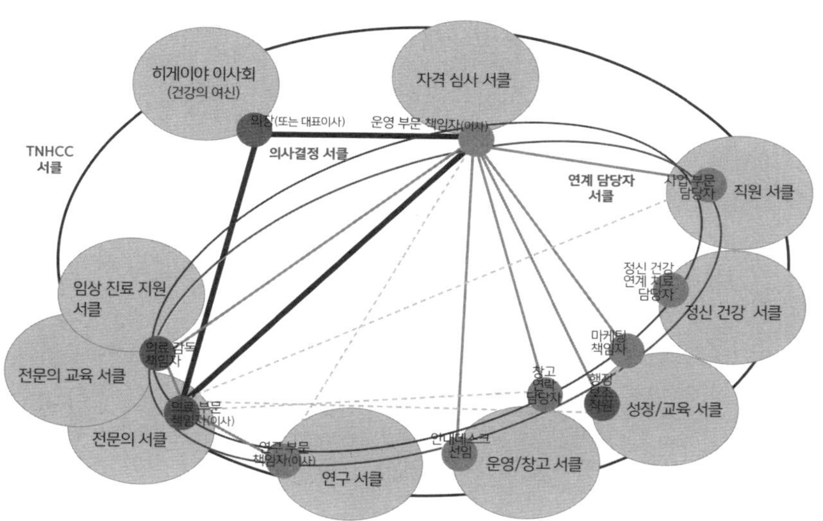
그림 11.2 TNHCC의 서클 연결 구조
히게이야 이사회 (건강의 여신)
자격 심사 서클
TNHCC 서클
의장(또는 대표이사)
운영 부문 책임자(이사)
의사결정 서클
연계 담당자 서클
사업 부문 담당자
직원 서클
정신 건강 연계 치료 담당자
정신 건강 서클
임상 진료 지원 서클
마케팅 책임자
전문의 교육 서클
의료 감독 책임자
창고 연락 담당자
행정 보조 직원
성장/교육 서클
의료 부문 책임자(이사)
전문의 서클
연구 부문 책임자(이사)
안내데스크 선임
연구 서클
운영/창고 서클

한 핵심 인물이라고 할 수 있다. TNHCC의 서클 연결자는 다른 여덟 개 서클 어디에도 속할 수 있으며, 빈도는 그들의 역할에 따라 달라진다. 여전히 외부인들에게는 번거롭게 들릴 수 있지만 의사결정 서클이 한 일은 명확했고 회의 이름도 없이 조직 내에서 진행되던 회의의 유형을 구조화시켰다는 점에서 의미가 있다.

이러한 기존 체계의 변경 사항은 공공재단의 수직 구조(그림 11.1)와 TNHCC의 서클 연결 구조(그림 11.2)에서 찾아볼 수 있다. TNHCC의 새로운 조직도에는 의학 부문 이사나 대표이사 등이 있고, 삼각형의 각 요소와 직접적으로 업무를 진행하는 등 기존 체계의 일부 요소가 포함되어 있다.

"두 개로 분리해서 차트를 설계했다는 점이 중요합니다."라고 달보 그는 설명한다.

"거의 똑같지만 서로 다른 사람들을 위한 공평한 방법이라고 말할 수 있어요. 서클의 관점으로 보는 사람들은 TNHCC의 서클 연결 구조 도표를 선호합니다. 이는 이사회와 의학 부문 이사 헤이즈, 의료 전문가들 그리고 저와 지원 부서 직원들 사이에서 필요한 법적, 수직적 연결 구조를 나타내고 있으니까요. TNHCC 직원 일부는 공공재단의 수직 구조 차트가 더 명확하고 정확하다고 판단합니다. 그래서 우리는 두 가지 형태를 모두 제공하고자 했습니다."

재평가 과정에서 의사결정 서클은 각 직원마다 지금까지의 서클 회의에서 보냈던 시간과 앞으로 진화된 형태의 서클 회의에서 보내게 될 시간과 비용을 계산해 보았다. 먼저의 체계 아래에서 직원들과 의료 전문가들이 서클 모임에 참석하는 데 들어가는 연간 비용은 49만

2,000달러에 달했다. 진화된 형태 아래에서는 36만 달러로 13만 2,000달러가 절약되었다. 톰은 설명했다.

"이 수치는 우리가 회의에 소비된 시간을 계량화하기 위해 노력한 것입니다. 이는 회의가 수직 구조에 가까운 형태로 열리든, TNHCC의 서클 연결 구조에 기반한 서클로 열리든 어떤 조직에서도 유용한 계산 결과입니다."

TNHCC의 서클 연결 구조가 이러한 내부 과정을 공개한 이유는 창립자의 진정한 믿음을 찬사하기 위해서였다.

"우리는 서클 프로세스가 여러 영역의 상처를 치유하고, 두려움을 모르는 우리 그룹이 거친 꿈을 향해 뛸 수 있는 경험을 제공한다고 생각합니다. 서클은 최상의 공간을 제공합니다. 그곳에서 우리는 서로에 대한 신뢰와 믿음으로 위험을 감수하고 즐겁게 일할 수 있어요."

TNHCC의 서클 연결 구조 사람들은 서클 프로세스를 비판적으로 보는 것이 '현재 우리의 자아'의 진화된 유형을 개발할 수 있게 했다는 것을 보여준다.

톰은 TNHCC의 서클 연결 구조를 강력한 공간으로 만들었던 성공 요인은 노련한 비즈니스 실무 경험과 지속적인 프로세스 개선 그리고 마음에서 우러나온 접근법을 결합한 것이라고 생각했다.

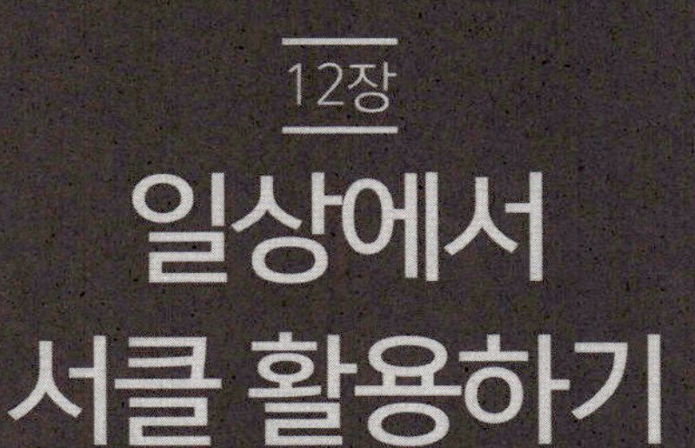

일상에서 서클 활용하기

옛날에는 서클이 인간 문화의 정수였다. 새로운 진화를 통해 다시 돌아온 서클의 방식은 집이나 일터 어디서든 시도할 수 있다. 서클은 친밀함과 문화적 변화 두 가지를 모두 지속할 힘을 지니고 있다.

서클은 서로 함께 둥글게 둘러앉아서 벨을 울리고, 머릿속과 마음속을 조용히 가라앉히며, 나아갈 방향을 찾는 동안 서로에게 말하고 귀 기울일 수 있는 공간을 제공한다. 이런 경이로운 능력은 누구에게나 언제든지 허용된다. 지금까지 이 책을 읽은 사람이라면 사회적 컨테이너를 여는 방법과 질문을 서클의 중심부에 던지는 방법, 말하기 도구를 건네고, 일시 중단하고, 사람들의 반응을 유도하는 방법 등을 이해하고 있을 것이다.

인간은 한 번에 하나의 대화를 하고, 한 번에 한 그룹씩 진행되는 서클의 방식으로 살고 있다. 12장에서는 서클이 어떤 방식으로 자신을 둘러싼 세상을 더욱 친숙한 공간으로 만드는지 살펴볼 것이다.

● **서클의 방식은 상호 관계적이다.** 사람들이 동정심과 호기심으로 의

도적인 사회적 컨테이너를 만드는 곳이라면 어디서든 발생한다.

- **서클의 방식은 포괄적이며 적용이 가능하다.** 공유의 원칙을 회복하고 모든 사람이 기여하는 의미 있는 방식을 찾으려 한다.
- **서클의 방식은 인류의 여정을 종합한 것이다.** 인간의 기원과 역사, 그리고 읽고 쓰는 능력의 점진적 향상, 상호 연결된 세계가 있기 때문에 지금 적용할 수 있는 것이다.

서클을 배우는 일은 모험이다. 세심한 단계별 지침을 통해 배울 수도 있고, 그냥 뛰어들어서 시도하면서도 배울 수도 있다. 복잡한 상황에 서클을 적용해 볼 수도 있고, 일상에서 벗어나 가끔 한 번씩 모험적인 시도로 서클을 즐길 수도 있다. 서클은 매끄럽고 둥근 돌을 '사회'라는 연못 속에 떨어뜨리는 것과 같다. 이 장에서는 서클에 내재된 집단적 대화방식을 통해 점차 확대되는 서클의 응용 범위를 살필 것이다. 또한 부부 관계, 이웃과의 관계, 지역공동체와의 관계 등 우리 삶의 테두리를 통합하려는 서클의 의도를 담고자 한다.

부부 사이의 서클

부부나 연인 관계에서 서클을 사용하는 것은 의사소통을 원활하게 하고 서로에게 도움이 되는 일이다. 이 사례는 부부에 관한 이야기지만 연인 관계에서도 마찬가지로 적용할 수 있다.

부부 사이에 오해가 생기는 주요 원인 중 하나는 실제로 대화를 할 시간이나 사회적 공간이 없는데도 대화에 돌입하기 때문이다. 우리는 이를 '지나가며 던지는 말drive-by commentary'이라고 하며, 이는 바쁘게 사는 사람들에게는 일반적인 일이다. 출근하면서 "자기야, 우리집 수입지출 상황에 관해 얘기 좀 해. 이따 저녁에 봐."라고 말한다. 그 말을 들은 상대방은 "무슨 문제라도 있어?"라고 물어보지만 이미 아내는 사라진 후다.

이 이야기를 들은 사람은 두려움을 느끼거나 방어적이 되거나 무기력함이나 긴장감을 느낄 수 있다. 그래서 진짜로 대화를 할 때 큰 혼란에 빠져 있을 수 있다. 아주 모호한 상황이 되어 버린 것이다. 설령 그 내용이 바람직한 것이라도 상대방은 방어적이 되고 긴장감이 축적되어 있을 수 있다.

우리 두 사람은 주말 부부 워크숍에서 각 부부에게 서클의 구조에 관한 몇 가지 교육과 빈 바구니 그리고 그들만의 합의사항과 의도를 만들 시간, 대화가 필요한 주제가 무엇인지에 관한 일상적인 의제를 제공했다. 그리고 그들에게 테이블 중앙에 놓일 바구니에 의미 있는 물건을 채워 달라고 요청했다.

샘과 크리스타는 결혼한 지 30년이 지났고, 자녀 두 명을 키웠으며, 어린 손주 두 명도 생겼다. 두 사람은 모두 일했던 분야에서 성공한 전문가였다. 그들은 습관적으로 지나가며 말을 던진다. 이는 그들이 맞벌이를 하며 10대 자녀들을 키우는 동안 특히 더 심해졌다. 이제 아이들은 대학에 입학하여 집을 떠났고 이후에는 성인으로서의 삶을 시작했다. 그리고 샘과 크리스타는 아이들의 양육 대신 하루에 12~14시간씩 과중한 업무에 매달렸다. 그들 사이에는 별 문제가 없는 듯 보였지만 함께하는 삶의 느낌을 잃어버렸다.

크리스타는 "우리는 무언가를 되찾고 싶었습니다. 일종의 감정적인 불꽃이나 서로에게 가장 친한 친구라는 느낌 같은 거요. 55세가 되고 나니 25세 때나 35세 때와는 전혀 다른 세상이더라고요. 세월을 되돌릴 수는 없는데 앞으로 나아갈 방법을 모르겠습니다. 저는 상담을 받으러 가고 싶지만 샘은 '왜? 아무 문제없잖아. 우리가 상담 받으러 가면 그때부터 잘못된 것들을 찾게 될 거야.'라고 말했습니다. 그의 말은 일리가 있어요. 그래서 주말 서클 워크숍에 참가 신청을 한 거예요."

그들에게 참석 의도를 발언토록 한 이유는 솔직하게 말하고, 주의 깊게 듣고, 명확한 의사결정을 내리고, 드러나 보이는 서로의 삶에 무슨 일이 일어나는지를 알아내기 위해서였다. 그들은 일주일에 한 번씩 서클을 소집하기로 했다. 우리는 각자가 정해둔 시간 동안 방해 없이 말하고, 들은 사람이 그에 대해 반응한 다음, 역할을 서로 바꾸는 형식으로 진행해 볼 것을 제안했다. 그들은 몇 가지 지침을 세웠다.

그들의 서클 의식은 단순했다. 남편은 바구니를 가져다 중심부에 펼쳐 놓는다. 그 안에는 작은 천과 사진 몇 장 그리고 말하기 도구인 은수저가 들어 있다. 아내는 양초에 불을 붙이고 남편은 벨을 울린다. 그들은 이 자리에서 무슨 일을 할지에 관해 짧은 토의를 한다. 그 내용은 서클에 얼마나 있을 수 있는지와 체크인 라운드 뒤에 특별 주제가 이어져야 하는지 등이 될 것이다. 샘은 다시 벨을 울리고 두 사람은 잠시 조용히 앉아 있는다.

한 명이 은수저를 집어 들고 다른 한 명은 타이머를 설정한다. 말하

부부에게 유효한 합의사항

○ 시작 시간과 끝나는 시간을 확인할 것

○ 두 사람 모두 맨 정신으로 참석하는지 확인할 것

○ 휴대폰을 끌 것

○ 편안하게 할 것

○ 서로의 첫 발언에서는 방해하지 말 것

는 시간은 보통 10분으로 한다. 그들 각자 번갈아서 말하기 도구를 쥐고 그들의 관심사를 표현한다. 10분이 다 지나면(때로는 생각하기 위해 상당한 시간 동안 일시 중단을 할 수 있다), 상대방은 들었던 내용에 대해 어떻게 생각하는지를 말하고 질문한다. 그런 다음 그들은 역할을 바꾼다. 체크인 라운드가 끝나면 은수저를 커피 테이블에 올려놓고 미리 정해 둔 다른 주제에 관해 열린 대화를 시작한다. 그들은 약속한 시간 내에 마칠 수 있도록 최선을 다한다. 마지막으로 공간을 닫기 위해 벨을 울리고 서클 바구니를 원래 있던 자리에 다시 가져다 놓는다.

"10분 동안 나 자신에 대해 말하는 것이 얼마나 힘든지 예전에는 몰랐습니다."라고 샘이 이야기했다. "저는 제가 해야 할 일 외에는 아무것도 해 보려고 시도하지 않았어요. 크리스타는 그 상태로 회의를 시작하려 했지요. 저는 '나는 괜찮아. 무엇을 알고 싶은지 말해 봐.'라고 말했습니다. 그러자 그녀는 제게 미소 지으며 조용히 묻더군요. '당신은 내가 무엇을 알았으면 하는데?' 우리는 이 최초의 대화 시간을 5분으로 줄였습니다. 그제서야 그 시간을 꽉 채울 이야기를 제 안에서 발견할 수 있었죠. 그녀도 마찬가지였고요. 평소 상대의 말을 다 들어줄 만큼 시간적 여유가 없기 때문에 무엇이든 자세하게 파고드는 버릇은 버리게 됐어요. 하지만 그것은 우리가 바꾸어야 할 습관이었죠. 우리는 해냈습니다. 그 어느 때보다도 서로를 더 잘 알게 되었어요. 이는 아주 훌륭한 성과입니다."

이야기, 생각, 감정, 의구심 등을 교환하면서 얻는 안정감은 부부 관계 서클에서 얻는 보상이다.

부부 관계 서클에서 중요한 구성 요소는 시작 지점과 끝낼 지점, 합의한 회의 시간, 각자 방해 받지 않고 최대한 깊이 체크인할 시간, 경청한 다음 의견을 몇 분 동안 교환할 기회 등이다. 우리는 종종 사람들에게 바구니 안에 있는 작은 공책에 회의 내용을 기록해 보라고 한다. 다음번에 대화할 내용이나 질문의 단서를 남기기 위해서이다.

가족 구성원 사이의 서클

주의 깊게 듣기의 어려움은 가족 사이에서 생기기도 한다. 가족은 다양한 연령층으로 구성되어 있고 관심 분야가 서로 다르기 때문이다. 앤은 아이들이 10대였을 때부터 서클을 시작했다. 처음에는 시행착오를 겪었다. '결과에 관한 대화'를 하기 위해 특정 시간과 규약을 정하고는 곧 서클 회의를 할 거라고 선언했기 때문이다. 10대 자녀들은 '뭘 어쩌란 말이지?'라는 표정으로 서로를 마주 보았다.

자신의 실수를 깨달은 앤은 몇 달 동안 집에서 서클을 하지 않았다.

시간이 지난 후 그녀는 '감사의 서클'이라는 아이디어를 브라이언과 샐리에게 소개했다. 그들은 한 달에 한 번씩 저녁 식사 후 식탁 가운데에 양초 하나와 말하기 도구 하나를 놓고 둘러앉았다. 준비가 다 되면 그들은 한 사람씩 말하기 도구를 가져다가 가족 구성원 서로에게 감사하는 이야기를 짤막하게 언급했다. 이 경험은 짧고 때로는 익살스러웠으며, 그 결과 아이들은 서클을 긍정적으로 바라보게 되었다.

그 시기에 브라이언은 한창 형편없는 축구 시즌을 보내고 있었다. 어느 날 또 다시 경기에서 지고 집에 돌아온 브라이언은 "있잖아, 엄마." 하며 큰소리로 엄마를 불렀다. "나 우리 팀에서 그 서클 어쩌고 하는 거 시도해 봤어. 그거 효과가 있는 것 같아. 우리가 또 시합에 져서 코치가 분위기 좀 띄워 보라고 내게 부탁했거든. 앞으로 몇 주 동안 계속 경기를 뛰어야 하니까. 그래서 내가 우리 모두를 바짝 둥글게 모이게 해서 이렇게 물었지. '이번 가을에 우리가 배우고 있는 가장 중요한 것은 무엇일까? 아무래도 이기고 지는 것은 아닌 것 같은데?' 말하기 도구로는 축구공을 썼고 중심부에 무엇을 놓아야 할지 몰라 내가 직접 서 있었어." 그 이야기를 듣고 앤은 아들과 하이파이브를 했다.

크리스티나의 어머니 코니는 생기 넘치는 89세의 노인이다. 그녀는 75번째 생일 때 노년기로 접어드는 자신을 위해 의미가 될 만한 의식을 만들어 달라고 요청했다. 자녀와 손주들, 그 배우자들이 알래스카와 워싱턴, 미니애폴리스에서 모여들었다.

네 명의 자식들과 그 배우자들, 여섯 명의 손주들은 서재 바닥에 털실로 두 개의 동심원을 만들었다. 붉은 원은 직계 가족들을 위해, 녹색 원은 결혼으로 맺어진 가족들을 위한 것이었다. 코니는 그 중심부에 앉았다. 이 서클에서는 모든 사람이 카네이션을 옷에 달았고, 모임 전에 이미 가족의 대장인 할머니에게 존경을 표하는 이야기를 공유해 달라고 요청받은 상태였다. 이야기의 일부는 아주 재미났고, 일부는 가슴을 저미는 것이었다. 이야기가 끝날 때까지 코니는 꽃다발을 들고 있었다. 그러다가 그녀는 나이 든다는 것과 나이든 사람의 말을 존중하는 것은 중요하다고 말했다.

이와 거의 비슷한 시기에 크리스티나는 그녀의 조카들과 정기적으로 '고모 캠프'를 진행했다. 어린 소녀 네 명이 바닥에 앉아서 각자 제일 좋아하는 동물 인형의 목소리로 말하는 것이다. "아기 호랑이는 이렇게 말했다…" 혹은 "곰돌이는 저렇게 말했다…"처럼 말이다. 킥킥거리는 소리가 끊이지 않는 활기 찬 체크인 라운드였다. 아마 동물들도 자신들의 모습에 즐거워했을 것이다. 그날 저녁에 이야기했던 말들은 기억 속에서 사라졌지만 가족 서클의 중요성만큼은 여전히 남아 있다. 이제 20대가 된 조카들은 크리스티나 고모가 벨을 울릴 때마다 적극적인 참여자로 여전히 함께하고 있다.

생일이나 결혼식, 은퇴식과 각종 기념일에 서클을 활용해 보자. 이 때의 서클은 보통 때의 만남보다 훨씬 더 깊은 공간을 창조할 것이다.

이웃 사이에서의 서클

60세인 신시아 트렌쇼는 노화 문제를 함께 고민하고 해결하기 위해 새로운 친구들을 모아 서클을 만들었다. 5년이 지났지만 이 그룹은 여전히 한 달에 두 번씩 만난다. "현재 우리는 40대부터 70대까지 14명의 구성원이 있습니다. 그중에는 커플이 네 쌍, 싱글이 네 명, 짝은 있지만 혼자만 참석하는 사람이 두 명 있답니다."

14명으로 구성된 서클은 이야기를 공유하고 대화를 지속하기에 충분한 규모이다. 이 그룹은 호스트와 가디언, 서기를 돌아가며 하는 방식으로 운영된다. 1년에 한 번씩 각자 음식을 준비해 와서 저녁 식사를 함께하면서 관심 있는 주제를 생각해 보고 다음 12개월 동안의 이야깃거리 지도를 배치한다. 그들은 인근에 있는 소규모 모임에서는 적합하지 않았던 이야기와 활동을 공유한다. 그들은 함께 요리하고, 미술과 공예 활동을 해보고, 조용한 시간을 즐기며 독서한다. 그 외에도 무엇이든 불현듯 떠오른 생각을 실천에 옮기기도 한다.

이들은 잘 살고 잘 죽는 것에 관한 깊이 있는 대화를 공유해 왔다. 그리고 가족들에게 편지 쓰는 것을 서로 도왔다. 그러나 곧 "우리는 힘든 길을 가야만 했습니다."라고 신시아는 설명했다.

"우리는 몸이 아픈 누군가를 돌보는 것에 관한 본질적인 이야기를 하는 데는 별 어려움을 겪지 않았어요. 하지만 실제로 한 구성원에게 간병이 필요해지자 우리는 그것에 별로 능숙하지 않다는 사실을 깨달았죠. 우리는 훈련받은 전문가가 아니었으니까요. 우리는 우리가 할 수 있는 것과 할 수 없는 것의 경계가 어디인지를 알아야 했죠."

한 번은 남편과 그의 아내가 동시에 심하게 아픈 적이 있었다. 남편은 오랜 기간 간병인으로 활동해 왔다. 그래서 그가 병에 걸렸을 때 음식을 장만하고, 병원을 방문하는 등의 도움을 제공하고, 전문적인 보조 체계를 조직하는 '보살핌의 서클^{Circle of Caring}'이 소집되었다. 신시아는 "우리 서클에 중요한 사건이 일어났던 시간이었습니다."라고 설명했다.

"사람들이 바짝 마른 채로 쓰러졌어요. 그럼에도 서클로 돌아와서 우리가 이런 어려움들을 어떻게 극복했는지에 관해서 이야기했지요."

"우리는 말 그대로 삶과 죽음의 주제를 가지고 서로를 지원하고 있었으며 그림자 주변에서 우리의 일을 해야 하는 상황이었습니다. 체크인 라운드가 절반 정도밖에 안 지났는데도 심한 긴장감이 돌았어요. 저는 어떻게 하면 이 상황을 극복하고 평화로운 느낌으로 헤어질지 상상조차 할 수 없었습니다. 보통 우리는 서로 맞서지 않습니다. 오히려 서로의 내면에 존재하는 변화하지 않을 것들을 잘 받아들였죠. 우리는 중심부를 신중하게 사용했어요. 그곳이 우리의 관용이 머무는 곳이니까요."

서클에 참여하기를 희망하는 사람들의 요청이 쇄도했고, 구성원들은 지역에 있는 새로운 그룹 몇 곳을 후원했다.

지역공동체에서의 서클

공익 자문위원인 짐 닐은 서클 실습 교육을 받기 위해 핼리팩스에서

위드비 섬으로 날아갔다. 몇 주 후 집으로 돌아온 그는 새로 배운 기술을 시험해 볼 기회를 얻었다.

핼리팩스 인근에는 소규모 농촌이 있었다. 이곳의 거주자들은 마을 오솔길로 전동 차량이 지나다닐 수 있게 승인해 주어야 하는지에 관한 문제로 갈등을 겪고 있었다. 많은 지역 주민들이 이에 반대했다. 자전거를 탈 수 있고 노인들이 걸어 다니기에도 안전한 장소로 보존하는 것이 더 좋다고 믿었기 때문이었다. 그러나 다른 몇몇 사람들은 사륜 산악바이크가 다닐 수 있는 길과 연결되어 지역의 관광 산업이 증진되고 다양한 여가 활동이 가능해지기 때문에 전동 차량의 통행을 찬성하는 입장이었다.

이 문제로 인해 지역공동체 내에 갈등이 일어났다. 토론은 주로 특정 이익과 관련한 소규모 그룹들 사이에서 벌어졌다. 회의 시간마다 입장이 갈린 주민들은 서로를 불신하고 공격적으로 반대했다. 9개월 동안 마을 회의가 열렸음에도 아무런 진전이 없었다. 점점 지친 사람들은 좋은 해결책을 만들기가 불가능하다고 생각하기에 이르렀다. 짐은 다음과 같이 보고했다.

"저는 대화를 위한 프로세스를 개발해서 이 문제를 해결하고 공동체에 깊어진 갈등을 치유해 달라는 요청을 받았어요. 저 또한 교육을 통해 배운 서클을 시도해 보고 싶은 열망이 있었기에 이 기회를 활용해 보자고 결심했죠. 저는 서클이 지역 사회의 다소 보수적인 성향과 조화를 이루도록 주의를 기울였습니다."

"저는 지역 대표자들과의 상담부터 시작했습니다. 그들이 원하는 공동체의 유형을 구상해 보고, 공동체를 위한 근본적이고 공통된 의도를 확립하기 위해서였지요. 그 과정에서 마을 사람들에게 이웃끼리 서로 돕는 강력하고 통합된 공동체를 만들고자 하는 욕구가 있음을 알 수 있었습니다."

짐은 이 마을 공동체를 위한 공유된 가치를 발견했다. 짐은 다음과 같은 특정 이익과 관련한 세 개의 서클을 차례로 설계해 상황을 바로잡기 시작했다.

- 도로에 인접한 땅을 소유한 개인, 즉 결정에 가장 많은 영향을 받게 될 개인
- 자전거 이용자
- 전동 차량 사용자

그는 사람들이 대립의 날을 세우지 않고도 자신의 견해를 표현할 수 있게 하고 싶었다. 세 개의 서클이 만들어진 후 그는 마을 전체를 위한 네 번째 서클을 제의했다. 네 번째 서클은 앞의 세 서클에서 한 번씩 논의한 바 있었던 관점들을 전체의 이익을 위한 관점에서 제시할 수 있게 하는 서클이었다. 그는 서클 프로세스를 다음과 같은 방식으로 설명했다.

"각 준비 단계의 서클에서 우리는 이웃끼리 서로 돕는 마을이라는 공동

체의 공유된 비전을 반영한 중심부를 만들었어요. 중심부의 핵심은 마을의 역사를 대표하는 골동품 그릇이었죠. 그릇은 '신선한 시작'이라는 의미로 비워 두었습니다. 체크인 라운드가 끝나고 우리는 대형 서클에서 이 감정적인 문제를 해결하는 동안 나타날 거라고 예상했던 몇 가지 행동들, 즉 말없이 노여워하거나 분노하거나 더 약한 주민들을 보호하려는 등의 행동을 역할극으로 보여 주는 시간을 가졌습니다. 역할극은 사람들이 염려했던 행동들을 전면으로 드러낼 기회를 주었죠. 약간 과장되게 구성하기는 했지만 그런 행동들을 더 잘 인식할 수 있었고 벨을 울리는 연습을 할 기회도 되었습니다."

이는 그림자를 타개하는 창의적인 방법이었다. 참여자에게 자신과 다른 사람을 통제하고 싶은 충동을 경험해 볼 기회를 준 것이다. 그런 다음 짐은 그들에게 중립적인 언어를 사용하여 명확하게 이야기할 수 있도록 유도했다. 서클 속에 어떤 형태의 에너지가 휘몰아치든 그 한가운데에 서서 초점을 유지하고 자신의 의사를 밝히는 것에 자신감을 갖게 하기 위해서였다. 그는 호스트이자 가디언 역할을 맡아 서클 프로세스에서 지켜야 할 예절을 준수하게 했다. 짐이 이 프로세스에 도입한 방법 중 하나는 양극화된 이해관계자 집단을 각각 지도하고, 어떤 발언을 하든 공동체의 지원을 받는다는 느낌을 주는 것이었다.

개별 서클에서의 준비를 끝낸 후 짐은 모든 공동체 구성원들이 참여하는 개방된 서클을 열었다. 서클 회의 시간 내내 짐은 참가자들에게 그들의 희망과 걱정, 공동체를 치유할 아이디어 등을 작은 카드에 써서 중심부의 그릇에 담아 달라고 요청했다. 나중에 그는 "조금이나 마 안전한 느낌을 받으며 의견을 표현하도록 하기 위해 그렇게 했어요. 이는 나이든 참가자들 일부에게는 매우 중요한 일이었죠. 또한 그릇이 채워지는 동안 의도의 존재가 주는 무게감과 범위, 중요성 등이 더욱 커졌습니다. 그리고 저도 놀랐던 일인데, 의도는 마을에 대한 더욱 공통된 염원으로 수렴됐습니다.”라고 말했다.

참가자 중에 그 길과 아주 가까운 곳에 살고 있는 노인이 있었다. 그는 말기 암 환자였다. 치료를 위한 조용한 환경이 필요했기 때문에 사람들은 그가 전동 차량의 통행에 절대 승인하지 않을 거라고 생각했다.

“그는 공동체가 균열되는 것은 자신에게 고통이라며 자신의 간절한 소망은 화해와 치유라고 말했습니다. 이런 이유로 전동 차량 통행을 승인하자는 의견에 지지하겠다고 했지요. 다들 깜짝 놀랐습니다.”

“최선의 해결책을 찾으려면 타협과 창의력이 필요하다는 명확하면서도 간과할 수 없는 단서를 서클에 제시한 거죠. 해결의 실마리를 찾는 획기적인 순간이었습니다. 그들은 그 도로가 어떤 의미를 갖는지 다시 이야기를 나누었습니다. 전동 차량을 위해 오솔길을 폐쇄하는 결정은 정작 마을 사람들이 마을의 공유지를 사용하지 못하게 하는 것이고, 그렇게 되면 그들이 지켜 왔던 통합된 공동체라는 비전과 일치하지 않게 되는 거죠. 그들은 결국 오솔길을 그대로 두자고 결론을 내렸어요.”

이것은 서클의 연금술을 잘 보여 주는 사례이다. 그날 저녁 회의가 끝나고 짐은 다음과 같이 보고했다.

"그 회의는 놀라우리만치 잘 진행되었습니다. 마을에 닥친 분열된 문제도 잘 해결되었죠. 이런 경험은 주민들뿐만 아니라 저 또한 해 본 적이 없었어요. 더 많은 이해와 용서, 함께 일할 수 있다는 신뢰감, 그리고 결과가 다소 실망스럽더라도 앞으로 함께 나아갈 필요성을 받아들이기 등을 포함해서 강력한 만장일치를 도출했습니다. 서클이 개인의 이익과 공동체의 가치 사이에 강력한 대안을 제공한 거지요."

마을 사람들은 이 문제가 해결되었다고 생각했지만, 짐은 여전히 긴장하고 있었다. 이 과정을 이끌어 달라고 짐에게 위임한 단체는 주 정부의 천연자원부였기 때문이다. 결과를 보고하고도 짐은 천연자원부가 지역 사회의 합의된 소망을 무시하고 소수의 이익을 우선해 결정을 내릴지도 모른다고 우려했다. 그렇게 될 경우 결과는 단순히 이전 상태로 되돌아가는 것으로 끝나지 않는다. 오히려 더 나빠질 것이다.

"시민들의 기대 수준이 높아진 상태에서 천연자원부가 정치적인 선택을 한다면 주 정부에 대한 불신과 주민들의 불만은 더 심해질 것입니다. 그룹의 의사결정이 더 높은 권위에 의해 뒤집힐 수 있는 것이라면 아무리 조직적으로 잘 짜여진 서클이라도 고민거리가 될 수밖에 없습니다."

다행히도 이 문제는 마을 사람들의 서클에서 합의된 제안사항이 받아들여지면서 해결되었다. 오솔길은 다시 다닐 수 있게 되었고, 이 문제로 생겨났던 갈등의 그림자에 대한 치유는 시작되었다.

서클은 휴대가 가능한 기술이다. 크리스티나는 그녀가 참석하는 거의 모든 회의에 팅샤 벨과 말하기 도구, 주제별 대화를 통합하는 능력을 휴대하고 다닌다. 앤은 경청할 줄 아는 귀와 요리용 타이머, 개인적인 이야기를 시작하도록 유도하는 질문 리스트를 가져간다.

사람들은 대개 서로가 서로를 존중하지 않고 있다는 사실을 안다. 하지만 거의 모든 사람이 아주 작은 가능성만 보여도 상황을 생산적인 방향으로 되돌리는 충분한 기술을 갖고 있다. 공동체에서 중재의 역할을 하는 서클은 전체적인 프로세스가 될 수 있다. 혹은 서클의 일부를 필요한 곳에 도입할 수도 있다.

서클은 인간이 속한 모든 곳에서 작동한다. 직장과 가정과 공동체에 속해 있는 자신의 삶을 둘러싼 동심원 내에서 작용한다.

맺는 글

이 책을 다 읽고 나면 더 나은 세상을 만들 도구를 얻게 될 것이다. 적어도 개인적인 삶을 더 좋게 만들 수 있다는 것만은 확실하다.

환경 철학자 조안나 메이시는 우리가 살고 있는 시간을 '위대한 전환Great Turning'이라고 했다. 그녀는 "위대한 전환은 우리의 시간을 본질적으로 모험하는 것입니다. 다시 말해 산업적으로 성장하는 사회에서 삶이 지속되는 문명으로의 변환을 의미합니다."

우리는 인류가 안전하게 이 변화를 이루어 내는 데 도움이 될 도구로 서클을 지명하고자 한다. 서클을 이용해서 실행하는 모든 일은 거대한 변화의 혼돈 속에서 인간의 겸손함을 유지하는 연습이 될 것이다.

'위대한 전환'이라는 생각은 모든 사람에게 힘을 실어 준다. 이는 누구나 변할 수 있다는 의미이다. 누구나 위대한 전환을 위한 일상의 변화를 만들어 낼 수 있다. 그리고 누구나 다른 사람도 이 변화에 동참할 수 있도록 리더십을 발휘할 수 있다.

서클에 12명을 데려다 놓고 "이제 무슨 일이 생길까?"라는 질문을 던지면 "경이로운 과학적 업적?", "사회의 붕괴?", "제5의 대멸종?", "인류의 위대한 도약?" 등 12개의 답이 나올 것이다. 마찬가지로 서클에 100명을 데려다 놓으면 100개의 대답을 얻을 수 있다.

서클은 서로의 이야기를 듣고 다음 단계로 나아가는 동안 그 이야기를 유지해 줄 장소를 제공한다. 서클은 서로에게 폭력을 가하지 않고도 차이점을 받아들이는 공간을 제공한다. 서클의 테두리에서 진행하고, 관리하고, 참여하고, 리더십을 발휘하는 능력은 이 시대에 가장 필요한 기술이다. 서클은 인간이 해야 할 위대한 과업 속에 사람들을 붙잡아둔다.

중심부에 공통의 의도를 놓아 두고, 말하기 도구를 전달하고, 사람들의 선한 마음과 협력하고자 하는 의지를 불러내는 듣기의 공간. 우리는 이제 어떻게 해야 하는지 알고 있다. 앞으로 나아가는 방식은 우리가 멈추는 방식과 우리가 고려하게 될 사항들 그리고 그 결과로 우리가 해야 할 일들에 심어져 있다. 서클 내에서의 작업은 우리가 원하는 세상을 창조하는 일이다.

우리는 그동안 의자를 움직여 왔다. 이제 세상을 움직일 수 있다.

서클을 소집하기 위한 기본 지침

서클은 인류의 조상들이 피웠던 요리용 불 주변에서 시작되었고, 그 이후로 우리와 함께해 왔다. 우리는 이 공간을 기억한다. 우리는 경청하고 있을 때 더욱 신중하게 말한다. 우리는 공유된 목적에 의지한다.

서클의 구성 요소
회의를 하나의 서클로 변환하는 것은 일상적인 사회화 혹은 독선적인 토론을 여기서 설명하는 구조와 실행방식으로 전환하는 것이다.

의도
의도는 서클을 형성한다. 또한 누가 참석할지와 얼마나 오래 만날지, 어떤 종류의 결과를 기대하는지를 결정한다. 서클을 소집한 사람은 의도와 초청의 글을 다듬는 데 시간을 할애한다.

시작점 또는 환영
일단 사람들이 모이면, 호스트 혹은 자발적 참여자가 사람들의 관심을 사회적 공간에서 회의의 공간으로 이동하게 하는 동작으로 서클을 시작하는 것이 도움이 된다. 이 환영의 동작은 침묵의 순간이 될 수도, 시를 읽거나 노래를 듣는 것이 될 수도 있다.

중심부 설정하기
서클의 중심부는 바퀴의 중심축과 같다. 모든 에너지가 그곳을 통과하고 함께 테두리를 유지한다. 사람들은 중심축이 집단을 돕는 방법을 기억하도록 서클의 중심부에 서클의 의도를 대표하는 물건을 놓는다. 이 목적에 부합하고 아름다움을 더하는 상징으로는 꽃이나 그릇, 바구니, 양초 등이 있다.

체크인/인사

체크인은 회의를 위한 마음가짐을 바르게 하고, 표현된 의도에 모두가 기여해야 함을 상기시킨다. 체크인은 사람들이 진심으로 참여한다는 것을 확실히 한다. 말을 통한 공유, 특히 짧은 이야기는 대인 관계의 그물을 만든다.

체크인은 보통 자발적 참여자로 시작해서 서클 주위를 따라 진행한다. 말할 준비가 되지 않았다면 차례를 넘기고 다른 사람들이 말한 뒤에 한 번 더 기회를 제공한다. 때때로 사람들은 자신의 참여와 의도와의 관계를 상징하는 수단으로 중심부에 개인적인 물건을 놓기도 한다.

가디언

가디언의 역할은 서클의 진행을 돕고 서클을 서클의 의도로 되돌리기 위한 가장 중요한 도구가 되는 것이다. 서클 구성원 한 명이 자발적으로 서클의 진행을 관찰하고 집단의 에너지를 지켜보고 보호한다. 가디언은 보통 차임 벨 같이 부드러운 소리가 나는 물건을 이용해서 모든 사람에게 동작을 멈추고 호흡을 가다듬고 침묵의 공간에서 휴식을 취하라는 신호를 보낸다. 가디언은 이 신호를 다시 보내고 중단을 요청한 이유를 말한다. 어떤 구성원이든 일시 중단을 요구할 수 있다.

합의사항 정하기

합의사항의 사용은 모든 구성원이 자유롭게 깊은 대화를 나누고, 관점의 다양성을 존중하고, 집단의 안녕과 올바른 방향성을 위해 책임을 공유하도록 한다. 합의사항에는 대개 다음과 같은 내용을 포함한다.

○ 서클에서 공유한 개인의 정보는 비밀을 보장한다.
○ 서로의 이야기에 호기심과 동정심을 가지고 경청하며 판단은 유보한다.
○ 필요한 것은 요구하고 요구받은 것 중에서 가능한 것은 제공한다.
○ 생각이나 집중력이 흐트러졌을 때 이를 다시 모으기 위해 잠시 회의를 중단한다.

세 가지 원칙

1. **리더 역할 돌아가며 하기** : '모든 사람의 리더십은 향상될 수 있다'고 믿고 모든 참가자가 리더의 역할을 돌려가며 맡아 서클의 기능을 돕는 것을 의미한다.
2. **책임을 공동으로 지기** : 모든 참가자가 다음에 해야 할 것에 초점을 맞추고 이를 해결하기 위해 나선다는 의미이다.
3. **총체성에 대한 신뢰** : 모든 참가자가 서클의 중심부를 신뢰하고 자신은 테두리에 위치한다는 의미이다.

세 가지 행동수칙

1. **주의 깊게 경청하기**: 다른 사람이 말하는 내용에 집중하는 것이다. 서클 내에서 듣기는 우리가 서로에게 기여할 수 있는 행동수칙이다.
2. **의도를 담아 말하기**: 참가자들의 어떤 발언을 할 때 논의가 진행되고 있는 상황에 대한 의미나 중요성이 있는, 그리고 진심으로부터 우러나오는 이야기나 정보를 말함으로써 서클에 기여함을 의미한다.
3. **그룹의 안녕에 동참하기**: 말하기 전과 후, 말하는 도중에 그 말과 행동이 미칠 영향을 고려하라는 것이다.

회의의 형태

1. **말하기 도구 회의** : 체크인과 체크아웃의 일부, 혹은 대화의 속도를 늦추고, 모두의 목소리와 기여를 모으며, 방해 없이 말할 수 있게 하고자 할 때 사용된다.
2. **열린 대화 회의** : 반응과 상호작용, 새로운 아이디어나 생각, 의견의 중재 등이 필요할 때 사용된다.
3. **성찰 또는 침묵 회의** : 각 구성원에게 회의 중에 일어나고 있거나 일어날 필요가 있는 일에 관해 생각할 시간과 공간을 제공한다. 침묵의 순간은 사람들이 각자 그룹에서 맡은 역할이나 영향력을 고려할 수 있게 하기 위해 필요하다. 그룹이 그들의 의도에 맞게 재조정되도록 돕기 위해, 혹은 명확해질 때까지 질문해야 할 때 요청할 수 있다.

체크아웃과 작별인사

서클 회의가 끝날 때는 그 과정에서 배운 것이나 자신의 마음과 머릿속에 남아있는 것에 관해 말할 몇 분 동안의 시간을 허용하는 것이 중요하다. 체크아웃을 이용해 서클을 끝내면 회의의 공식적인 마무리가 된다. 회원들이 발생한 일을 성찰하고 중심부에 무언가를 놓아두었다면 그 물건을 집어들 기회를 제공할 수도 있다.

사람들이 회의의 공간에서 사회적 공간이나 개인적인 시간으로 이동하는 동안 그들은 서클에 참여하기 위해 필요했던 서로에 대한 높은 수준의 관심에서 해방된다. 체크아웃 후 서클을 해체하기 전에 종종 호스트나 가디언, 혹은 자원자가 작별인사의 말을 하거나 몇 초간의 침묵을 제안한다.

1994년 앤과 크리스티나는 교육회사인 피어스피릿 주식회사를 창립했다. 이후 그들은 미국과 캐나다, 유럽과 남아프리카에서 피어스피릿 서클 프로세스를 실행했고, 호주와 뉴질랜드에까지 전수했다. 그들이 공헌한 모든 내용은 웹사이트 http://www.peerspirit.com에 문서화되어 있으며, 대부분은 이곳에서 몇 개 언어로 작성된 자료를 다운로드 받을 수 있다.

가디언 ^{Guardian}

서클이 중심을 유지하고 그 의도에 초점을 맞추게 할 책임을 갖는 사람이다. 가디언은 벨을 울려서 일시 중단을 요청한다. 10~15초 정도의 침묵 뒤에 다시 벨을 울리고 가디언은 일시 중단을 요청한 이유를 설명한다. 누구나 언제든 가디언에게 벨을 울려 달라고 요청할 수 있다. 가디언 역할은 보통 구성원들 사이에서 한 회의마다 돌아가며 맡는다.

개인의 그림자 ^{Individual shadow}

스위스 정신과 의사 칼 구스타프 융과 마리-루이스 반 프란츠가 사용한 개념으로, 우리가 알 수 없었던 우리 자신의 양상을 칭한다. 그림자 이론에서는 사람들이 허용된 자아와 금지된 또는 숨겨진 자아 모두를 가지고 있다고 말한다.

개인적인 연결고리 ^{Personal hoop}

개인의 에너지장, 즉 각 개인을 둘러싼 가상의 심리사회적 공간을 묘사하는 북극 지역 원주민의 용어이다. 이는 개인적으로 유지되고 다른 사람들에게 존중 받는 경계선이라는 의미이다.

개인준비 ^{Personal preparation}

현대 문화의 빠른 속도에서 서클의 느린 속도로 전환하기 위해 하는 행동으로, 조용한 호흡, 음악 청취, 자연 산책 등이 있다.

기록자 ^{Scribe}

그룹 프로세스에서 생겨난 통찰력과 핵심 진술을 모으고, 의사결정 사항을 자발적으로 기록하는 서클 구성원이다. 기록은 종이나 노트북, 플립차트 혹은 다른 편리한 수단을 이용할 수 있다.

내면의 그림자 Interior shadow
자신의 행동을 다른 사람들이 인지하는 방식으로 인지하지 못하는 심리적인 행동이다. 예를 들어 자신은 자신의 쩌렁쩌렁한 목소리가 쾌활함의 표현이라고 생각하지만, 다른 사람들은 그 소리를 공격적이라고 해석하는 것을 말한다.

사회적 컨테이너 Social container
대화에 참여하는 모든 사람이 도전적이든 편한 것이든 대화를 교환할 때 서로 존중하고 서로의 상황을 고려하는 등 서클에서 대화를 나누는 상호작용의 공간이다.

서클 Circle
사람들이 사회 안전망을 확립하고 모임의 의도를 충족하기 위해 진정성 있고 사려 깊게 기여할 시간을 갖는 공간이다. 보편적 원형으로서의 서클은 전체성과 포용성, 개방성 및 경계선을 상징한다.

수직 구조(삼각형 구조, 피라미드 구조) Hierarchy
거의 또는 전혀 논쟁하지 않고 명확하게 구분된 작업을 수행하도록 우선순위가 잘 정의된 패턴을 따르는 조직 체계를 말한다.

역학 Energetics
사람들 사이에서 개별적 또는 집단적으로 발생하는 비언어적 상호작용을 연구하거나 서클 회의 중 사람들의 비언어적 경험을 안정시키는 서클의 실행 방식에 주목하는 것이다.

열린 대화 회의 Conversation council
서클 프로세스에서 참여자들이 조금 더 비형식적인 구조를 원하거나 기여 및 반응 속도가 빠른 진행을 요구할 때 실행되는 대화의 한 형태이다. 대화는 공개 대화의 형태로 자유롭게 흘러가도록 하며, 이미 정해진 서클 프로세스의 기본 원리를 호스트와 가디언, 전체 그룹이 함께 이끌어간다.

영적 수행 Spiritual practice

직관적인 감각을 조정하거나 유지하는 데 도움이 되는 의식적인 행동을 말한다. 이는 종교적인 의례와 동일하게 수행할 수도 있고 독자적으로 수행할 수도 있다.

초청(의 글) Invitation

그룹이 모인 이유와 참석할 사람 또는 참석해야 할 사람, 요청받은 사람에게서 기대하는 사항을 설명해 놓은 구두 또는 서면 진술이다.

원칙 Principles

서클 프로세스의 세 가지 기본적인 원칙인 리더 역할 돌아가며 하기와 책임을 공동으로 지기, 총체성에 대한 신뢰를 말한다.

원형 原型, Archetype

집단적 형태로 물려받은 발상이나 패턴, 생각 또는 보편적으로 존재하는 이미지, 프로토 타입이나 모형을 말한다.

만장일치 Consensus

그룹이 의사결정이나 행동을 추진하려는 의지이다. 만장일치 과정은 의사결정이 진행되거나 행동을 취하기 전에 모든 참여자가 합의에 도달할 때 발생한다. 이는 모든 참여자에게 동등한 정도의 열정을 요구하지는 않지만 각자는 그룹의 행동을 지지해야만 한다.

의도 Intention

참여자들이 존재하는 이유와 서클에서 일어날 것이라고 기대하는 일을 말한다. 함께 실행하고 경험하려는 일이 무엇인지 이해하는 것이다.

중립적 언어 Neutral language

창피해하거나 비난하지 않고 발생한 사건에 관해 이야기하는 능력을 말한다. 중립적 언어는 대개 명령이나 비난, 지시보다는 자기 참조self-referencing('이는 지금 이 순간에 제가 경험하고 있는 것입니다') 혹은 요청('우리에게 제안합니다')에 가깝다.

중심부 Center

서클의 가운데에 집단의 의도를 시각적으로 표현한 무언가를 놓아두는 곳. 중심부는 서클 프로세스에서 안정적인 기준점 역할을 하며, 집단 에너지의 바퀴가 돌아가게 하는 중심축이 된다.

집단의 그림자(집단적 무의식) Collective shadow, collective unconscious

사회적 또는 거시적 단계에서 발생하는 무의식적 행동(그림자)을 말한다. 세상이 '우리'와 '그들'로 나뉜다고 생각할 때 나타나는 결과이다.

체크인 Check-in

모든 사람에게 자신을 소개하고 시작 질문에 대답할 기회를 제공하는 것이다. 보통 서클 회의에서 벌어지는 첫 번째 대화이다.

체크아웃 Check-out

서클 회의는 신중하게 시작되는 것과 마찬가지로 각 개인에게 짧은 발언을 요청하며 신중하게 마무리한다. 발언은 서클을 통해 배운 것, 들은 것, 감사한 것, 그리고 서클을 통해 느낀 것을 앞으로 실천하겠다는 약속 등으로 이루어진다. 보통 서클 회의의 마무리 대화가 된다.

침묵 회의 Silence council

침묵은 서클의 시작과 마무리 단계에 1~2분 정도 혹은 가디언이 벨을 울린 뒤 몇 초 이내로 요청할 수 있다. 침묵 회의는 갈등이 생겼을 때 모두 침착한 상태를 유지하며 앞으로 나아갈 방법을 찾기 위한 해결책 역할을 할 수 있다.

테두리 Rim

서클의 바깥 가장자리로 서클 참가자들이 앉아 있는 곳이다.

투사된 그림자 Projected shadow

스스로 어떻게 해결해야 할지 몰라서 다른 사람들 탓으로 돌리려는 우리 내면의 성질이다. 이는 긍정적일 수도 부정적일 수도 있다.

합의사항 Agreements

대화에 참여하고 대인 관계의 안전망을 제공하는 정중한 약속에 관한 지침 또는 규칙을 말한다. 합의사항은 리더가 바뀌어도 계속 유지된다. 이는 서클의 자치 방식이기 때문이다.

행동수칙 Practices

서클에 참여하는 세 가지 방식인 주의 깊게 듣기와 의도를 담아 말하기, 그룹의 안녕에 동참하기를 말한다.

협력적 대화 Collaborative conversation

서클이나 월드 카페, 오픈 스페이스 테크놀로지에서 시용하는 대화 방식으로 참여자를 통해 지혜를 들을 수 있게 하고 존중하도록 유도하는 모든 형태의 대화이다.

호스트 Host

서클이 개최될 공간을 준비하는 사람으로, 종종 대화의 범주를 정의하는 데 도움을 준다. 호스트는 다른 구성원과 동등한 역할을 하는 리더로서 서클의 대화에 얼마든지 참여할 수 있다.

Books by the Authors

Baldwin, Christina. Calling the Circle: The First and Future Culture. New York: Bantam Doubleday Dell, 1998.

______. Lifelines: How Personal Writing Can Save Your Life. Louisville, Colo.: Sounds True, 2005.

______. Life's Companion: Journal Writing as a Spiritual Quest, 2nd ed. New York: Bantam Doubleday Dell, 2007.

______. The Seven Whispers: Spiritual Practice for Times Like These. Novato, Calif.: New World Library, 2002.

______. Storycatcher: Making Sense of Our Lives Through the Power and Practice of Story. Novato, Calif.: New World Library, 2005.

Linnea, Ann. Deep Water Passage: A Spiritual Journey at Midlife. New York: Pocket Books, 1993.

______. Keepers of the Trees: The Re-Greening of North America. New York: Skyhorse, 2010.

Linnea, Ann, Marina Lachecki, Joseph Passineau, and Paul Treuer. Teaching Kids to Love the Earth. Minneapolis: University of Minnesota Press, 1991.

Publications Available Th rough PeerSpirit, Inc.

Baldwin, Christina, and Ann Linnea. A Guide to PeerSpirit Circling.

______. PeerSpirit Council Management in Businesses, Corporations, and Organizations.

Conklin, Cheryl, and Ann Linnea. Understanding Energetics in Circles and Groups.

Gilliam, Craig, and Christina Baldwin. PeerSpirit Circling in Congregational Life.

Jordan, Meredith, and Christina Baldwin. Understanding Shadow and Projection in Circles and Groups.

Thompson, Pamela A., and Christina Baldwin. PeerSpirit Circling for Nursing Leadership: A Model for Conversation and Shared Leadership in the Workplace.

Trenshaw, Cynthia. A Harvest of Years: A PeerSpirit Guide for Proactive Aging Circles.

Other Works Consulted

Arrien, Angeles. The Fourfold Way: Walking the Paths of the Warrior, Teacher, Healer, and Visionary. San Francisco: HarperSanFrancisco, 1993.

Bohm, David. On Dialogue, ed. Lee Nichol. London: Routledge, 1996.

Bolen, Jean S. The Millionth Circle: How to Change Ourselves and the World—The

Essential Guide to Women's Circles. York Beach, Maine: Conari Press, 1999.

Brown, Juanita, with David Isaacs and the World Café Community. The World Café: Shaping our Futures Through Conversations that Matt er. San Francisco: Berrett-Koehler, 2005.

Cahill, Sedonia, and Joshua Halpern. The Ceremonial Circle: Practice Ritual and Renewal for Personal and Community Healing. New York: HarperCollins, 1992.

Cooperrider, David, and Diana Whitney. Appreciative Inquiry: A Positive Revolution in Change: San Francisco: Berrett-Koehler, 2005.

————. Appreciative Inquiry Handbook. San Francisco: Berrett-Koehler, 2003.

Dressler, Larry. Standing in the Fire: Leading High-Heat Meetings with Calm, Clarity, and Courage. San Francisco: Berrett-Koehler, 2010.

Guilfoyle, Jeanne. The Wheaton Franciscan Heritage. Chicago: Arcadia, 2009.

Harrison, Roger. Consultant's Journey: A Dance of Work and Spirit. San Francisco: Jossey-Bass,1995.

Holman, Peggy, Tom Devane, and Steven Cady. The Change Handbook: The Defi nitive Resource on Today's Best Methods for Engaging Whole Systems. San Francisco: Berrett-Koehler, 2007.

Jung, Carl G. The Symbolic Life. Princeton, N.J.: Princeton University Press, 1976.

Koloroutis, Mary, ed. Relationship-Based Care: A Model for Transforming Practice. Minneapolis, Minn.: Creative Health Care Management, 2004.

Korten, David C. The Great Turning: From Empire to Earth Community. San Francisco: Berrett-Koehler, 2006.

MacDougall, Sarah N. Calling on Spirit: An Interpretive Ethnography of PeerSpirit Circles as Transformative Process. Santa Barbara, Calif.: Fielding Graduate University, 2005.

Maslow, Albert H. "A Theory of Human Motivation." Psychological Review 50 (1943): 370–96.

Owen, Harrison. Open Space Technology: A User's Guide, 3rd ed. San Francisco: Berrett-Koehler, 2008.

————. Wave Rider: Leadership for High Performance in a Self-Organizing World. San Francisco: Berrett-Koehler, 2009.

Palmer, Parker J. The Courage to Teach: Exploring the Inner Landscape of a Teacher's Life. San Francisco: Jossey-Bass, 1998.

————. A Hidden Wholeness: The Journey Toward an Undivided Life. San Francisco: Jossey-Bass, 2004.

Peddigrew, Brenda. Original Fire: The Hidden Heart of Religious Women. Charleston, S.C.: BookSurge, 2008.

Pinker, Stephen. The Language Instinct: How the Mind Creates Language. New York: Morrow, 1994.

Pranis, Kay, Barry Stuart, and Mark Wedge. Peacemaking Circles: From Crime to Community. St. Paul, Minn.: Living Justice Press, 2003.

Rosenberg, Marshall B. Nonviolent Communication: A Language of Compassion. Encinitas, Calif.: PuddleDancer, 1999.

Seed, John, Joanna Macy, and Pat Fleming. Thinking like a Mountain: Toward a Council of All Beings. Philadelphia: New Society, 1998.

Spring, Cindy, Charles Garfield, and Sedonia Cahill. Wisdom Circles: A Guide to Self-Discovery and Community Building in Small Groups. New York: Hyperion, 1998.

Van der Post, Laurens. Jung and the Story of Our Time. New York: Vintage Books, 1976.

Wheatley, Margaret J. Finding Our Way: Leadership for an Uncertain Time. San Francisco: Berrett-Koehler, 2005.

————. Leadership and the New Science: Discovering Order in a Chaotic World, 3rd ed. San Francisco: Berrett-Koehler, 2006.

————. Turning to One Another: Simple Conversations to Restore Hope to the Future. San Francisco: Berrett-Koehler, 2002.

WindEagle and RainbowHawk. Heart Seeds: Messages fr om the Ancestors. Minneapolis, Minn.: Beaver's Pond Press, 2003.

Zimmerman, Jack, and Virginia Coyle. The Way of Council, 2nd ed. Putney, Vt.: Bramble Books, 2009.

Zweig, Connie, and Jeremiah Abrams. Meeting the Shadow: The Hidden Power of the Dark Side of Human Nature. Los Angeles: Tarcher, 1991.

Useful Web Sites

The Appreciative Inquiry Commons   http://www.appreciativeinquiry.case.edu
The Art of Hosting Conversations That Matter   http://www.artofh osting.org/
Berkana Institute   http://www.berkana.org/
Center for Courage and Renewal   http://www.couragerenewal.org/
Great Turning (Joanna Macy)   http://www.joannamacy.net/index.html
Kufunda Village   http://www.kufunda.org/
Open Space Technology   http://www.openspaceworld.org/
PeerSpirit, Inc.   http://www.peerspirit.com
Positive Futures Network (Yes! Magazine)   http://www.yesmagazine.org/
E. F. Schumacher Society   http://www.smallisbeautiful.org/
Storycatcher Network   http://www.storycatcher.net
World Café   http://www.theworldcafe.com

서클의 힘

초판 1쇄 발행 2017년 9월 10일

지은이 크리스티나 볼드윈, 앤 리니아
옮긴이 봉현철
기획편집 도은주

펴낸이 윤주용
펴낸곳 초록비책공방
출판등록 2013년 4월 25일 제2013-000130
주소 서울시 마포구 월드컵북로 400 문화콘텐츠센터 5층 19호
전화 0505-566-5522 팩스 02-6008-1777
메일 jooyongy@daum.net
포스트 http://post.naver.com/jooyongy

ISBN 979-11-86358-30-6 (03320)

이 도서의 국립중앙도서관 출판예정도서목록(CIP)은 서지정보유통지원시스템
홈페이지(http://seoji.nl.go.kr)와 국가자료공동목록시스템(http://www.nl.go.
kr/kolisnet)에서 이용하실 수 있습니다. (CIP제어번호: CIP2017019135)